猶太人是這樣思考的

一生受用的6個猶太人大智慧

Think Like A Jewish

柯友輝——編著

猶太人只占世界人口很小的比例，一般來說他們本應默默無聞，但是猶太人以獨特的智慧孕育出無數傳奇人物，他們以光芒奪目的智慧經常成為人們的話題。

——馬克・吐溫（Mark Twain）

目錄

第一章　猶太人的財富思維

第二章　猶太人的創新思維

第三章 猶太人的進取思維

第四章　猶太人的處世思維

第五章 猶太人的教育思維

第六章　猶太人的生活思維

第一章

猶太人的財富思維

愚蠢的行動，能使人陷於貧困；投合時機的行動，卻能令人致富。

——克拉克

01

猶太人的交易規則

《塔木德》最基本的原則是：交易就是交易，而不是為交易而交易。教導人們做一個有道德的商人，而不是做一個唯利是圖的商人。道德和善行是交易中必須具備的品質。

即使沒有什麼特別的保證，買者仍然有權要求他買的東西是品質上乘的產品。即使賣者事先聲明「貨物一旦賣出，就不予以退換」，買方如果事後發現產品有問題，仍有權要求退換。

但是，賣方若事先聲明貨物有缺陷，而買者依然要買，買後便不能再換，這是契約，買賣雙方都必須自覺遵守。上當受騙與自願吃虧並不是同一回事。《塔木德》堅持的要點是保護買方的利益。

《塔木德》時代，猶太人就有監督買賣度量的官員，丈量土地的繩子在夏天和冬天的長度是不一樣的，天氣變化，繩子伸縮有度；出賣液體貨品時甕底若有以前的殘渣，便被視為不公平，官員就會出來干涉。

如果買主對所買的東西不是很內行，他可以在購買到東西一天到一星期之內，拿著所買的東西去請教別人，由內行的人判斷，然後決定是否退換，這都是允許的。

《塔木德》時代，商品的價格沒有統一，價錢是由賣方隨口訂定的。但若買主用超過一般行情六分之一的價錢買下這個商品，這次交易可以被視為無效，貨款各退回本人手中。這是《塔木德》所定的通律。

《塔木德》不只維護買方利益，同時也維護賣方利益。當買方沒有誠意購買商品時，就不可以進行商談；如果已經有人表示願意購買某商品，他人就不能為了這件商品與之爭購。

《塔木德》對許多商業貿易道德都有明確的闡述和規定，直到今天，許多條款仍然具有極高的合理性及適用性。

02 金錢可以增加安全感

對人而言，賺錢始終只是一種手段。那麼，賺錢究竟是為了什麼呢？這是我們時常關注的一個問題。

由於宗教和歷史的原因，猶太人的命運始終處於風雨飄搖之中。為了保證基本的生存權利，猶太人動用了金錢這個最有效的武器。在遭受異族排擠時，在面臨反猶分子的血腥殺戮時，他們不只一次捧出「錢」。這時，我們或許能明白猶太人拚命賺錢的真正原因了。在一些人眼中，賺錢只是為了享樂，而他們，卻是為了生存。

猶太人在很早的時候就發現了這樣的事實：金錢是全部生活的源泉。猶太人在歷史上數次慘遭滅國之禍，他們被迫流落到世界各個角落，但是不管走到哪裡，猶太人要想在當地生存就必須繳納各種高額的稅金和數不清的稅負，他們日常生活的一舉一動，幾乎都離不開稅款的束縛。信奉同一宗教的人一起祈禱要納稅，結婚要納稅，生孩子要納稅，連給死者舉行葬禮也要納稅。他們稍有遲疑，就會被別人說成是吝嗇鬼，如果稅款繳納不夠多的話，馬上就會遭到驅逐和屠殺。

猶太人所在國的統治者們，更是時刻緊盯著他們手中的金錢。統治者們修建豪華的宮殿，維持他們貴族的奢侈生活，顯示帝國的威嚴；和其他國家進行戰爭，這些都需要大量的金錢，而猶太人能夠滿足他們的需求。於是出現了這樣可笑的事情，他們動輒瞧不起猶太人賺錢的貪婪，嫌棄他們的吝嗇，因此把猶太人驅逐出境，但是用不了多久又會把他們召回來。因為對他們來說，猶太人純粹就是他們的錢袋：需要的時候，就把他們召回來，並且對他們恩寵有加，盡力巴結；不需要的時候則把他們驅趕和屠殺。

猶太人有了金錢，卻受到很多人的妒忌，在世界的許多地方掀起了「反猶」運動。雖然反猶太主義的原因有很多，但是十九世紀一位法國人說出了真諦：「反猶太主義是一場經濟的戰爭。」猶太人非常清楚，自己在這場戰爭是輸不起的，一旦失去財務主導性的時候，就是他們被遣散、驅逐和殺戮的時候。因此，為了自己的生存，獲取成功已經成為猶太人不可推卸的責任。

他們的生活時刻處於動盪之中，各種迫害和災難隨時可能來臨，這時他們就必須拿錢來作為自己的護身符，金錢讓他們感到安全。當地的人發起反猶暴亂的時候，他們可以用金錢賄賂而求得一條生路；當他們哪天遭到各地統治者驅逐的時候，金錢可以換取別人的收留和保護；他們外出做生意的時候遭到土匪的搶劫，金錢可以贖回他們的生命。錢對猶太人來說是不能缺少的東西，是他們能看得見的、摸得著的、實實在在的「上帝」，是可以永遠保護自己、讓自己平安的「上帝」。

由於猶太人有錢，在一定時間內，當地的人們不敢小看他們，統治者對他們恭敬有加。一位觀察家在他的著作裡這樣寫道：「猶太人實際上的政治權利和統治者的政治權利之間的矛盾也是政治與金錢之間的矛盾，雖然在觀念上，政治凌駕於金錢之上，但前者卻是後者的奴隸。」金錢，讓世間的權勢都向金錢臣服，讓猶太人真正能夠站立起來，使他們重新獲得人們的尊敬。

在這種情況下，獲取錢財成了猶太人的一種反射行動，就像手還未碰上眼珠，眼睛就先閉眼那樣的本能。猶太人千方百計去賺錢，讓自己的錢包變得更飽滿。他們對錢的崇拜也達到極端的地步。在猶太人看來，錢居於生死之間，在他們的生活當中，錢居於中心地位。

金錢使猶太人獲得了保護和安全，由於他們掌握著大量的財富，遭到了世人的嫉妒和仇恨，所以他們只好透過賺取更多金錢來獲取更大的保護。為了獲取更多的錢，他們不得不讓自己賺錢的能力越來越精湛，他們生財、發財、理財的本領越來越高，而他們口袋裡的錢也變得越來越多。

在二千多年前，猶太人就對錢有一種獨特的迷戀。猶太民族的起源與歷史遭遇無疑決定著猶太人對錢的態度。

其一，猶太人經常遭到驅逐，每當這個時候，錢是最容易攜帶的東西，也是他們保證自己旅途中可以生存最重要的東西。

其二，金錢是唯一不具異端色彩的東西，是他們同其他宗教教徒打交道的媒介。

其三，為了獲得在本地生存發展的權利，他們極度迷戀金錢。歷史告訴人們，如果猶太人在金錢方面沒有超強的智慧，早就從這個世界上消失了。同時，金錢也是猶太人之間彼此救濟最直接方式。

由此我們可以看出，金錢對於猶太人來說有著至關重要的作用，金錢居於猶太人生活的中心地位，居於他們生死之間。

03 錢沒有高低貴賤之分

錢是貨幣，是一個人擁有多少物質財富的標誌，就錢幣本身而言，是不分貴賤的。在猶太人的賺錢觀念中，他們從來就不把做清潔、做苦力看成是低賤的事，也不認為做老闆、經理就高人一等，錢不管在誰身上都一樣是錢，它們不會到另一個人的口袋就不是錢了。

因此，他們在賺錢的時候，不會把錢分為貴或賤，即使他們目前所從事的職業不好，也不會覺得自己低人一等；無論從事什麼職業，心態都會表現得非常平和。

對於錢，猶太人有自己的看法，他們認為「金錢無姓氏，更無履歷表」。他們相信，透過自己辛勤勞動賺來的錢，是心安理得的。因此，他們會想盡一切辦法賺取更多的錢，不管這些錢是知識分子運用腦力賺得的，還是農夫運用勞力苦心得來的，都是收之無愧，泰然處之。

會賺錢的猶太人有很多，以放債發跡的亞倫就是典型的一例。這位移居英國的猶太人從打工開始，用他積攢的一點錢做些小生意。由於他的努力，生意不斷擴大，有一段時間，他的資金周轉不過來，只得向銀行借款。在實踐中，他發現向別人借錢要付出很高的代價，與商業經營獲得的利潤相差無幾。他想，自己辛苦勞動賺來的錢大部分要交給銀行，而且風險比銀行還大，不如自己也去從事放債業務。

幾年後，他開始從事放債業務。他一邊抽出部分資本貸給急需用錢的人，一邊維持小生意經營。另外，他又從銀行貸來利率相對較低的錢，以較高的利率轉貸給別人，從中賺取差額利潤。有些人急著用錢，寧願以月息二十%借貸，這樣，等於一百元放貸一年，就可以得到二百四十元的回報，這比做生意還划算得多。亞倫就是看準了這一點，使得自己的財富不斷增加。亞倫六十三歲去世時，留下了一筆巨大的財產。

猶太人一向把金錢當做世俗的上帝，他們認為：在這個世界上，除了上帝之外，就只有金錢最值得人尊敬和重視了。

在《塔木德》中，有許多關於金錢的格言：

「《塔納赫》（猶太教的第一部重要經籍，後來的基督教稱之為「希伯來聖經」或「舊約聖經」，但在猶太人來說，Tanakh顯然並不是「舊的約」，而是始終如一的）放射光明，金錢散發溫暖。」

「身體依心而生存，心則依靠錢包而生存。」

「用錢去敲門，沒有不開的。」

「錢會給予我們向神購買禮物的機會。」

「錢不是罪惡，也不是詛咒，它在祝福著人們。」

猶太人在追逐金錢，聚集財富方面的成功，使其在世界民族之林中占據一席之地。因為在商業社會中，人的成功標誌、人的價值實現，很大程度上是依靠自己在財富方面的成功。

猶太人在經商的過程中，始終堅守著一點，他們對顧客不帶一絲成見，總是平等對待。在猶太人看來，因為成見而破壞可以賺錢的生意，是很不值得的。

猶太人居住在世界各個地方，雖然他們擁有不同的國籍，但是他們都自視為同胞，而且他們之間經常保持密切的聯繫。猶太人在經商過程的寶貴經驗是：貿易之中無成見；要想賺錢，就得打破既有的成見。對交易的對象，猶太人也是不加區分的。只要能達成生意協定，能從對方的手中賺到錢，就是好交易。猶太人觀念中，除了猶太人之外，其他人都被稱為外國人。為了賺錢，無論是哪個國家的人，都是他們的交易對象。他們絕對不會輕易放棄任何一個能賺錢的生意，所以對交易對象的宗教信仰、膚色、社會性質都是不會有所區別的。

猶太人認識到：要賺錢，就不能有太多顧慮，不能被原來的傳統觀念和習慣束縛；要敢於接受新觀念，打破舊傳統——大家都知道，金錢是沒有國籍的，所以，賺錢不應該劃分國籍，不應該把自己侷限在一個很小的圈子裡。這也是猶太人成功的關鍵。

猶太人認為金錢沒有性質，所謂的性質是人類主觀強加在金錢上面的。如果說壞人得到了金錢，金錢就變成罪惡，那麼讓善良的人把它賺回來就可以是善的了。猶太人認為，主觀區分錢的性質是一件荒唐的事，那樣做不但束縛思想而且浪費時間。

由於猶太人對金錢不問出處，這樣保證了他們的思想不受世俗觀念的拘束，是完全自由的。在他們的眼裡，什麼錢都可以賺，什麼生意都可以做，即使「撿垃圾也可以賺錢」。

商人的職責就是賺錢，此外其他的一切東西，都不過是用來賺錢的工具和手段而已，因此根本不必考慮太多的東西。猶太商人哈同出租房屋和地皮時，租戶不但要提前交付一定的租金，還要繳納金額龐大的押金。所謂押金就是一次性的起租費，由哈同創設的這種收押金的做法，日後成為世界上通行的計租方式。比如，哈同租給紐約公司一間店面，從訂立合約之日起就收取第一個月的租金九百美元和六千五百美元的押金。而實際租期則從半年後才開始。這樣，哈同提前六個月得到了七千四百美元，這些錢可以用來投資別的生意。

正因為猶太人不區分金錢的性質，所以，猶太人在賺錢的時候，對於所借助的東西，是不存在一點感情的，只要沒有觸犯法律，並且有利可圖，就可以拿來運用，根本不會去考慮太多。

猶太人做生意的目的就是為了賺錢，獲得最大的利益。阿莫德・哈默（Armand Hammer）就是突出的代表。在前蘇聯剛剛成立時，世界上的商人都不敢到這裡來，只有他有膽有識，與前蘇聯做生意，在前蘇聯賺了很多錢。他也由此成了二十世紀歷史上最富傳奇色彩的商人。

04 女人和飲食是兩大財源

金錢的實際擁有者是女人。

有一種說法：一個女人和一個男人吃飯，兩人都付錢，說明他們是朋友；男人付錢，說明他們還處在熱戀之中；女人付錢，說明他們是夫妻。可是無論他們是什麼關係，金錢總是圍繞著女人的花費，這是人類永遠通行的社會規則。

這個世界的中心雖然是男人，但男人的中心卻是女人。

男人總是圍繞著女人轉，千方百計地討女人的歡心。男人一旦結了婚，女人就成了男人永久的金庫，男人說女人是家裡的「財政部長」。男人很感慨：女人這一輩子就是大把大把地花男人賺來的錢，男人就是在不停地大把大把賺錢。

女人為了讓自己更加漂亮，簡直是不顧一切：她們揮揮自己的手，男人辛苦掙來的錢就會被她們花去。商人們也這樣總結：男人的任務是賺錢，要想再從他們身上賺到錢是很難的；而女人的任務是花錢，賺她們的錢就容易多了。男人喜歡把自己的女人打扮得漂漂亮亮，女人說，自己變漂亮了男人的臉上才會有光。男人有賺錢的權利，女人有花錢的權利。

一個有經濟頭腦的商人，如果瞄準了女人，就一定能夠賺取很多錢，反之，如果經商者拚命「瞄準男人」，想席捲男人的錢，這筆生意註定不會成功。因為男人是賺錢的人，能賺錢並不意味著持有錢、擁有錢，消費金錢的許可權在於「女人」。

因此，猶太人告訴我們，做「女人」的生意，絕對沒錯。

看看滿街經營的各種商品，漂亮的戒指、鑽石，各式各樣的女裝，女人的別針、項鍊、耳環……多半是和女人有關，而這些東西的價格一般都比較高。所以，商人只要運用聰明的頭腦，讓女人心甘情願地解囊，那麼，鈔票就會如流水一般自動流進你的口袋。

猶太商人內森·施特勞斯（Nathan Straus）是一個運用「女性生意經」的好手，他靠這種獨特的經商法則使他的「梅西」公司成為世界著名的百貨公司。

施特勞斯從當童工開始，後來當了小商店的店員，他在打工生涯中注意到女性顧客占絕大多數，即使有男士陪著女性來購物，決定購買權也都在女性。

施特勞斯根據自己的觀察和分析，認為做生意盯著女性市場前景更光明。當他積累了一點資本的時候，就開了一家以經營女性時裝、手提包、化妝品為主的小商店「梅西」。經過幾年經營之後，果然獲得了豐厚的利潤。他繼續沿著這個方向，加大力度，擴大規模，使公司的營業額迅速增長。施特勞斯總結了自己的經營經驗，接著展開鑽石、金銀首飾等名貴產品的經營。他在紐約的「梅西」百貨公司，總共六層展銷鋪面，展賣鑽石、金銀首飾的占一層，展賣化妝品的占一層，展賣時裝占兩層，其他兩層是展賣綜合商品。可見，女性商品在

「梅西」公司占了絕大多數。經過三十多年的經營，施特勞斯把「梅西」公司辦成了世界最有名的百貨公司，可見他選擇女性市場的獨具慧眼。

另外，我們再看看鑽石市場。人們都知道，世界最主要的鑽石原料產地在南非，而世界最大的鑽石產品加工市場卻在以色列。以色列並不盛產鑽石，卻成為世界最大的鑽石加工地，這不能不引起人們的深思。道理出在以色列的猶太商人慧眼獨到，他們知道，經過加工的鑽石會變得更漂亮、更名貴，能博取世界上大部分女性的歡心。正是看準了這一點，以色列的猶太商人才會不惜投資大辦鑽石加工工業，從南非等地進口原料。

以色列鑽石交易所（Israel Diamond Exchange）經過四十多年的經營，不斷壯大發展，從國內經營到跨國經營，今天已成為世界最大、最著名的鑽石加工企業，年經營額四十多億美元。

賺女人的錢容易，關鍵就是要抓住女人的心理。

有人說，女性有很強的觸摸欲。在購物時，這種欲望表現得更為強烈。以購買衣料為例，如果她不親手摸一下，是絕不可能下定決心購買的。如果說買衣料跟身體觸覺有關當然要用手摸一摸，但衣服之外的每一樣東西，她也要用手鑑定一番，這就讓人不可理解了。不管怎麼說，女人就是喜歡觸摸，如果東西沒有經過觸摸，她是絕對不會放心購買的。

即使是給孩子買吃的東西，她們也會用手捏一捏，而不會用嘴巴去品嘗，她們透過觸摸來鑑定產品的優劣。反之，不管包裝袋的外觀設計得多麼精美，如果包裝袋不透明，銷路往往只是普通。明白這點原因之後，那些銷售量不佳的商品，可以借此檢討自己的產品是否包裝得過於周全了？要是存在這種情況的話，建議你將產品的一部分露出來。

猶太商人發跡的另一個財源，就是人類的飲食。飲食可以說是消耗金錢的「無底洞」，地球上至今有六十多億「無底洞」，其市場潛力非常大。

精明的猶太人發現：小到一美元一個麵包，大到千元、萬元的餐飲，無不是經過幾個小時之後，變成廢物排泄而出。想想賣出去的東西，通常當天就會被消費掉，這種東西除了食品以外，還能有別的東西嗎？人類的生存總是需要連續不斷吸收能量、消耗能量才可以支撐，只有食品能提供人體所需要的能量，人要繼續活下去，就要不斷消費食物。為此，猶太商人設法經營凡是能夠經過嘴巴的商品，如糧食店、食品店、魚店、肉店、水果店、蔬菜店、餐廳、咖啡館、酒吧、俱樂部等等，舉不勝舉。

食品有一個最大的優點，就是它能夠長久獲利，因為口腹之欲是人類生存最起碼的條件。人的胃口是永遠填不滿的黑洞，更沒有一樣消費品能像食品這樣，需要天天消費，讓人一點也不能馬虎。所以，猶太人認為做食品生意一定賺錢。正是把握了這一個商機，使得許多猶太人在漂泊中站穩了腳跟。於是解決人類生存問題的食品生意一直非常興隆，長久不衰。

猶太人莊理察辛普勞（John Richard Simplot）是全球富豪榜中的一位，他靠經營馬鈴薯發了財，被譽為「薯條大王」。

「二戰」爆發不久，辛普勞獲知了美國部隊在前方作戰需要大量的脫水蔬菜。他認為這是一個非常好的賺錢機會，於是毫不猶豫地買下了當時全美最大的一家蔬菜脫水工廠。他將這家工廠買下以後，專門加工脫水馬鈴薯供應軍隊。從這以後，辛普勞找到了發財的金鑰匙，走上了拾金斂財的道路。

一九五〇年代初期，一位化學專家研製了冷凍炸薯條的方法。當時有很多人對這種產品並不看好，可辛普勞認為這種新產品很有潛力，即使冒點風險也值得，於是生產了大量的冷凍炸薯條。果然不出所料，冷凍炸薯條上市後深受消費者歡迎，他也因此賺了很多錢。

再後來，辛普勞發現炸薯條並沒有把馬鈴薯的潛力完全開發出來。因為，經過炸薯條的精選工序——分類、去皮、切條和去掉斑點，每個馬鈴薯可使用的部分僅剩下一半，剩餘的一般都會被扔進垃圾堆裡。辛普勞想，要是能將馬鈴薯剩餘的部分再加以利用，不是更好嗎？沒過多久，他想出了一個很好的辦法，將這些馬鈴薯的剩餘部分摻入穀物用來當牲口飼料。

這樣辛普勞構築了一個「龐大的馬鈴薯帝國」，他每年銷售十五億磅經過加工的馬鈴薯，其中賣給麥當勞速食店做炸薯條的馬鈴薯就有一半。他從馬鈴薯的綜合利用中，每年取得數億美元的高額利潤。現在辛普勞的資產到底有多少，誰也不知道。

古話說得好「民以食為天」，因此，我們可以從飲食下工夫，做飲食的生意。猶太人認為，飲食業是永不枯竭的金錢來源，他們很早就認識了這一點，並能夠抓住機會，使得數不盡的金錢乖乖地鑽進他們的口袋。

05 抓住資訊賺大錢

當今社會是資訊社會，關注資訊就是關注金錢。資訊在這個時代成為一種不可忽視的力量。在商海中乘風破浪，必須要學會收集資訊，掌握各方面的知識。當面臨抉擇的時刻，與其如賭徒般僅靠瞬息間的意念作出輕率的判斷，倒不如及早掌握資訊，以資料為依據，發揮正確的判斷能力。

資訊，是一個不甘落後的詞語。戰場上用兵打仗，要了解敵人的情報資訊；商人在激烈的市場競爭中決策計畫，也要以情報資訊為基石。

猶太人認為資訊對於經商的成敗具有決定性的作用，因此他們很早就開始運用自己掌握的資訊賺錢了。在《塔木德》中有這樣一句富哲理的話：「即使是風，只要用鼻子嗅嗅它的味道，你就可以知道它的來歷。」所以，猶太富豪們一直都很重視資訊的力量。

菲普力・亞默爾是亞默爾肉類加工公司的老闆，他每天都有看報紙的習慣，雖然有忙不完的生意，可他每天早上到辦公室，就會看祕書為他送來的當天的各種報刊。

一八七五年初春的一個上午，他和往常一樣坐在辦公室裡看報紙，一條不顯眼的消息引起了他的注意：瘟疫在墨西哥出現。

亞默爾頓時眼前一亮，心想：如果瘟疫出現在墨西哥，就會很快傳到加州、德州，而北美肉類的主要供應基地是加州和德州，一旦這裡發生瘟疫，全國的肉類供應就會立即緊張起來，肉的價格也會猛漲。

他馬上讓人去墨西哥進行實地調查。幾天後，調查人員回報，證實了這一消息的準確性。亞默爾心裡有了底，他馬上著手籌措資金大量收購加州和德州的生豬和肉牛，運到離加州和德州較遠的東部飼養。兩三週之後，西部的幾個州開始出現瘟疫。聯邦政府立即下令嚴禁從這幾個州外運食品。北美市場一下子肉類奇缺、價格暴漲。

亞默爾認為時機已經成熟，馬上將囤積在東部的生豬和肉牛高價出售。僅僅三個月時間，他就獲得九百萬美元的利潤。

由於亞默爾長期看報紙，重視資訊，所以他的成功是必然的。他手下有幾位專門為他收集資訊的人員，他們都有很高的文化水準，擁有豐富的管理經驗。他們每天把全美、英國、日本等世界幾十份主要報紙閱讀完之後，再將每份報紙的重要資料一一分類，並且對這些資訊作出評價，最後才由祕書送到辦公室。

如果他認為哪條資訊有價值，就會把他們召集起來對於這些資訊進行研究。這樣，他在生意經營中由於資訊準確而屢屢成功。

伯納德・巴魯克（Bernard Baruch）是美國著名的實業家、政治家和哲人，在三十歲出頭的時候就成為了百萬富翁。一九一六年，威爾遜總統任命他為「國防委員會」顧問，以及「原材料、礦物和金屬管理委員會」主席。後又擔任「軍火工業委員會主席」。一九四六年，巴魯克擔任美國駐聯合國原子能委員會的代表，並提出一個著名的「巴魯克計畫」，即建立一個國際權威機構，以控制原子能的使用和檢查所有的原子能設施。無論生前死後，巴魯克都受到普遍的敬重。

在剛剛創業的時候，巴魯克也是非常艱難的，但是猶太人具有的那種對資訊的敏感度，使他一夜之間發了大財。

一八九八年七月三日晚上，二十八歲的巴魯克正在紐澤西州朗布蘭奇陪妻子和家人共度週末。忽然，廣播裡傳來美國海軍在聖地牙哥消滅了西班牙艦隊。這意味著美西戰爭即將結束。

第二天七月四日是國慶日，按照慣例，紐約證券交易所將停業一天，但倫敦的交易所則照常營業。直覺告訴巴魯克，如果他能在第二天倫敦證券交易所敲鐘開盤之前，趕到位於紐約的辦公室（由於時差，倫敦證券交易所開盤時，紐約才剛凌晨五點鐘），那麼就能發一筆大財。

那個時代，小汽車還沒有問世，火車在夜間停止運行，在常人看來，這已經是無計可施了，巴魯克卻想出一個絕妙的主意：他趕到火車站，租了一列專車。皇天不負苦心人，巴魯克終於在黎明前趕到自己的辦公室，在其他投資者尚未「醒」來之前，向倫敦發出了大量吃進股票的電報。

資訊是這個時代的決定性力量，及時擁有資訊的人，就等於擁有財富，所以說資訊是財富的領路人一點也沒錯。

06 靈活運用金錢

窮人之所以窮，富人之所以富，其中主要原因是窮人沒有富人的理財意識，而富人則是不斷尋找致富的途徑和理財的知識。富人是讓錢和社會為他工作，而窮人是為政府和自己工作。

猶太人認為，大多數人所從事的簡單勞動並不重要，重要的是那些能解決問題，並產生經濟效益和社會價值的主意和資本。在當今世界，好的主意和資本永遠是最重要的。

世界上窮人的數量比富人多得多，這是不爭的事實。但窮是可以改變的。要想改變貧窮的境況，需要了解富人與窮人之間的區別，比較富人與窮人之間的差別在哪裡？富人和窮人之間的懸殊在於觀念的懸殊，是思維方式和性格上的懸殊，而不是簡單的錢和資產的懸殊。富人思想開放，勇敢而富有理性；窮人思想封閉，害怕風險，比較感性。

赫特是美國通用汽車製造公司的高級專家，他曾說過一段耐人尋味的話：「在私人公司裡，不應該把追求利潤放在第一位，重要的是如何把手中的錢靈活運用。」

這個道理許多善於理財的小公司老闆都明白，但卻不能真正運用到實際中。往往一到公司略有盈餘，他們便會產生膽怯的想法，變得畏首畏尾，總怕到手的錢因投資失敗又飛了，只想趕快存到銀行，以備應急之用，似乎這樣做才是最保險的做法。這種想法人人都有，但是在當今這個競爭激烈的時代，錢應該用來擴大投資，使錢變成「活」錢，獲取更高的經濟回報。為了增加自己的固定資產，可以用這些錢來購置房產、店鋪，到十年以後回頭再看，你會感覺比存在銀行要增加很多利潤，看到「活」錢的威力。

這需要有冒險精神，並不是每個人都能那樣做的，願意冒風險創業的人畢竟是少數，一般人看不到長遠利益，不敢冒險。

誰都知道，把錢存在銀行裡是有利息的，只要有存款，便能獲得一部分利息收入。但是現金，是不生息的，手裡有多少現款，若干年後還是那麼多，並不會增多。

如此看來，銀行存款比手持現款更有吸引力。那麼猶太人為什麼會那麼「傻」，寧可守住一大堆現款，而不願把它放在銀行，讓它「繁殖生錢」呢？其實，有這樣想法的人大錯特錯，猶太人一點也不笨，而是太精明。天生有數學頭腦的猶太人，早已把這筆帳算好了。

錢存在銀行裡，確實可以得到一筆利息，但是物價在存款生息期間不斷上漲，貨幣價值隨之下降，特別是存款本人死亡時，尚須向國家繳納遺產稅。這是事實，幾乎每個國家都是這樣。所以，不論財產有多少，存放在銀行，相傳三代，都是不合算的。

現款，的確不增值，但物價上漲對其影響也不大，而且現款掌握在自己手裡，避免在銀行的財產登記，在財產繼承時不需要向國家繳納遺產稅。所以，手持現款時，財產既不增多，也不減少。

猶太人不把錢存進銀行，有人禁不住要問：「那些擁有巨額資財的猶太人到底怎樣保護現款，難道他們不擔心錢的安全嗎？」

如果每天都帶著現款出去辦事，當然是不安全的，也是不可能的。他們已經找到放置現款的安全之所。當然不是把錢存在銀行裡，而是把錢放在銀行的保險櫃裡。

日本麥當勞（McDonald's）、日本Toys "R" Us創始人，具有「銀座的猶太人」之稱的藤田田先生在一九六八年訪問美國服飾用品商狄蒙德先生時，曾參觀他的現款保險櫃。藤田先生被他領到銀行地下室放置保險櫃的昏暗地方，打開了裝滿現款的保險櫃。藤田先生非常吃驚地發現保險櫃裡裝著各種現行貨幣，也有幾年前的各種舊幣，還有金塊，約合日幣二、三十億元。這麼多的錢財，狄蒙德先生卻能夠非常放心地把它們放在這裡。因為銀行有一流的安全防衛措施，專門的防衛人員，是一個非常安全的地方，把現款託放於此，自然就不用擔心了。

現款不能隨隨便便放在一個地方，它需要一個安全的「藏身」之地。聰明的猶太人巧妙利用銀行的安全設施，將裝有現款的保險櫃放在銀行的安全角落，即使擁有億萬現金，也不用擔驚受怕。

猶太人這個「不作存款」的祕訣是一門資金管理科學。俗語說：「有錢不置半年閒。」是一句很有哲理的生意經。就是說要合理使用資金來做生意，想方設法地加快資金周轉速度，減少利息的支出，使商品單位利潤和總額利潤都得到增加。

不把錢存在銀行，而是想辦法靈活運用錢，是經商成功的一個訣竅。

07 要善於發現商機

作為一個商人，首先必須考慮的問題是怎麼做生意才能賺到錢。猶太人作為世界上優秀的商人，他們具有一般人所沒有的商業敏感度，能夠從別人容易忽略的地方發現屬於自己的商業機會，創造財富。

在太平洋的一座島嶼住著一些人，法國和以色列的兩個皮鞋公司都想在此開闢新市場。於是他們各自派去一名推銷員前往該島做市場實地調查。法國公司的推銷員，發現島上的居民都沒有穿鞋，打著赤腳在路上行走，這讓他大失所望，於是，第二天這位推銷員向公司發了一封電報：「本島無人穿鞋，市場潛力不大。」接著，他就離開了該島。

以色列公司的推銷員上島後看到島上居民都打著赤腳則異常興奮，認為這裡的皮鞋市場潛力可觀。上島後的第二天，他向公司發了一封充滿信心的電報：「該島無人穿鞋，市場潛力很大，我將長駐此地。」

這位推銷員具有敏銳的市場洞察力，能夠從「無」中看出「有」，認為不穿鞋的人可以改變習慣，正因為島上居民原來不穿鞋，沒有鞋子的儲備，改變習慣之後，鞋子的需求量將會很可觀。為了開拓這個新市場，他決意留在該島。後來果如其願，在他的精心策劃下，島上居民對鞋子慢慢有了興趣，買鞋的人越來越多，這家以色列皮鞋公司獨擅其利，財源滾滾而來。

由此，我們可以得到一些啟示：會做生意的人常常是那些能夠從「無」中看出「有」的人，做生意的人需要有一雙捕捉商機的眼睛。

猶太大富翁諾克，生意上的事情多，工作顯得十分緊張。有一次，為了放鬆一下，他決定去日本度假，當他把工作託付給助手之後，就動身來到日本。此時的日本正值盛夏，天氣炎熱，諾克不願待在冷氣房裡，便去爬富士山。因為富士山山頂終年積雪不化，異常寒冷，而半山腰則涼爽宜人，空氣特別新鮮。

諾克來到富士山的半山腰，剛吸了幾口這裡的新鮮空氣，身上的疲勞就消失得無影無蹤，他忍不住稱讚著：「這裡的空氣多麼新鮮啊，完全沒有汙染，是純自然的空氣。」說完，心裡便冒出這樣一個想法：我為什麼不把富士山的空氣拿回去賣呢？

諾克推測會有一些人來購買自己的產品：那些在城市裡居住，每天呼吸汙染了的空氣的人一定會喜歡新鮮、自然的空氣。那些久病初癒的病人，肯定也需要這種新鮮、自然空氣的滋潤；那些對富士山的大名早有耳聞，但無緣親自前來觀光的人，對富士山的景色和空氣應該會留有非常美好的印象，但不可能長期待在富士山享受這裡的自然、新鮮空氣的人可能會掏錢買；另外，講究營養保健的老人和正在長身體、長智力的兒童也會對它情有獨鍾的。

諾克經過這番分析，信心倍增，馬上請來一個這方面的專家，讓他在這裡提取空氣樣本進行研究、測試，然後擬出一份富士山空氣對人體有哪些好處的科學分析報告。

諾克馬不停蹄地申辦了執照等開業手續，在富士山半山腰開辦了一家名叫「富士空氣罐頭廠」的工廠。諾克的新產品很有特色，用既便宜又漂亮的包裝材料做成罐頭盒，外面印上富士山美麗的風景，裡面充滿新鮮、自然的富士山空氣。

諾克的新產品瞄準那些在空氣汙染嚴重的大城市生活的人，推銷的成功率相當高。加之它價格便宜，所以很快打開了日本的市場。諾克並沒有就此滿足，他還把「富士空氣罐頭」出口到美國、歐洲和赤道國家，也同樣受到歡迎。

諾克倍受鼓舞，把空氣生意做得越來越大，罐裝的空氣不僅僅是富士山的，逐步擴大到阿爾卑斯山的空氣、著名雪峰的空氣、浩淼湖面上的清新空氣、原始森林的空氣，既為自己賺取了可觀的利潤，又滿足了社會的需要。

諾克到日本去度假，登上了富士山，呼吸了那裡的新鮮空氣，似乎在不經意中又發現了一門賺錢的新生意，可以說，他的成功完全源於他對生意機會的敏感。要知道，爬上富士山的人有很多，然而產生出商機的人卻只有他一個。

08 該精明就精明，為錢走四方

猶太人精明、幹練，善於突破障礙，運用自己的智慧去做各種事情，使他們在商界如魚得水。

使猶太商人得以能幹並且越來越精明的原因有很多，其中一個極為重要且獨具猶太特性的因素，就是猶太人對精明本身的心態。

世界各國、各民族中都不乏精明之人，這是不容置疑的，但其對精明本身的態度都是不一樣的。猶太人對精明能幹非常欣賞、器重和推崇，而且這種欣賞、器重、推崇是堂堂正正的，就像他們對待金錢的心態一樣。

這裡就有一則體現猶太人精明的笑話。

美國和前蘇聯成功研製出了載人火箭之後，德國、法國和以色列也聯合擬訂了載人火箭飛行計畫。火箭與太空艙都準備就緒，接下來的工作就是挑選太空飛行員。工作人員先問德國應聘者，參加太空飛行希望的報酬是什麼？

「如果要讓我幹的話，就得給我三千美元——一千美元留做購房基金，一千美元給我妻子，還有一千美元留給我自己。」德國人說。

工作人員又問法國應徵者，法國人答道：「我需要四千美元。一千美元歸還購房的貸款，一千美元給老婆孩子，一千美元歸自己，還有一千美元留給我的情人。」

最後，他們又去詢問以色列應徵者，以色列的應徵者說：「你們必須給我五千美元。一千美元歸我，一千美元給你，剩下的三千美元用來雇用那個德國人開太空飛行器。」

從這則笑話可以透露出猶太人的精明，他們只需擺弄數字就能與從事高風險工作的人享受同樣的待遇，而不必從事實際工作，這正是猶太商人經營風格中最突出的特色之一。

這並不是其他民族對猶太人的精明做出的一種刻薄諷刺，而是猶太人自己發明的笑話。這多少讓人有點意外。

平心而論，猶太人並沒有剝削德國人，德國人依然可以得到三千美元的報酬。不一樣的是從工作人員那裡拿到，還是從猶太人那裡拿到，這在錢上是反映不出來的。

因此，在這則笑話中，猶太人的精明沒有超出「合法」的界限，而且說實話，就結果來看，不管是哪一個國家的應徵者要處於這種「白拿一千美元」的位置上，心裡都會感到很滿意。無論在笑話中，還是現實生活中，他們都不會提出像猶太人一樣的要求，甚至在他們的潛意識裡，這種「過於直截了當的精明」從一開始就被否定了：他們會為自己的精明而感到羞愧。

從這則笑話本身來看，我們根本看不出猶太人對自己的「過分」精明有任何的羞愧之色，他會為他的精明而感到得意。似乎「毫不拐彎抹角」的顧慮一點也不影響他們的精明盤算，更不能影響他們對精明本身的推崇。他們把精明看做一件堂堂正正，甚至值得大肆炫耀的東西！可以說，對精明的態度，沒有人比猶太人坦蕩了。在為自己富有成效的精明中開懷大笑，猶太商人變得越來越精明。

在猶太民族中流傳的笑話很多都是關於精明的，而現實生活中的猶太商人更多的是精明之人。

猶太富商哈同（Silas Aaron Hardoon）是來上海的猶太人中唯一由貧窮走向富裕的人，他的精明幾乎成了一種神話，傳遍了上海的大街小巷。

一九〇一年，哈同獨立開辦了專門從事房地產業的哈同洋行。

哈同出租小塊土地和一般住房的時間都不長，一般是三至五年。租期短，即便在每次續約時增加租金金額，又能夠在需要時及時收回。在哈同的地皮上，就算是擺個攤也必須交租。有個皮匠在哈同地皮的一個小角落擺了攤，每個月也得交五塊錢的租金。哈同每次向他收地租時，總是很和藹地對他說：「祝你發財。」但該給的錢還是得給。

哈同成了富翁以後，在上海灘建造了一個最大的私家花園——「愛儷園」（哈同花園），造價七十萬兩銀元。為了更好管理園內職員和工人，哈同對職員和工人的職責和等級作了明確的規定，並讓帳房製作相應的徽章。但即使這樣一個表示工作職責的徽章也要職員和工人自己掏錢購買。每個徽章的「零售價」為四毛錢，而製作成本只要一毛錢。

哈同這種精明雖然需要一定的算計能力，但真正需要的恐怕還是一種心態，一種對於精明本身的心態。

有一個叫菲勒的猶太人，活到七十七歲，在他即將離開人世之時，他讓家人在報紙上登了一條消息，說他將要進入天堂，願意給逝去親人帶口信的人，可以託他代為轉達，代價是每人收費一百美元。

這條消息看似荒唐，卻引起很多人的好奇心，他們紛紛上門，請求他帶口信給去逝的人，結果他賺了近十萬美元。如果他晚幾天死的話，恐怕賺得更多。

他的遺囑也很特別，他讓家人再登一則廣告，說他是一位非常禮貌的紳士，願意和一位高貴的知識女性共居一個墓穴。結果，真有一名貴婦願意出十萬美元和他合葬。

這就是猶太人，即使在彌留之際也不忘賺錢。

猶太人認為，如果上帝是萬物的主宰，那麼金錢則是萬能的上帝。崇敬上帝是他們生命中不可缺少的，那麼金錢就是崇敬上帝賜予的禮物。

精明既不會妨礙道德，也沒有違犯法律。猶太人只是用巧妙的辦法，解決了別人認為很困難的事情，這就是猶太人的賺錢理論。他們很實際地告訴顧客「我要賺錢」，清楚讓別人看著他們怎樣賺錢。

09 珍惜每一筆財富

金錢的積累要從每一分錢開始，不要因錢小而棄之，任何一種成功都是從一點一滴積累起來的，沒有這種心態就不可能賺大錢。貪圖更大的財富，結果連本來能夠到手的也丟掉了。你不但要懂得如何創造財富，同時還要知道珍惜每一筆財富。

有兩個年輕人一同去找工作，其中一個是英國人，另一個是猶太人。

他們都滿懷希望，尋找適合自己發展的機會。有一天，他們一起走在大街上，發現地上有一枚硬幣，英國青年裝做沒看見就走了過去，而猶太青年卻激動地將它撿起來。

英國青年對猶太青年的舉動非常鄙視：真是太沒出息了，連一枚硬幣也撿！

望著遠去的英國青年，猶太青年心中感慨萬分：讓錢白白地從身邊溜走，真沒出息！

後來，兩個人同時進了一家公司。公司規模不大，薪資低，工作也很累，英國青年不屑一顧地走了，而猶太青年卻留了下來。

兩年後，兩人又在街上相遇，英國青年還在找工作，而猶太青年已成為老闆。

「這麼沒出息的人怎麼會當老闆呢？」英國青年對此感到不理解。

猶太青年說：「因為我不會讓財富白白從自己身邊溜走，對於每一分錢，我都會非常珍惜，而你連一枚硬幣都不要，怎麼會發財呢？」

英國青年並不是不在乎錢，而是眼睛總盯著大錢而不在乎小錢，這就是他不能成就事業的原因。

對於一個成功者來說，金錢的積累是從「每一個硬幣」開始的，沒有這種心態就不可能得到更大的財富。一個成功致富者決不會放棄每一分錢。

對金錢的態度也反映了一個人對待人生和事業的態度。只有在任何時候都不會好高騖遠的人，才能認真地做好每一件事，實現自己的目標。

10 把運氣變成機會

富翁家的狗不小心走丟了，於是在電視臺發了一則啟事：「本人丟失一條狗，如有拾到者，請速歸還，付酬金一萬元。」並有一張小狗的照片充滿大半個螢幕。啟事發出後，送狗的人一個接著一個，但都不是富翁家的。富翁太太說，肯定是撿到狗的人嫌酬金太少，那可是一隻非常名貴的狗啊！於是富翁把酬金改為兩萬元。

一位乞丐撿到了那隻狗。乞丐沒有及時地看到第一則啟事，當他得知把這隻小狗送回去就能夠得到兩萬元酬金時，心裡非常高興，因為他從來沒有見過這麼多錢。

第二天一大早，乞丐抱著狗準備去領那兩萬元酬金。當他經過一家大型百貨公司的牆體螢幕時，又看到了那則啟事，不過酬金已由兩萬元變成了三萬元。乞丐停止了前進，心想：時間相隔不長，酬金又增多了，如果我再等幾天，說不定能得到更多的錢。他改變了主意，又返回他的破房子，把狗重新拴在那兒。第四天，賞金果然又增加了。

在接下來的幾天時間裡，乞丐沒有離開過大螢幕，當酬金漲到足夠高的時候，乞丐返回他的房子。然而不幸的是，那隻狗已經死了，因為這隻狗在富翁家吃的是燒牛肉和鮮牛奶，根本就不吃乞丐從垃圾筒裡撿來的食物。

乞丐不渴望財富嗎？當然是渴望，但是他沒有抓住這個機遇，所以只能看著它溜走了。

猶太商人對生意場上的每一個細節都非常留意，善於把運氣變成財氣。曾經確有一家猶太人經營的服裝公司——「利惠公司」（Levi Strauss&Co.），靠運氣促成服裝業的一場革命——牛仔褲的風行。

「Levi Strauss」這個名字已經進入英國辭典，公司的產品在國際上日益流行，因此公司的發家史也幾乎成了神話般的傳說，而李維・史特勞斯（Levi Strauss）就是這個公司的創始人。

猶太人在服裝行業一直處於支配地位，他們的服裝廠生產的服裝曾經占據著美國男裝市場的八十五％、女裝的九十五％。十九世紀中葉，美國加利福尼亞州一帶曾出現過一次淘金熱，年輕的李維・史特勞斯也去了加州，但已經太晚了，從沙裡淘金已到了尾聲，但他卻「從斜紋布裡淘出了黃金」。

李維・史特勞斯去的時候，隨身帶了一大卷斜紋布，想賣給制帳篷的商人，賺點錢做資本。到了那裡才發現，很多人整天同泥和水打交道，褲子壞得非常快，他們需要耐穿的褲子，而對帳篷的需求卻不是那麼迫切。於是，從這卷斜紋布裡就誕生了李維・史特勞斯的第一條牛仔褲。後來，為了增強口袋的牢度，他又在褲子的口袋旁裝上了銅紐扣。此後，李維・史特勞斯開始大批量生產這種新穎的褲子，銷路非常好。很多服裝商看得眼紅，爭相仿效，但李維・史特勞斯的企業的銷售額一直排在首位，每年約售出這種褲子一百萬條，營業額達五千萬美元。

李維・史特勞斯一直是單身，他去世後，四個外甥接管了公司。由於他們的不懈努力，公司繼續向前發展，業務範圍不斷擴大，開始經營尼絨、褲子、毛巾、被裡、床單和內衣。到「二戰」結束，這些商品的營業額已將近總營業額的一半。一九四六年，李維・史特勞斯的曾外孫瓦爾特・哈斯・耶爾決定將公司的全部資金用於生產牛仔布料。

哈斯不是一個理想主義者，不會有意識地想改變公眾的趣味或穿著習慣，也不會想到他的這個決定會引發一場服裝革命。他只是作出了一項經營決策——說得更準確一點就是，他只想奮力一「搏」，成敗在此一舉，看新布料是否能夠占領市場。結果他成功了。

用新布料生產的牛仔褲特別有助於顯示出人的體形，讓人青春煥發，上市後就受到了消費者的歡迎。進入一九六〇年代後，他的生意更加興隆。一方面，因為「二戰」結束後，人口出生出現高峰，而六〇年代，這一代人踏上了社會，一時間，整個美國社會洋溢著一股青春的氣息，年輕人也成了消費市場的大頭，具有青春氣息的牛仔褲自然極有市場。另一方面，六〇年代的人具有叛逆思想，傳統規範和價值觀念受到懷疑、抨擊和唾棄，而牛仔褲以其不拘形式這一最明顯的特點，成了最能體現時代潮流的服裝。

這場服裝革命對社會的影響很大，它從不同方向使服裝不再能顯示穿著者的身分。如果說，原先批量生產的服裝使一個公司的推銷員穿得像老闆一樣，而牛仔褲則使老闆穿得像推銷員一樣，而且牛仔褲男人女人穿得完全一樣，是不分性別的。牛仔褲也沒有新舊之分，甚至舊的更好。這本來是因為布料容易舊，但公眾由於過於喜愛牛仔褲而把它的缺點一起喜愛上了。「生產舊褲子，甚至破褲子」的工廠由此而出現了，那經過褪色、磨損和打過補丁的牛仔褲，銷路卻更好，價格也不低。

就此而論，瓦爾特・哈斯・耶爾的這一冒險之舉只不過是利用服裝行業的一般冒險行為而把它加以擴大。難能可貴的是他的這一冒險竟抓住了一個延續半個世紀還方興未艾的大時尚，如果從李維·史特勞斯的第一條牛仔褲算起，則已經近一個半世紀了。在一個批量生產的時代，能找到一個在如此長的時間為廣大消費者所接受、所喜愛的商品，這不能不說是一個巨大的成功。

有人曾說過這樣一句話：「機會是上帝的別名。」在特定的時間裡，各方面因素達到有力的結合，就會產生有利的條件；誰能夠以最快的速度把這些有利條件抓住，運用手上的資源進行投資，誰就能取得事業上的成功，財源也就滾滾而來。這裡所謂的有利條件便是機會，一個高明的商人懂得掌握這些得到財富的機會。

要想賺錢，必須先拿錢投資。同樣，想獲得機會，就必須作出一定的犧牲，這種犧牲包括時間、收入和享受等等，隨時做好準備，當機會出現時，迅速出擊，將它抓住。有的人往往靠運氣創業致富，而運氣不是機會，不要將兩者混為一談，否則就會導致判斷錯誤，給自己帶來損失。

運氣具有偶然性。有個人去摸獎，結果中了二千美金，這是運氣。提煉青黴素的亞歷山大·弗萊明（Sir Alexander Fleming）原意是要培養葡萄球菌，黴菌的出現出乎他意料之外。對他來說，黴菌是個不速之客。中獎與發現青黴素的區別很大，中獎完全是一次意外，靠的就是運氣；而發現青黴素的事，則在運氣之外蘊藏著機會。

弗萊明發現黴菌之後，他的反應可能有兩種：一是覺得黴菌的出現阻撓了他對葡萄球菌的研究，把它視做累贅，並不加以重視；二是覺得好奇，對它進行研究。如果弗萊明採取第一種態度的話，那麼他就不會發明青黴素了。弗萊明能夠及時把握機會，結果他就獲得了成功。

在致富的過程中，對機會和運氣要有一個清醒的認識。我們不排斥運氣，但是更重要的還是運用自己的智慧，挖掘蘊藏在生活中的機會，只有這樣，你才能獲得成功。

11 儲蓄難以致富

有一個叫井上多金的日本人，十年前結了婚。由於夫妻倆節衣縮食，把每個月賺到的錢大部分都存入銀行，現在，他們的存款已經達到二千多美元了。井上夫人經常對他的朋友說：「如果沒有儲蓄，生活就等於失去了保障。」

猶太人富凱爾博士是心理學專家，一年前來東京經商，當他得知這一消息後，感到非常驚訝。

富凱爾博士對井上夫人的這種做法並不讚賞，他譏諷道：

「你看，沒有儲蓄就會覺得生活上失去了保障，把物質看得這麼重，成為物質的奴隸，人生的價值在哪兒呢？男人每天為了生計在外面不停奔波，女人則每天思考如何能夠省下更多的錢，人的一生要是這樣過就沒什麼意思了。可悲的是，不但大部分的日本人如此，其他各國人也大半如此觀念。」

「認為儲蓄能夠保障自己的生活，儲蓄的錢越多，在心理上的安全感就越高，如此累積下去，永遠不會得到滿足，這樣，豈不是把有用的錢全部束之高閣，使自己賺大錢的才能得不到發揮了嗎？再說，哪有省吃儉用一輩子，把錢存在銀行裡，光靠利滾利而成為富翁的？」

「當然我並不是完全反對儲蓄。我反對的是把儲蓄變成嗜好，而忘記等錢存到一定的數目時拿出來活用，使它能夠賺取更多的錢；我還反對銀行裡的存款越來越多的時候，覺得安全有了保障，靠利息來補貼生活費，這會養成依賴性而失去冒險奮鬥的精神。」

不少人認為錢存在銀行能夠得到利息，這樣做是最合理的，已經盡到了理財的責任。事實上，利息在通貨膨脹的影響下，實質報酬率接近於零，等於沒有升值，因此，錢存在銀行等於是沒有理財。

每一個人最後能擁有多少財富是難以預料的事情，唯一可以確定的是，想透過儲蓄致富，比登天還難。將自己所有的錢都存在銀行的人，到了年老時不但不能致富，有可能連財務自主的能力都無法達到，這種事例在現實生活中屢見不鮮。選擇以銀行存款作為理財方式的人，無非是為了讓自己有一個很好的保障，但事實上，把錢長期存在銀行反而是最危險的理財方式。我們對待現金要謹慎，可也要明白靠儲蓄是無法賺到財富的。

通常貧窮人家對於富人之所以能夠致富，較正面的看法是將其歸之於富人比自己努力或者他們克勤克儉，較負面的想法是將其歸之於運氣好或者從事不正當或違法的行業。但這些人卻不曾想到，財富之所以與他們絕緣，是因為他們的理財習慣存在著問題。因為窮人與富人的理財方式不同，窮人的財產多是存放在銀行，富人的財產多是以房地產、股票的方式存放。

猶太商人認為，投資者想躋身於理財致富者之林，要能跳出傳統的思考模式。

有一個大人不會騎自行車，一天，他的朋友借他一輛自行車作練習。在路上，他看到一個小孩子正在騎，於是非常羨慕地看著他，說道：「小孩子之所以會騎車，是因為他們身手敏捷。」這話被小孩子聽到了，小孩不以為然地說：「不一定要身手敏捷才會騎車。」於是小孩子教這位大人騎車，大人也很快學會了騎車。當大人愉快地與這個小孩道別回家時，卻習慣性推著車走路回家。這就是無法突破慣性的框框。

12 手段要乾淨

「投機」這件事，不管它屬於哪一類型，如果想依靠它來致富，那是非常危險的事。猶太商人認為，做投機生意，也許開始能賺得一些錢，可是最後還是虧本的居多。到那時不僅會損失自己賺的錢，甚至會弄得血本無歸。

一位商人到銀行去申請貸款，銀行經理問他最近生意如何，他回答說最近生意不錯，賺了很多錢。這位經理想了一會兒，說：「你這個人真是太貪心了，既然賺了很多錢，為什麼又來貸款購買廢鐵？你想再大賺一筆，對嗎？要是我就不會這麼做！如果我的生意不好，也許會奮力一搏，但是生意做得那麼好，為什麼還那麼貪心呢？」

這位銀行經理決定不借錢給他，商人只好氣呼呼地走了。

兩個月後，這位商人去謝謝他，銀行經理問：「你為什麼要感謝我呢？當時我沒有借錢給你啊！」

這位商人答道：「廢鐵的價格跌得很厲害，大約跌了三十萬元，正因為你當時沒有把錢借給我，所以我現在沒有蒙受任何損失。」

賺錢已成為很多人的追求，這無可厚非，特別是美國，因為它是一個靠「剛毅獨立」和「自我奮鬥」為開國傳統的國家，很多人都相信「目標就是求勝、發財和求取權力，此外無他」。

在大都市的商業中心，金錢已成為人們崇拜的目標，正如在每一種宗教裡，拜神失去原有的意義而成為一種儀式。賺錢在非常高尚的形式下，被視為理所當然的舉動。

但人們不能經由不乾淨的手段獲得財富，當一個人經由不乾淨的手段獲得財富時，他必然會面對懲罰。

經由不乾淨的手段獲得錢財的人會有一種負罪感和羞恥感，在他們每多得到一分錢時，他們的人格就多損失了一分。他們得到很多錢財，卻失去了人格和信念，成為墮落的衣冠禽獸。

欺騙行為終究是會暴露的。誠實是一種最好的策略，沒有私心、不為利動的名譽和價值，要比從耍手段中得來的利益大過千倍。

有兩個男人來找拉比（猶太人的特別階層，主要為有學問的學者，是老師，也是智者的象徵）。一個男人說：「我的這個朋友忘恩負義，當初他有急事需要錢用，我毫不猶豫地借給了他。然而，我萬萬沒有想到，等到還錢的時候，他竟然說只向我借了二十萬元，可我明明借給他五十萬元。」

另一個人卻說：「我向他借了二十萬元，他竟然一口咬定是五十萬元，這也太離譜了吧！」

雙方各執己見，互不相讓。

拉比先與他們分別進行了一番談話，然後三人面對面，拉比說：「明天你們倆再來一趟，聽我裁決。」

這兩個人走了以後，拉比找來很多書進行查閱，想對這兩個人的心理做一番深入的研究。因為要想解決這個問題，只有從心理入手。

在猶太社會裡，借錢是不立借據的，雙方口頭商定的就是協約。如果有借據的話，就不會出現任何問題了。

拉比推測，如果第一個人沒有借他五十萬元的話，為什麼一口咬定是五十萬元，而不是六十萬元或者七十萬元呢？如果那個說只借了二十萬元的人是蓄意抵賴的話，他大可以說一分錢也沒有借。

《塔木德》記載的教訓是，說謊者一定會把謊話說到底。如果有人稍微說些不利於己的謊言，他的話將比較容易為人相信，而其中多少也含有一些誠實的成分。當兩個當事者面對面爭辯時，撒謊的程度將會減輕。拉比又想，假如借錢的人當初借了五十萬元，可是還款期限到了手邊卻只有二十萬元，所以只說借了二十萬元，這種可能不能排除。另外一種可能是，債主的記性不太好，錯把二十萬元記成了五十萬元。

第二天，兩人再次來到拉比這裡，拉比問借錢人：「你確定只借了二十萬元嗎？」

借錢的人點了點頭。

拉比聽了，沉思不語。

過了一會兒，拉比說：「你的朋友非常富有，他並不缺錢，也沒有必要經由這種方式賺錢。但是若有第三者因為某種原因，比如做生意缺少資金，而向他借錢時，卻因為你的背信而使他不再相信別人，你是否仍然堅持只借了二十萬元？」

借錢的人依然沒有改變他的立場。

「你敢不敢到禮拜堂，把手放在《塔納赫》上發誓，說你只借了二十萬元？」拉比進一步逼問。

借錢的人突然俯首承認，他確實借了五十萬元。

對猶太人來說，最莊嚴的事是到禮拜堂去，把手放在《塔納赫》上發誓。在《塔納赫》和神面前撒謊面不改色的人，恐怕只有職業罪犯了。

想賺錢的人必須確定自己的著眼點，憑自己的力量去求取，讓錢來得心安理得。這是猶太商人重要的生意經。

13 珍惜時間

猶太人最早領悟到時間的價值，「不要浪費時間」、「時間也是商品」，是猶太人的生意經之一。

在這個受金錢支配的社會裡，猶太人認為：「時間就是金錢，但是時間遠不止是商品和金錢——時間是生活，是生命。因為金錢是無限的，時間是有限的，用有限的時間去追逐無限的金錢，結果只能受到時間和金錢的雙重壓迫。此外，商品可以再造，錢可以再賺，可是時間是不能重複的。人最不該白白浪費寶貴的時間，因為人都只能經歷一次時間，而他人的時間，更不可以隨便占用和浪費。時間對於每個人來說卻是非常寶貴的。對於商人而言，抓住了時間，也就抓住了金錢，時間能夠給自己帶來財富；要經商，首先就要保證自己擁有充足的時間。」

在猶太人看來，時間是賺錢的資本，可以「生殖」利潤。恰當把握好時間，就可以使金錢「無中生有」。

巴奈・巴納特是南非首富，他剛到倫敦時是一個一文不名的窮小子。後來，他帶了四十箱雪茄菸到了南非，用雪茄菸作抵押，得到了一些鑽石。經過幾年的拚博，他成了一個富有的鑽石商人。

巴納特的贏利有一個週期性變化的規律，就是每個星期六他能夠獲得更多的利益。因為星期六銀行停業的時間比較早，巴納特可以用空頭支票購買鑽石，然後在星期一銀行開門之前，把鑽石賣出，用所得款項在自己的帳號上存入足夠兌付他星期六開出的所有支票。巴納特利用銀行停業的一天多時間，拖延付款，在任何人合法權益沒有受到侵犯的前提下，調動了遠比他實際擁有的資金多很多的資金。

在工作中，猶太人決不會輕易浪費每一秒鐘，一旦規定工作的時間，就嚴格遵守。下班的鈴聲一響，員工即使沒有完成手頭的工作，他們也會馬上放下手中的工作回家。因為，他們的理由是「在工作時間裡，我沒有浪費一秒鐘的時間，因此屬於我的時間我也不能輕易浪費」。這就是猶太人的時間觀念。

正由於這種強烈的時間觀念使得他們的工作效率很高，他們嚴格杜絕各種時間的浪費。他們認為時間和金錢是一樣重要的，無故浪費時間和偷別人錢包裡的錢一樣是罪惡的事情。

猶太人定好了自己的作息時間，就會嚴格遵照這個時間表進行活動，任何人都不可以打擾他們的計畫，如果誰有什麼重要的事情，必須提前預約，他們才可以安排時間，否則，他們是決不會違背他們的時間安排的。

一位年輕人，是某百貨公司的宣傳員，為了調查市場，他前往紐約市。他想有效利用時間，去當地著名的猶太人百貨公司，拜訪該百貨公司宣傳主管。

向保全人員說明來意後，那保全人員反問：「您事先和他約好了嗎？」

經保全人員這麼一問，這位年輕人愣在那兒了，他沉思了片刻，滔滔不絕地說：「我是一家百貨公司的職員，此次來這裡是要做一個市場調查，因為我對貴公司仰慕已久，所以特來向貴公司的宣傳主管請教。」

「很抱歉，先生，您不能進去，因為您沒有預約。」

就這樣，他被拒絕了。

這位年輕人的方式在面對「不要盜竊時間」為原則的猶太人是行不通的，他們決不接待未經預約的不速之客，因為在猶太人的思想觀念裡，時間是非常寶貴的，即使一些看來是必要的活動，也會被他們簡單化。比如客人和主人說好談事情的時間，在十點到十點十五分，那麼規定的時間到了，就會自動起身，不管你的事情談完了沒有，都必須離開。猶太人會盡量壓縮會談的時間，通常見面後，他們便直奔主題「今天我們來談談這件事情……」而不像其他民族，見面後總會說一些客套話，在猶太人看來，說這些話是在浪費時間，根本沒有一點意義，除非他覺得和你客套能從中得到什麼好處，才跟你客套幾句。

有些人覺得猶太人這樣做太沒禮貌了，聊一會兒也能夠增進彼此的友誼，可是猶太人卻說：「你沒有在我們規定的時間內趕到，你已經沒有禮貌了。你和我客套，但是卻沒有給我帶來好處，浪費了我賺錢的時間，你就更沒有禮貌了！說好了只談十五分鐘，可你在談了十五分鐘之後還沒有停止的意思，更是嚴重浪費了我的寶貴時間，連最起碼的禮貌都沒有了！」

約定時間，就一定要準時到達，即使遲到一分鐘也是不禮貌的；一進辦公室，馬上切入正題，這樣做才是有禮貌的。在規定的時間把話題說完，如果需要，請你事先作好談話的準備，但是既然來了，一定不要浪費對方的時間，這就是禮貌。

商業就是時間的競爭，千萬不要無故浪費時間。學會合理有效地安排時間，這樣才能賺取更大的財富。

14 用錢難於賺錢

在猶太商人看來，一個人怎樣使用錢，或許是評估他的才智高低最好的方法之一。雖然金錢絕不能作為一個人生活中的唯一，但是，有時候金錢又不得不引起我們的注意。猶太商人對金錢有一種特殊的感情，在他們看來，金錢是獲得感官快樂和社會地位的手段。

事實上，人性一些優秀的品質，例如慷慨、誠實、公平、節儉和自我犧牲精神，都是與正確使用金錢緊密聯繫在一起的。另一方面，則是它們的對立面如貪婪、欺詐、不公平和自私，就像一個愛財如命的人所表現出來的樣子。

猶太人弗蘭西斯・霍拉在即將踏入社會的時候，他的父親就對他提出忠告說：「我希望你能夠天天快樂，但我又不得不多次提醒你，要時時注意節儉。節儉對任何人來說都是一個必不可少的德行。然而，一些無知的人可能會蔑視它。其實，節儉是通向獨立的大道，而獨立則是每個精神高尚的人所追求的崇高目標。」

一個人要是把目光放遠一點的話，就會發現等待他的主要有三種世俗的可能性事件：失業、疾病和死亡。也許他能夠逃脫失業和疾病的命運，但是死亡卻是躲不過的。然而，無論哪一種可能性，他都應該把生活的壓力減少到最低的限度，這樣做不僅是為了自己，而且是為了那些把安逸和生存都依附於自己的人們。這樣來看，誠實掙錢和節儉使用都是極為重要的。

在這個世界上，努力去獲得一個較為牢固的地位，這其中包含人的尊嚴，它會讓一個人變得更加壯實，生活得美滿幸福。從長遠來說，它賦予了他更大的行動自由，能使他有更多的力量為將來而努力。為了獲得獨立，其中一個必不可少的條件就是生活簡樸。節儉既不需要卓越的美德，也不需要超人的勇氣，只需要普通人的能力和力量。

節儉也意味著將來的利益能夠得到保障，因此，對於眼前的一些誘惑，人們要有抵禦它的能力，這也是人不同於動物的一個重要的方面。節儉並不等同於吝嗇，因為一個人能夠時時表現得慷慨大方，正是由於節儉在起作用。人只能把金錢當做一個有用之物，而不能把它作為崇拜的偶像。正如迪安•斯威夫特所說的：「我們腦子裡必須有金錢概念，但是，卻不能讓金錢占據著我們的大腦。」我們可以稱節儉為「精明的女兒」、「克制的姊妹」和「自由的母親」。顯而易見，適度節儉是自助的最好表現。

在日常生活中，每個人都應該按照自己的收入過日子。要做到這一點，最重要的是誠實。因為，如果一個人不能誠實按照自己的收入過日子，如果一個人只顧眼前的享樂，對自己的消費缺乏長遠考慮，那麼等到他真的需要用錢的時候，已經太遲了。

許多人對小錢不屑一顧，沒有節制支出錢財，殊不知這些花費往往是人生中財富和獨立人格的基礎。這些浪費者往往是屬於這個世界中權利受到分割的階層，其實，他們最大的敵人就是自己。如果一個人不能成為自己的朋友，老是跟自己過不去，那麼他還怎麼能指望別人成為的朋友呢？

一個鋪張浪費、缺乏遠見和揮霍無度的人，是不會有機會去幫助別人的；而一個生活節制適度的人，他的口袋裡常常會有錢去幫助別人。當然，節儉絕不意味著去做一個一毛不拔的「鐵公雞」，否則就是一個可憐的守財奴了。在生活和人際交往中心胸狹窄、斤斤計較，是極端短視的人，只會導致失敗。

有句諺語，叫做「只有一分錢的胸懷，絕不可能得到二分錢的收穫」。現實世界中許多事例都能證實：人生的輝煌成就源於誠實守信和慷慨大方的生活準則。

15 不可陷入負債

一個債臺高築的人是不可能獨立的。要一個負債累累的人不說假話，是一件非常困難的事，因此，人們說，謊言是騎在債務背上的幽靈。負債者為了拖延債務的償還時間，不得不向債主編造藉口，這就使得他極盡撒謊之能事。對於一個人來說，找一個正當的理由來逃避第一次債務，是一件非常容易的事情；但是，有了第一次就會有第二次，第一次逃避債務的技巧對於逃避第二次債務往往會產生巨大的誘惑。用不了多久時間，這位負債者就會深深地陷入債務中，不能自拔，無論他怎麼努力都不能解脫出來。走向負債的第一步就是走向虛妄的第一步。在這個過程中必然發生的事情是債務接踵而來，如同編造的謊言永不間斷。

猶太商人詹森堅信：過早負債對人的發展極為不利，關於這方面的論述是極有見地的，值得我們深思。他說：「不要想當然地只把債務當做一種麻煩，你會發現它是一場滅頂之災。貧窮不僅剝奪一個人樂善好施的權利，而且在貧窮面對本來可以透過各種德行來避免肉體和精神的邪惡誘惑時，會變得無力抵抗。這是你首先要小心在意的。」

畫家約瑟夫・海頓（**Franz Joseph Haydn**）從他向別人借錢的第一天起就認識到：「誰陷入負債，誰陷入悲哀」這句諺語的真理性。他的日記有這樣一段耐人尋味的話：「現在我陷入了負債的境地不能自拔，這一點是我從來沒有預料到的。或許，只要我活著，我就再也休想擺脫它們了。」他那催人淚下的自傳回憶了負債給他帶來的痛苦與尷尬，以及由此帶來的極度精神沮喪、工作能力的完全喪失和時時重現的羞辱。

無論在什麼情況下，消費的時候都不能傾其所有。人類幸福的一大敵人就是貧窮，它會破壞人們的自由生活，並且，它會阻止人們實現自己的美德。節儉不僅是太平安逸的基礎，而且是一切善行的基礎。一個本身都需要幫助的人是絕不可能幫助別人的。我們必須先自足然後才能出讓。

猶太商人認為，正視自己的日常事務，在用錢的時候要多加考慮。要精明節儉，消費之前要先量力而為，不可以超支、浪費。

16 有人緣就有財源

一個人事業的成敗及工作的好壞在很大程度上受到人際關係的影響，所以說成功取決於你擁有多大的影響力，與所有合適的人建立穩固關係至關重要。

猶太商人認為，那些事業有成的成功者，除了他們本身優越的條件外，還有一點，就是在他周圍有很多好朋友。這些朋友不斷給他出主意，對他提出好的要求，不讓他有絲毫的鬆懈和放棄。為了自己的事業，你也需要一些能夠為你帶來說明的朋友，需要有這樣一張良好的人緣網絡。

要想獲得好的人緣，你應該時刻想著「我能為別人做什麼」，而不應該總是抱著「別人能為我做什麼」的想法。在回答對方的問題之前，不妨補上一句：「我能為你做些什麼？」

猶太人吉田是日本一家保險公司的推銷員。一天，吉田正要去車站搭車，當他趕到車站的時候，電車正好開走，而下一班車還得再等二十分鐘。吉田突然看到月臺對面有一塊醫院招牌，於是吉田快速地走向這家醫院，才到門口，便碰上了穿著白袍的醫生。吉田一時沒有回過神來，便直切話題說：「我是保險公司的吉田，請你投保！」

遇上這麼一位冒失的推銷員，醫生一時不知道該怎麼回答他。然而很快，這位醫生對吉田的單刀直入產生了興趣。

「你向我推銷保險的方式真有意思啊，速度也太快了吧。不過我想和你聊聊，進來坐坐吧！」

進了醫院，吉田將平時學會的保險知識全盤托出，最後還加了一句：「今天我拜訪了很多人，現在到了你這裡。」結果醫生說：「哇，我看再不快捲舖蓋逃命，我的老命也不保了，哈哈哈哈……」

雖然醫生幽默地開玩笑說要逃命，但其實在這之前，他已經買了保險，也知道吉田推銷保險地能力不是很好。看在吉田態度認真的份上，便將心裡話說了出來：「保險實在高深莫測，不瞞你說，我已買了好幾份保險，每次都被保險推銷員說得天花亂墜，可事後心裡還是有一種不踏實的感覺，這裡有我兩張保單，就當是學習，你拿回去，為我評估一下。」

吉田拿著這兩張保單，充當醫生的家人，分別拜訪了醫生投保的公司，在了解了相關的內容後，他製作了一本圖文並茂的解說筆記，重要的地方就在上面畫上記號，好讓醫生容易了解。

當醫生把解說筆記交給他的會計師看時，會計師對它給予了極高的評價，而且還當面建議醫生向吉田買保險，結果，醫生就正式要求吉田為他重新組合現有的那六張保單。

吉田根據醫生的需求，將原本著重身後保障的死亡保險，轉換為適合中老年人的養老保險與壽險。這次推銷活動使他有了比較各家保險公司保險商品的機會，同時也從醫生那裡贏得了一份高達八千萬日圓的定期給付養老保險契約的業績。

後來，這位醫生又將吉田介紹給幾位醫生朋友。這幾位醫生，也都請求吉田為他們評估現有的保單。吉田耐心地為他們製作解說筆記，詳細記錄何時解約會得到多少解約金、不準時繳費的結果、殘廢後的稅賦問題等等。就這樣，在他業績上升的同時，也認識了很多的朋友。

隨後，吉田不斷運用由一個朋友到一群朋友的方法，並且擴大現有的市場，同時努力建立良好的關係。因為他和別人的關係處理得很好，有些客戶就會以「回饋一張保單」的方式，向吉田表達謝意，並且會為他介紹更多的客戶，使他的業績一直保持著最高記錄。

吉田因此成了年輕的百萬富翁。

可見，懂得編織社會關係網的人，會不斷發展和建立新的關係網，把自己的影響力擴大。在人際交往中，好人緣能讓人減少很多憂愁。一個好的人緣就是一張廣大而伸縮自如的關係網，用這張網你可以使你的生活更加輕鬆，財富也會隨之而來。

一個人的交際範圍廣闊，成功機會便會相應增加。如果你希望早日獲得商業上的成功，就必須有良好的人際關係網。實際上，所謂的「走運」多半是由良好的人際關係網展開的。能認同你的做法、想法與你的才華的人，一定會在將來的某一天為你帶來好運。

17 投其所好贏大利

當你與他人交往時，要學會投其所好，盡量激起對方的急切欲望。如果你能做到這一點，就可以不斷獲得財富。

猶太人福克蘭曾是美國鮑爾溫機車工廠（Baldwin Locomotive Works）的總裁。他的成功並沒有顯赫家室的支持，而是一切靠自己白手起家。

年輕時，他只是鮑爾溫機車工廠的一名普通職員。有一次，公司老闆買了一塊地皮，那裡的位置和各方面的條件都比較適合建造一座辦公大樓。然而讓老闆感到頭痛的是，這塊地皮上居住著一百多戶居民。在這裡生活了幾十年的老住戶對這裡的一切早已習慣了，突然要他們搬走，他們從心理上不能接受。為了抵抗鮑爾溫機車工廠的決定，很多住戶響應了一位愛爾蘭老婦人的號召：團結一心。這讓鮑爾溫機車工廠的老闆束手無策。

公司老闆最後只好提出用法律來解決。年輕的福克蘭心想，雖然法律能把這件事解決，但是公司必須支付大量的費用，何況打官司，就會影響遷居的速度，最好能勸說住戶主動搬遷。於是福克蘭把工作重點放在了愛爾蘭老婦人身上。

福克蘭把自己的想法跟老闆說了以後，老闆雖然不太相信他能夠做好，但還是決定讓福克蘭去試一試。

一天，福克蘭看見愛爾蘭老婦人正悠閒地坐在臺階上乘涼，便走過去。福克蘭裝做滿腹心事地在老婦人面前走來走去。老婦人看見這樣憂心忡忡的年輕人就主動問：「小夥子，你怎麼了，有煩心事嗎？」

對於老婦人的問話，福克蘭並沒有回答，而是把話題轉移到老婦人那裡，他裝得做很惋惜的樣子說：「您整天坐在這裡無所事事，實在是太可惜了。聽說最近這裡要拆遷，弄得大家整日心神不寧，是這樣吧？你可以發揮自己的能力為鄰居們找一個安樂的地方住，這不僅讓鄰居們更信賴你、佩服你，而且還可以打發無聊的時間。」

福克蘭的話引起了老婦人欲獲得尊重和讚賞的興趣，也讓她感覺自己對鄰居而言是多麼重要，於是她四處奔波去找房子，去找讓鄰居們都合適的住處。至此，鮑爾溫機車工廠的問題自然而然地解決了，還省了一半的花費。

還有一位猶太人卡塞爾更是這方面的高手。

卡塞爾是一位善於觀察，善於思考，善於洞悉別人心理的大贏家，他把這些都用在生意場上。提到「霍氏耳朵」巧克力，相信很多人不會對它太陌生。在超市食品櫥窗裡那種被咬破的耳朵形狀的巧克力，就是卡塞爾發明設計的。一九九八年，超級拳王麥克・泰森

（Michael Gerard "Mike" Tyson）和依凡德・何利菲德（Evander Holyfield）進行了一場拳擊比賽，比賽中，霍利菲爾德的耳朵被泰森咬掉了半塊，全場觀眾一片譁然。這件事被媒體廣泛傳播，盡人皆知。對於此事，卡塞爾突然有了一個想法，為他所屬的特爾尼公司設計了耳朵巧克力，這種構思非常新穎，很快地，這種巧克力吸引了大量消費者，使特爾尼公司賺了很多的錢。

卡塞爾這種超乎尋常的商業洞察力，為他贏來了不少的財富。

18 敢冒險才能夠發財

猶太人歷來就有冒險的名聲。無論是在東方還是在西方，在相當長的一段時間，對「冒險家」這個詞有一定貶義。然而到了現在，冒險具有新的意義，它被經濟學家們冠以「風險管理」，冒險家就自然而然成了「風險管理者」。

其實，想做成任何一件事都有成功和失敗兩種可能，當成功的機率較小時，你卻偏要去做，那自然而然就成了冒險。問題是，許多事情在你做之前很難看出它成敗的機率是多少，那麼這種時候也是冒險。就拿炒股票這件事來說吧，明明知道風險很大，但不冒險就會與財富無緣。商戰的法則就是冒險越大，賺的錢也就越多。

當賺錢的機會來臨時，你仍在那猶豫不決，那麼你就沒有資格發財。失敗有什麼可怕，大不了從頭再來；那要是成功了呢，豈不是一下子就成了大款。畏首畏尾，不敢冒險的人，永遠不會取得什麼成就。機不可失，時不再來，只有敢於冒險，放手一搏，才能夠獲得巨大成功！

阿莫德・哈默最大的一次成功在利比亞。無論是哈默本人，還是西方石油公司的領導員工，一提起此事，都會為之驚歎。

當時，利比亞的財政收入不大。在義大利占領期間，墨索里尼大概花了一千萬美元，在這裡尋找石油，結果毫無收穫。埃索石油公司在花費了幾百萬沒有取得多少成效後，正準備撤退，但在最後一口井裡打出油來。殼牌石油公司大約花了五千萬美元，但打出來的井都沒有商業價值。西方石油公司到達利比亞的時候，第二輪出讓租借地的談判在利比亞政府組織下進行著，出租的地區大部分都是原先一些大公司放棄了的利比亞租借地，根據利比亞法律，石油公司應在他們的租借上儘快開發，如開採不到石油，就必須把一部分租借地還給利比亞政府。第二輪談判中就包括已經打出若干孔「乾井」的土地，但也有多塊沙漠地與產油區相鄰……參加這次投標是來自九個國家的四十多家公司。有些參加投標的公司，它們的情況顯然比空架子也強不了多少。他們希望把租借地拿到後再轉租給別人。另有些公司，其中包括西方石油公司，雖然沒有雄厚的資金，但至少具有經營石油工作的經驗。利比亞政府通過一些規模較小的公司參加投票，因為這首先要避免受到大財團和大石油公司的控制，其次再去考慮什麼資金有限問題。

雖然哈默信心十足，但能不能取得成功還是個未知數，儘管他和利比亞國王私人關係良好。因為，他不僅這方面經驗不足，而且同那些石油巨頭們的實力相差太大，如果與他們競爭，肯定會有些不利。但決定成敗的關鍵不僅僅取決於這些。

哈默的董事們坐飛機都趕了來，他們在四塊租借地中投了標。他的投標方式有些特別，投標書用羊皮證件的形式，卷成一卷後用代表利比亞國旗顏色的紅、綠、黑三色緞帶紮束。在投標書的正文中，哈默加了一條：為了幫助利比亞發展農業，他願意從尚未扣稅的毛利中拿出五％供他們使用。此外，還允諾在國王和王后的誕生地庫夫拉附近的沙漠綠洲中尋找水源。另外，他們還將制定出一項計畫，那就是一旦在利比亞開採出水源，他們將同利比亞政府聯合興建一座制氨廠。

最後，哈默終於如願以嘗地獲得了那兩塊租借地，使那些競爭對手非常吃驚。這兩塊租借地都是其他公司耗鉅資後一無所獲放棄的。

沒過多久，這兩塊租借地便給哈默帶來了煩惱。他們鑽出的頭三口井都是幹孔，沒有見到一滴油，僅打井費一項就花了近三百萬元，另外還有二百萬元用於地震探測和向利比亞政府的官員交納的不可告人的賄賂金。於是，董事會裡的許多人紛紛把矛頭指向了哈默，說他做了一件蠢事，甚至連哈默的知己、公司的第二大股東裡德也失去了信心。

但是直覺告訴哈默，他的選擇是對的。在財東和創業者之間發生意見分歧的幾週，第一口油井出油了，此後的另外八口油井也出油了！這下公司的人可樂壞了，這塊油田的油是異乎尋常的高級原油，日產量是十萬桶。更重要的是，油田位於蘇伊士運河以西，便於運輸。與此同時，哈默在另一塊租借地上，採用了最先進的探測法，鑽出了利比亞最大的一口井——自動噴油的珊瑚油藏井，日產七・三萬桶。接著，哈默又修建了一條日輸油量一百萬桶的輸油管道，耗資一・五億元，而當時西方石油公司的資產淨值只有四千八百萬元，足見哈默是一個敢想敢幹的人。之後，哈默又大膽地吞併了好幾家大公司，等一九六九年利比亞實行「國有化」的時候，已羽毛大豐了。這樣，西方石油公司一躍而成為世界石油行業的第八個姊妹了。

正是因為哈默有著驚人的膽識和魄力，才使得他的事業獲得了巨大的成功，他不愧為一個猶太大冒險家。

19 錯誤與偶然中的機會

在猶太人看來，錯誤有時候也是機會，充分利用它，就能夠促進自己的發展。猶太人在經商的過程中利用錯誤創造機會的例子很多。機會常常喬裝成問題的面目出現，當你面對某一重要問題時，解決問題本身就是為成功創造了良機。

《塔木德》有兩句經典的話：「愚者錯過機會，智者把握機會，弱者等待機會，強者創造機會。」「悲觀者只看見機會後面的問題，樂觀者卻看見後面的機會。」樂觀的人，不僅能看到眼前的問題，還能發現問題後面的機會。

一家猶太工廠的工人在生產呢布的時候，由於工作上失誤，生產出來的幾匹呢布染上了白點，這一下問題就大了，按規定，這樣的呢布不能出廠，只能作廢。

正當廠長決定把這些布拿去銷毀時，廠裡有一個工人來到廠長辦公室，說他願意賤價買下這些布。廠長馬上點頭同意。他拿到白點呢布後，以正常呢布更貴的價格在市場上出售，並取了一個十分動聽的名字——「雪花呢」（snow flake）。結果，這種新款的呢布引起了人們的注意，幾分鐘之內即被搶購一空。不久，「雪花呢」成為市場流行時尚的寵兒，這個工人從此專門生產這種「錯誤」呢布，結果發了一筆大財。

除了錯誤的機會之外，猶太人還善於抓住偶然的機會發財。

猶太人愛德華・包克是美國《婦女家庭》（Ladies'Home Journal）雜誌的編輯，他從小就為自己樹立了一個目標：將來一定要創辦一本雜誌。由於目標明確，所以他對每個機會都非常把握。有一回，他看見一個人打開一包紙菸時，從中抽出一張紙條，隨即把它扔在地上。包克將紙條撿了起來，見那上面印著一個著名女演員的照片，下面有一行字：這是一套照片中的一幅。包克把紙片翻過來，發現它的背面竟是空白的。

包克馬上意識到這是一個機會，不容錯過。他推斷：如果充分利用這些印有照片的紙片，將照片上人物的小傳印在它的背面，價值就可以大大提高。於是，他走到印刷這種紙菸附件的公司，向經理說出了他的想法。這位經理立即說道：「如果你為我寫一百位美國名人小傳，每篇一百個字，我就每篇付給你十美元。」

這就是包克最早的寫作任務。他的小傳寫稿量逐漸增多，這使他變得更忙碌，他不得不請人來幫忙，於是他聘請了自己的弟弟，付給每篇五美元的稿費。不久，包克又請了五名新聞記者。後來，經過他不懈的奮鬥，終於創辦了屬於自己的一本雜誌。

可見，偶然的機會，有時就是這樣，只要把握住了，就能使願望實現。

20 不要放過細微之處

一名美國遊客在以色列度假，臨時住進了一家酒店。清晨，酒店一開門，一名面帶微笑的以色列小姐和他打招呼：「早上好，傑克先生。」這名美國遊客感到非常吃驚，沒想到這名服務員竟然能喊出自己的名字。服務員解釋說：「傑克先生，我們每一層的當班人員都要記住每一個房間客人的名字。」美國客人聽了，心裡有說不出的高興。

早餐的時間到了，美國客人在服務員的帶領下，來到了餐廳用餐，服務人員上菜時，都尊敬地稱呼他傑克先生。這時端上一盤菜，樣子非常奇特，美國客人向站在旁邊的服務員詢問：「這個紅色的東西是什麼？」那個服務員看了一下，後退一步並作了解釋。當美國客人又提問時，她上前又看了一眼，又後退一步才作回答。美國客人對此很不解，一問才知道，後退一步是為了防止她的口水濺到菜裡。這種細緻的服務令美國客人非常滿意。

這位美國遊客退房準備離開酒店時，酒店服務員又對他說：「傑克先生，歡迎您下次光臨，願我們的服務能讓你滿意。」

過了很久，某一天這位美國人收到了一張從以色列酒店寄來的卡片，上面寫著：「親愛的傑克先生，最近還好嗎？我們酒店的全體員工都很想念您，下次經過以色列的時候不要忘了來看我們。」同時，卡片下面還寫著一行字：祝你生日快樂。原來這一天是美國人的生日。

這種細心入微的優質服務無疑贏得了美國顧客的心。不要忽略每一個細節，也許，這一細微之處就能夠影響全域，就像醫生對病人的器官一樣，對於每一個最細微的地方都瞭若指掌。做好細節的量化工作，才能保證品質。

美國石油大亨約翰・戴維森・洛克斐勒（John Davison Rockefeller）的老搭檔克拉克這樣說他：「他做事細心認真到了極點，如果客戶少拿了一分錢，他會讓客戶拿走；如果有一分錢該歸我們，他也要來取。」

洛克斐勒對數字非常敏感，他常常在算帳，以免錢在不經意中溜走。他曾給西部一個煉油廠的經理寫過一封信，嚴厲質問：「同樣是提煉一加侖油，為什麼另一個煉油廠只需花費九厘，而你們要花一分八厘二毫？」還有本月初我給你們廠送去了一萬個塞子，加上上個月剩下一千一百一十九個，一共是一萬一千一百一十九個。而本月份你廠用去九千五百三十七個，卻報告現存一千零一十二個。那麼另外五百七十個塞子哪去了？」這樣的信，據說洛克斐勒寫過上千封。他就是這樣一個做事認真的人，對於數字精確到毫、厘、個，仔細分析出公司的生產經營情況和弊端所在，從而有效經營著他的石油帝國。

洛克斐勒這種嚴謹的工作態度值得每個人去學習，我們從中不難得出：細心認真是幹大事業者必備的素質。

第二章

猶太人的創新思維

可持續競爭的唯一優勢來自於超過競爭對手的創新能力。

——詹姆斯・莫爾斯（James Mirrlees）

01 生意無禁區

猶太人常說「生意無禁區」，這反射出猶太人一種「多項思維」的經營智慧。他們認為，時間和知識都是商品，那麼國籍當然也能成為商品，而且比普通商品具有特殊性。在猶太人的眼裡，國籍可以用錢買到，只要有錢，就可以買到其他國的國籍。當然他們買國籍是有目的性的，主要是為經商之路掃除障礙，以便賺取更多的錢。

猶太商人羅恩斯坦就是靠買到國籍而致富的典型商賈。羅恩斯坦的國籍是列支敦斯登（Fürstentum Liechtenstein），但他並非生來就是列支敦斯登公民，他的列支敦斯登國籍是用錢買來的。他為什麼要買這個國籍呢？

位於奧地利和瑞士交界處的列支敦斯登是一個小國家，面積僅為一百五十七平方公里，人口約一萬九千人。這個小國卻有著與眾不同的特點，就是國內徵收的稅金很低。這一特徵對外國商人有很大的吸引力，於是，引起各國商人的注意。為了賺錢，該國也出售國籍，定價七千萬元。獲取該國國籍之後，無論貧富，每年只要繳納九萬元稅款就可以了。

所以，世界各國的富人都想去列支敦斯登國，他們極想購買該國的國籍，然而，原來只有一萬九千人的小國根本容納不下太多人，因而想買到該國國籍並不是一件容易的事。

但是，這難不倒聰明的猶太商人。羅恩斯坦就是購買到列支敦斯登國籍的猶太人之一。他把辦公室設在美國紐約，而將總公司設在列支敦斯登國。雖然在美國賺錢，但不用繳納美國各種名目繁多的稅款。只要每年向列支敦斯登國繳納九萬元的稅金就足夠了。他是個合法的節稅者，因為減少稅負支出，所以獲取更大利潤。

第二次世界大戰後，著名的施華洛世奇股份公司（Swarovski）因為在大戰期間曾奉德國納粹黨的命令，製造軍用望遠鏡等軍需物品，因此將被法軍接收。當時羅恩斯坦具有美國國籍，當得知這些情況之後，馬上與丹尼爾・施華洛世奇（Daniel Swarovski）進行交涉：「我可以和法軍將領交涉，不接收你的公司。不過有一個附加條件，交涉成功後，請將貴公司的代銷權轉讓給我，收取銷售額的十%作為好處費，直到我死為止，你看怎麼樣？」

施華洛世奇對於猶太商人如此精明的條件非常惱怒，大發雷霆。但他權衡了其中的利害關係之後，還是答應了他的要求。

對於法國軍方，羅恩斯坦充分利用美國是個強國的威力，震住了法軍。在施華洛世奇接受提出的條件後，他馬上去法軍司令部，鄭重提出申請：「我是美國人羅恩斯坦，你們不能接收施華洛世奇公司，因為從今天開始，它已經變成我的財產了。」

法軍當然無話可說，因為羅恩斯坦已經是施華洛世奇公司的主人，公司的財產屬於美國人。法軍無可奈何，只好接受羅恩斯坦的申請，放棄接收念頭。接收美國人的公司對法國是毫無正當理由的，況且法國是惹不起美國的。

以後，羅恩斯坦不用花一分錢，便設立了施華洛世奇公司的「代銷公司」，輕鬆自在地賺取銷售額的十%利潤。

羅恩斯坦的致富的例子，國籍在這裡起了很大的作用，用美國國籍作為自身收購公司的本錢，再依靠列支敦斯登國的國籍逃避大量稅收，賺得更多的錢！

猶太人就是這樣精明，連國籍也成為賺大錢的媒介。他們認為生意沒有禁區既指交易對象上沒有禁區，也指交易內容上沒有禁區。

為了能賺錢，猶太人還經銷酒類，《塔木德》對酒的評價很低，他們認為「當魔鬼要想造訪某人又抽不出空來的時候，便會派酒當自己的代表」。這同我們所說的「醉鬼」一詞有異曲同工之妙，喝醉的人同鬼差不多。為此，《塔木德》告誡猶太人：「錢不應該為酒精而用，應該為生意而用。」但世界上最大的釀酒公司施格蘭釀酒公司的經營者卻是猶太人。

施格蘭釀酒公司創建於一九二七年，到一九七一年為止，這個公司共擁有五十七家酒廠，遍布世界各地，能生產出一百一十四種不同商標的酒。

猶太人還經營豬肉。不過在猶太飲食律法中卻明文規定，猶太人是不能吃豬肉的。雖然不能吃豬肉，但卻可以做豬肉的買賣。在美國芝加哥就有一個猶太商人，飼養著很多豬，數量多達幾百萬頭。據統計，美國的屠宰業有五十%掌握在猶太人手中，其中不乏有殺豬的工作。

猶太作為一個民族，它獨立於世界劃分的勢力範圍之外，只存在一種意識型態——上帝及其律法。所以，雖然「二戰」前後東西方兩大陣營「冷戰」很激烈，但是蘇聯猶太人與美國猶太人卻不受他們的影響，把心思都用在生意上，因此，他們所獲得的回報也是豐厚的。

因此，猶太人的無禁區意識體現了他們做生意時盡可能避免各種非理性的先入之見和屬於意識型態的影響，這一種生意經的態度，值得每個人學習。

02 「厚利適銷」獲大利

高檔的商品都是為富人準備的，因為一個富人聚斂了大把的錢，目的就在於能夠痛快地享受每一種奢侈品。豪宅、名車、高檔的娛樂、奢華宴席……種種跡象表明，這個世界已經開始向富人的口袋發起攻擊。

那麼，我們怎樣才能賺到富人的錢呢？

根據猶太商法，窮人從富人那裡賺錢，就不能只是慨歎命運不濟，而是要想方設法地接近富人堆裡，汲取富人致富的思想，按照富人的思維去思維。

為了從富人那裡賺來大把的錢，猶太商人一般不做「薄利多銷」的買賣。他們認為薄利競爭如同讓脖子套上繩索，是愚蠢之極的。同行之間進行薄利多銷競爭是可以理解的。在考慮低價銷售之前，為什麼不想辦法多獲一點利呢？如果大家爭相降價，越壓越低，慢慢地廠商就難以維持經營了，何況市場有限，如果消費者的消費能力達不到，價格再低也難以維持。

在一些猶太人的公司裡，老闆經常遞給員工一疊厚厚的資料，對他說：「拿著這些資料去說服消費者吧！讓他們相信我們的商品是最好的。」

當員工看到資料下方的價格，非常吃驚：「價格這麼高，會有人買嗎？」這時，猶太老闆會充滿信心地對你說出許多道理，讓你相信高價出售是何等的正確。

於是，各種各樣印刷精美的統計資料、宣傳冊就飛到各地經營者的辦公室裡。猶太人認為，價格定得太低，是對自己商品缺乏自信的表現。

「絕不要廉價出售我們的商品」是猶太人的經商信條。

美國富翁喬瑟夫．C．威爾森（Joseph C. Wilson）在繼承父業時，父親的哈洛伊德公司（Haloid）只是一間小公司，經營一些雜貨。一個偶然的機會，威爾森發現了商機，購買了賈斯特．卡爾森（Chester Carlson）研發技術，在靜電複印的研究上花費了十三年的巨額研發費用後，向市場推出了「全錄（xerography）九一四型乾式影印機」，因在市場上並沒有任何競爭對手，受到高消費顧客群的青睞，一時間成了搶手貨。

另外，全錄的銷售策略也配合得很好。當時，威爾森在幾經思索後，決定將成本二千四百美元的「全錄九一四型乾式影印機」銷售價格訂為二・七萬萬美元，且用戶若不採購，亦可採影印機租用方式，每月只需支付二十五美元，但每複印一張紙需支付四美分。用這種租賃方式，讓很多辦公室可以用很低的價格嘗試並且依賴了全錄的服務，也讓全錄一下子賣掉了二萬多台影印機。

很多國家也來向他訂購這種影印機，僅一九六〇年，全錄（Xerox）的營業額就高達三千五百萬美元，它的市場占有率達到了十五％。

一年後，營業額迅速上升到五・五億美元。這一年，全錄擠進了美國「五百家最大公司排行榜」，威爾森終於實現了他振興公司的願望。

猶太商人在經營活動中除了堅持「厚利適銷」的做法外，為了避免與其他商人的薄利多銷的衝擊，他們一般不經營低價的商品，而會去經營昂貴的消費品。這也是世界上經營珠寶、鑽石等首飾的商人以猶太人居多的原因。選擇這種行業的猶太人，顯然是避開那些薄利多銷的競爭者，因為這類資本密集型商品，普通競爭者一般沒有那個資本或力量來經營。金融證券行業也是，美國華爾街的金融證券大亨，猶太人占了絕大多數。

猶太商人「厚利適銷」的行銷策略，其著眼點是有錢人。名貴的金飾、珠寶、鑽石，只有有錢人才買得起。既然是有錢人，他們當然要講究身分，因此對首飾的價格也就不會那麼斤斤計較了。相反，如果商品價格過低，反而會引起他們的懷疑。俗語說：「便宜沒好貨。」有錢人對這句話印象最深。猶太商人就是這樣抓住消費者的心理，開展「厚利適銷」的策略行銷。即使經營非鑽石、非珠寶這樣的首飾商品，也是以高價厚利策略行銷。如猶太人施特勞斯創辦的梅西百貨公司，它出售的日用百貨品總要比其他一般商店同類商品價高五十%左右，但它的生意依然興隆。如一九九三年它的銷售額，位居全美一百家最大百貨公司的第二十六位，但它的利潤值居第四位，為五・四四億美元。

猶太商人的高價厚利行銷策略，表面上是著眼於富有者，事實上是一種巧妙的生意經。東、西方社會，講究身分、崇尚富有心理的人比比皆是，流行於富有階層的東西，很快就會在中下層社會流行起來。原因很簡單，介於下層社會與富裕階層之間的中等收入者，總想進入富裕階層，出於面子或滿足虛榮心的原因，眼睛總會緊盯富裕者，因此，他們也購買時髦的高貴商品。而下層社會的人生活水準比較低，消費不起價格昂貴的產品，但崇尚富有的心理會驅使一些人行動，他們會想盡一切辦法去購買它。這樣的連鎖反應使得昂貴的商品成為社會流行品。可見，猶太商人的「厚利適銷」策略是有一定目的性的，是盯著全社會這個大市場。

03 高額定價法

商品可以薄利多銷，也可以厚利適銷，這是一門經商的藝術。如今人們都喜歡與眾不同的名牌產品，而這些名牌產品，靠的是價格來培養的。名牌產品在行銷中採用高額定價法，能夠鞏固名牌的高貴地位，維護其至高無上的優勢，當然也能賺取高額利潤。

猶太商人魯爾在美國紐約的第四十二大街上開了一間服裝經銷店，門面不大，生意也不是很好。一次，他聘請的高級設計師精心設計的最新流行款牛仔服首次上市，他對這產品傾注了很大的心血，希望能就此改變經營不善的狀況。為此，他投入了六萬美元的資金，首批生產了一千件，成本為每件五十六美元。為了儘快把市場打開，他採取了低額定價策略，把每件定為八十美元，這樣的價格在服裝產品算是比較低的了。魯爾心想，憑著低廉的價格和新穎的款式，一定會小賺一筆。

魯爾親自指揮，大張旗鼓地叫賣了半個月，還是沒有多少顧客。魯爾非常著急，他把心一橫，每件服飾降價十美元銷售，又高聲叫賣了半個月，購買者還是沒有增多。魯爾認為價格還是不夠低，於是又降低了十美元，這種價格已經非常低，但銷售狀況還是不見好。乾脆大拍賣吧，工本費也不要了，每件五十美元，實行賠本清倉，除了吸引不少看客外，連原來的情形也不如。

魯爾徹底絕望了，他不再降價和叫賣了，而是讓人在店前掛出「本店銷售世界最新款式牛仔服，每件四十美元」的看板，至於能不能賣出去，只能靠上帝保佑了。誰知看板一掛出，吸引了不少購買者，他們陸陸續續來到店裡，興致盎然地挑選起來。站在一旁的魯爾這回可傻了，呆呆地站在一旁。原來，由於店員的一時疏忽寫錯價格，每件四十美元變成了四百美元了，價格一下子高出十倍，反而引來很多的購買者，還真賣出了七、八件。隨後的銷售狀況越來越好，生意非常興隆。一個月過去了，魯爾的一千件牛仔服已經銷售一空。差點血本全無的魯爾轉瞬之間發了橫財。

魯爾的世界最新款式的牛仔裝，銷售的對象主要是那些追求時尚的年輕人。他們的購買心理是講究商品的高品質、高檔次和時髦。對服裝的需求不僅講求款式新穎，而且講求派頭，使自己的虛榮心達到最大限度的滿足。可見，經商時要多動腦筋，抓住客戶的心理來運作才是捷徑。

04 把顧客的反對意見搶先提出來

猶太商人認為，能夠事先把客戶擔心的問題想出來，然後在客戶提出之前先自己提出問題，再逐一加以解決，這會讓客戶感覺你確實在為他著想。

猶太人馬祖茲早期從事日常家用品的推銷工作，曾經成功向家庭主婦推銷出上萬支壓力鍋。

通常情況下，客戶在購買前一定會提出安全問題，馬祖茲事先就知道了這一點，他在向一位家庭主婦推銷時，先把壓力鍋的情況簡單介紹一下，然後說：「現在你可能會問，它的壓力會不會太大。請不要擔心，這個安全閥的作用正是防止壓力過大的。」

馬祖茲首先把客戶擔心的問題說了出來，然後再加以解決，消除人們的顧慮。他必須保證，推銷不應該讓顧客對一些根本不存在的東西感到擔憂。

還有一次，馬祖茲向一些家庭婦女推銷一種切食物的機器。在快速又輕易切了三、四種食物之後，他看著顧客說：「有人可能會問『你操練得這麼熟練，如果我們買下了你的機器，會不會變得和你一樣？』」

「老實說，你們要想變得和我一樣需要一段時間的練習，這不是吹牛，而是事實，因為我每天都要操作這玩意兒好幾個小時。」

她們相信了馬祖茲的話，馬祖茲繼續介紹：「你若不能像我一樣有效使用這台機器，你或許想知道要如何省時省錢又給家人帶來更吸引人的食物。我們可以讓一位女士上來試試這台機器。好的，後面那位女士，麻煩您上來一下。現在我們給她五分鐘時間閱讀使用說明，到時你們會看到她切食物比這裡其他任何女士使用最鋒利的菜刀切得更快更好。」

試驗結果果然如此，馬祖茲接著說：「這並非因為她是機器專家，而是因為她有這台機器替她代勞。我想你們看了之後一定會認為這台機器非常不錯，對吧？」

這時馬祖茲再切兩、三種食物，然後把機器上的第一個刀片取下，示範說：「這台機器有五個刀片，我只用了一個就可以切六種食物。現在我想讓你們回答我一個問題：如果這台機器只有這一個刀片，你們有多少人已經決定要擁有這台機器了呢？」

現場有很多女士舉起手來，或嘴上說出她會要一台。馬祖茲心裡清楚，此時顧客仍然會有異議，所以，他會再切兩、三種食物，然後應付另一種反對意見說：「你們可能會問我，這台機器安全嗎？會切到手嗎？我會笑著回答，這種機器切到手並不難，但我們不建議你這麼做。女士們，如果你們想切到自己的手，只需要打開機器，把手指插到刀片和漏斗中間就行了？如果不想切到手，就別把手放進去！還有什麼問題？」

女士們聽完後，再也沒有任何異議了。很快，他的機器被搶購一空。

在推銷活動中，如果你確信顧客會提出某種反對意見，可以搶先提出來，並把它作為你的論點，妥善處理好。

05 牢牢抓住挑剔的顧客

猶太商人福洛姆曾經說：「在推銷的任何階段，或對於商品的任何方面，顧客都可能提出異議。經驗告訴我們，顧客沒有提出任何一點異議就達成交易的情況是極少見的。我們應該明白，嫌貨才是買貨人。」

在推銷的過程中，顧客一般都會對你的產品提出異議，作為一個推銷員，你應該明白，這是顧客對你的產品產生興趣的一種表現；顧客越有興趣，就會越認真思考，也就會提出更多意見。如果他對你的建議無動於衷，沒有絲毫異議的話，往往也說明這位顧客沒有購買欲望。

通常，當人們對你的產品進行挑剔，並且與你討價還價的時候，就是他們已經準備買你的東西了。

下面我們來看看福洛姆買車的一段經歷：

福洛姆來到一間汽車展示中心，他向四處張望，然後走到一輛汽車面前，盯著它觀看。這時，推銷員向他慢慢走了過來。

「早安，先生，您看來很喜歡這款新車。」

「是的，這輛車看起來不錯。多少錢？」

「這一款十四萬美元。」

「哦，挺不錯的？不過我得回去和妻子商量一下，要是可以的話，我們會將它買下的。」

隨後福洛姆在一家二手汽車店看到一輛破舊迷你小汽車，標價三百美元。於是他立即趕回家，對妻子說：「我看到一輛舊車，挺不錯的，標價三百美元，兒子一定會喜歡的。」

「你要是覺得合適，就將它買下。」妻子說道。

第二天一早，福洛姆帶著三百美元，慢悠悠地踱進二手汽車店裡。

「早安，先生。需要幫忙嗎？」

「哦，我想問一下，那輛破舊的迷你車多少錢？」

「價格都已經寫在上面。」

「這我能看見，我的意思是說你把這輛車賣出去的最低價格是多少？」

「您要是誠心想要的話，就二百五十美元吧！」

「你看，那輪胎都磨禿了，怎麼算？」

「磨損的地方並不多呀。」

「不管怎樣這也是一種缺憾。再說車身前還有一道刮痕呢，這又怎麼說呢？」

在汽車展示中心，福洛姆沒有提出異議，但在二手汽車店裡，福洛姆對著一輛破車挑剔了所有毛病，說明他已經準備買車了。他的挑剔只是想把價格壓到更低。

在顧客決定要購買之後，談判才真正開始。如果顧客要買的是一個名貴的手錶，第一次去商場看樣式的時候，顧客會把目光投向琳琅滿目的各類產品之上，欣賞的是它的外觀和整體感覺。但是，當顧客真正下定決心要買的時候，就會對所買的商品格外注意：一點刮痕或一點損傷都難逃過他的眼睛。這是因為顧客已經決定要買了，而且顧客想要求完美。所以，要留神那些你給他們看每一件東西都說喜歡的顧客，他們的誠意值得懷疑。

總有一些顧客已經決定購買了，卻還想從你那裡爭取到最後一點讓步。

在吉普賽民族之中曾流傳著一個傳統，叫作「幸運錢」。他們在與你做生意的時候，都會與你爭論不休，想盡一切辦法把價格殺到最低，直到你被折磨得徹底絕望，以最低價賣給他們為止。協定達成了，錢也交付完畢，又剩下你疲憊不堪地站在那裡。這時，他們又會回到你面前，向你要一張五美元的紙幣，這點錢被他們稱為幸運錢，意思是把吉普賽人在生意上的幸運帶給你。如果你拒絕的話，他們也不會有什麼損失，因為他們已經從與你的這筆交易中得到足夠的好處了，但如果你同意他們的請求，這張幸運錢將是一筆額外的小費。

一個商業性的買方也會像吉普賽人一樣。

當買方代表約你與他談判時，你匆匆往他指定的地點，當來到他的辦公室門外時，你輕輕敲門，等了將近十秒鐘，才聽見「請進」的聲音，當你走進去的時候，買方代表才抬起頭，略顯驚訝地看著你。

「對不起，我約了你嗎？」

「是的，是關於最新的宣傳計畫。」

「哦，我想起來了。對了，你們要價多少？」

「我們已經向您提交了一份計畫書和報價單了。」

「真的給我了嗎？我怎麼沒看見呀，可能是我把它遺忘在哪裡了吧？能否再跟我說一下你們的報價？」

「好的，總共是七．七萬美元。」

「哇，價格太高了，這得徵求我們老闆的意見。不過他現在很忙，我不方便打擾他，再說，即使跟他說了，他也不一定同意。這樣吧，如果你們能把價格降到七萬美元，我就冒一次險，現在跟你們把協議簽下來。」

遇到這種情況，你該怎麼辦？他可能是在虛張聲勢，但也可能不是。如果是後者的話，你不答應他，就可能失去這樁生意。這時，你所要做的就是控制好局勢。時刻把報價單和其他已經向顧客提交過的檔案複本帶在身邊；認真地做好會談記錄，以便對方在故意裝傻或不認帳的時候能夠很好地對付他。

你不得不承認，一個已經打定主意要購買的顧客是非常挑剔的。你必須有充分的準備，才能夠很好的應付他。在每一次交易中，你需要判斷你有多麼想達成這個協定。如果你有很多顧客，也許你能夠說出類似「我的客戶有很多，如果你不買的話，還有很多人等著買」的話。但是，除非真的有幾千個人等著買，不然，千萬不要說出這樣的話。誠實會對你有所幫助，但是誠實也可能變得很危險。

06 把話說到對方的心坎上

有一位猶太商人說：「我們必須拋開自己的立場置身於對方的立場上說話，才能讓自己成為受人歡迎的人。只要把話說到對方的心坎上，引發對方心理上的同感，就能讓顧客充分信任你，同時也能夠讓他敞開心胸接受你。」

猶太商人認為，在經商的過程中，如果能夠充分了解別人的立場，就能在生意場上獲得成功。一個生意人，除了站在自己立場考慮之外，也必須具有站在別人立場考慮的處世能力。

在談生意時，如果能夠站在對方的立場上思考，那麼對方就可能會被你的這種精神所感動，也會反過來考慮你的立場。這樣，在不知不覺中，你們在感情上便取得共鳴，對方自然也就樂意接受你的意見。

猶太人格森在日本經營一家清酒公司，有一次，公司開發出一種新品牌的清酒，在擴大市場過程中，遇到一個潛在的大客戶龜田，這個客戶開了十家連鎖飯店。格森想把新的清酒銷售給這個客戶代理，他多次上門拜訪龜田，但每一次都吃閉門羹，對方不是態度冷淡，就是敷衍了事。

一次，他再度嘗試去拜訪龜田，當走進龜田的辦公室，剛想向他打招呼時，龜田就用力地拍了一下桌子，衝著他喊：「怎麼又是你，我不是跟你說了嗎，我很忙，沒有空閒和你浪費時間。你快走吧，別再來煩我了。」

要是一般人遇到這種情況，可能會因為無法忍受他的言辭而與他爭吵，或者乾脆轉頭就走，但格森顯得很平靜，馬上想到龜田一定有什麼事不順心。他立刻用客氣禮貌的語氣說：「你怎麼了，龜田君，我每次來拜訪你的時候，都發現你情緒不好，你是不是有什麼不順心的事呀？我可以坐下來和你談談嗎？」

格森說完之後，龜田馬上平靜了下來，臉上的怒氣也隨之消失。格森見了之後，很和氣地說：「我想你一定是遇到了什麼不順心的事情。能跟我說說嗎？」

這時，龜田輕聲地說：「你猜對了，最近我確實很煩。為什麼呢？你知道我是從事連鎖餐飲行業的，今年下半年計畫開三家分店，什麼東西都準備好了，結果上個月我三個分店經理都讓我的競爭者以高薪給挖走了，你要知道，為了培養他們，我可是花了不少力氣。你說我能不生氣嗎，事情簡直糟透了。」

格森聽了拍拍他的肩膀說：「哎，龜田君，不光是你有這樣的煩心事，我也有啊。你看看，我們最近不是有新的產品要上市嗎，前幾個月我好不容易用各種方法招來十幾個新的推銷人員，每天我都會用大量的時間培養他們，想把我們的市場打開。結果才三個多月的時間，十幾個新的推銷人員走得只剩下五六個人了。」

接下來的幾分鐘，他們互相抱怨，現在的人才是多麼難尋找，員工是多麼難培養……最後，格森站起來拍拍龜田的肩膀，說：「好了，龜田君，讓我們忘了這些煩心的事。我車上正好帶了一箱新的清酒，搬下來給你嘗一嘗，過兩個星期，等我們兩人都把問題解決了以後，我再來拜訪你。」

龜田聽了後就順口說：「好吧！那你就先搬下來再說吧！」搬下來後，兩個人揮手互道再見離開了。結果可想而知，龜田成了格森的大客戶。在整個談話的過程中，格森始終沒有談及自己的產品，那他是怎樣促成交易的呢？其實很簡單，他花了大部分時間與龜田聊天，觸動了龜田的同理心，與之建立共鳴，這樣他就自然而然地談成了生意。

猶太人認為，雙方剛開始接觸的時候產生共鳴是最重要的，這時的應對方式，可以決定後面的溝通是否順利成功。在和別人談生意的時候，如果你能夠設身處地站在對方的立場上替對方說話，說不定將會獲得意想不到的收穫。

07
「誘」敵深入法

在交易活動中，猶太人會有步驟地向顧客提出一些問題，讓他就交易的各個部分一一做出決定，誘其深入到購買的圈套。

下面是猶太商人格雷維爾和顧客的一段對話。我們來看看他是怎樣賣汽車配件的。

格雷維爾：「您喜歡哪一種顏色？」

顧客：「我比較喜歡藍色。」

格雷維爾：「您需要一頂太陽篷嗎？一些豪華轎車就配有這種太陽篷。尤其是夏天，轎車是很必要配備太陽篷的，您覺得我的提議怎樣？」

顧客：「你說得沒錯，但我想這種太陽篷應該很貴。」

格雷維爾：「哦，不貴，挺便宜的。」

顧客：「真的嗎？」

格雷維爾：「真的，沒騙您。另外，您想要一個霧燈嗎？霧燈在冬天或者在春天比較寒冷的日子裡行車的時候是不可缺少的。」

顧客：「我覺得沒有必要配備霧燈。它只會抬高汽車的價格。另外，在天氣不好的情況下，我會盡量避免開車外出的。」

格雷維爾：「把座位往後推到這個位置，您坐上去試試。感覺怎麼樣？舒服嗎？

顧客：「還可以，不過我想座位還是低，如果再高一點會更好。」

格雷維爾：「把座位調高一點很容易，您看還有哪些地方需要改進？」

格雷維爾的方法值得我們借鑒。如果你分段有步驟地向顧客介紹產品，顧客就不必馬上作出是否正式購買的決定，這樣就能誘使顧客深入。如果他對產品的供銷做出否定的回答，比如上面例子中關於霧燈和座位高低的問題，對於達成交易並不會構成威脅，因為它只否定了產品與顧客個人願望有關的部分。儘管你和顧客之間有分歧，但只要這個分歧是涉及某個問題，那它也就不會影響到交易的完成了。

08 要適時採取激烈的言語

猶太人認為，在推銷過程中，如果遇到了拒絕，用激烈的言辭把對方激怒，可以引起對方的興趣或重視，繼而達到成功推銷的目的。

斯庫利最初從事壽險推銷工作時，由於年輕氣盛，遇事不免有些急躁。

有一次，他去拜訪一位十分孤傲的準客戶，由於這位準客戶特別固執，儘管斯庫利這是第三次拜訪，準客戶反應仍然十分冷淡，對他不屑一顧。

斯庫利見他這副模樣，有些不耐煩了，所以講話速度快了起來，其中有一句很關鍵的話引起了準客戶的注意：「您好粗心！」

本來，那位客戶是背對他的，聽到這一句話，馬上轉過身來，滿臉憤怒地問：「你說我粗心，那你為什麼來拜訪我這位粗心的人呢？」

斯庫利笑著說道：「千萬別生氣！我不是那個意思，只是跟您開個玩笑罷了，不要介意啊！」

「我並沒有生氣，但是你居然罵我是個笨蛋。」

「哎，我怎麼敢罵你是笨蛋呢？因為您一直背對著我，不肯理我，所以我跟您開一個玩笑，說您粗心而已。」

「哈哈哈，嘴挺機靈。」

「多謝您的誇獎。」

斯庫利不失時機地刺激一下那位傲慢的客戶，把對方的注意力吸引過來後，又以微笑的方式化解，再次把談話的主動權抓住，順利進入下一個步驟。

在銷售活動中，經常會遇到一些心不在焉或過於固執的客戶，這時推銷員可以用激烈的言辭進行激將。

比如：在面對一個固執的客戶時，推銷員可以這樣說：

「馬克先生，您的行為非常自私，您根本不知道對家庭的真正責任是什麼？」

「鄧肯先生，想不到您是這麼固執的人，真是無可救藥。」

有時也可以使用一些「溫和」的挑釁話術。

比如：「坎菲爾先生，怪不得您的員工們說您蠻橫、粗暴，因為您從不體恤他們。您對這樣一個可以表現您對下屬們關心和愛護、改變您在員工心目中形象的可靠投保計畫都拒絕，真讓人失望！您真的想成為員工所說的那種人嗎？」

「卡羅爾先生，想不到您對此有這麼深的成見，真是趕不上時代潮流嘍！」

利用這種話術，既達到了刺激的目的，又不使顧客翻臉，拂袖而去。

偉大的猶太推銷員喬治・蓋莫斯就這樣說：「在你被拒絕且沒有什麼損失的時候應當採取激烈的言行。為什麼不呢？試了之後你才能夠領略到它的效果，採取激烈的言行可能會震動買主採取行動，而且你也不會失去什麼。」

09 推辭答覆盡量往後拖延

猶太商人拒絕對方的另一種妙法是推託拖延。他們常用拖延的具體方法有兩種。

第一種是借他人之口加以拒絕。

庫辛在一家商店做銷售。一天，一位顧客來店購買空調機，看遍了陳列在商店裡的空調機，都不滿意，於是便問：「能帶我去倉庫看看嗎？」

面對顧客的提問，庫辛不能說「不」字，於是他笑著說：「前幾天經理剛宣布過，不准任何顧客進倉庫。」

儘管顧客對此非常不滿，但畢竟不是直接聽到庫辛拒絕的回答，因此減少了幾分不快。

第二種方法是拖延時間。

薩迪的店裡正在賣電影《侏羅紀公園》全套恐龍模擬玩具，朋友多姆得知之後，來到薩迪的店裡說自己正想給兒子買一個。薩迪示意他看看排隊的顧客，並說道：

「今天看來不行了，下次吧，到時候我再告訴你。」

在談判陷入僵持階段時，這麼做能使對方保持冷靜，自然也容易接受。如果當場即把相反的意見提出，對方因情緒高亢，不但不會接受意見，反而會更加堅定自己的立場。

有家顧問公司向來採取「當場查證問題、當場回答」的政策，卻常遭顧客不滿。後來改變方式，要求顧客在隔一段時間再查詢，這樣做取得了很好的效果，顧客都能滿意。

人即使冷靜時，對別人的反對意見也不一定能夠聽得進，更別說氣憤或不滿的時候了。因此，不妨先安撫一下，隔一段時間等對方冷靜後再說。也就是說，先將要說的話放在一邊，等對方心情平靜之後再把自己的反對意見說出來，往往能收到事半功倍的效果。

比如，你可以這麼回答：「我沒有充足的資料來答覆你所提的問題，我想，你是希望我為你做詳盡且圓滿的答覆，但這需要時間，你說對嗎？」

當然，拖延時間並不意味著拒絕回答對方提出的問題，它有時只是緩兵之計。因此，你要進一步思考如何回答問題。

遇到顧客有異議時，猶太商人往往會採用延遲處理的方法來表示拒絕之意。他們對顧客提出的異議，有時不馬上答覆，拖延一段時間再給出回答。以下幾種情況可以採用延遲處理的策略：

如果不能立即給顧客一個滿意的回答，或者沒有足夠的資料做說服性的回答，應說明情況，暫時擱下。等到有滿意的結論之後，找一個恰當的時機予以答覆。如此處理，說明你對待顧客的異議非常謹慎，不會影響顧客對你的信任。

如果你預計延遲回答，可減緩顧客的反對情緒，或者顧客會替你回答時，可以不馬上答覆。

如果立即答覆，會妨礙你的推銷說服工作，甚至影響整個推銷計畫，最好不要馬上答覆。不然的話，就會受到顧客的盤問，使自己陷入被動的局面，打亂整個推銷工作計畫。但你要把答覆的時間掌握好，防止受到顧客的盤問而處於被動。

如果顧客的異議離題太遠，或者與之後將要說明的問題有關，則可以隨著業務洽談的深入，待正式涉及此問題時再加以回答。

因此，在使用延遲處理顧客異議策略時，要注意看準適用延遲處理的條件，對需要延遲處理的顧客異議，你千萬不要猶豫，應該表現出能夠處理的信心。不然，會使顧客產生誤會，認為你無法解決異議。

10 沉默能讓自己獲得成功

《塔木德》說：「在某些時候，沉默比什麼話術都有效。沉默就是力量，滔滔不絕、口若懸河並不是談判的全部，以變應變，立足現實，以異乎尋常的方法反其道而行，往往會成為商場上的最大贏家。」

我們有時會看到這樣的現象：一位談判者在和別人談話，當有人感到乏味時，會默默不語，然後將桌上的報紙拿在手上，隨便翻閱起來，這其實是想讓對方明白，報紙雖然無味，但總比你的話有意思。這種做法，顯然是要讓對方終止談話。

談判的目的就是要使自己獲得利益，雙方的利益不可能一致，那麼，業務談判的磋商首先就是在雙方的利益分歧點上展開交鋒。在交鋒階段，為了達到自己的目的，一定要不斷向前，決不可後退，而且一定要堅持自己的既定原則和立場。在談判中，沉默不語也是一種反攻對方的武器，如果你對於對方所說的內容感到厭煩，或者對方提出了一個不合理的要求，這時，你最好是坐在那裡，沉默不語。

代表以色列航空公司的三個猶太商人和美國一家公司談判。會議從早上八點開始，進行了兩個半小時。美國代表以大量的資料淹沒了以色列代表。他們用圖表解說，電腦計算，螢幕顯示以各種資料來回答對方提出的報價。在整個過程中，以色列代表一句話也沒說，只是靜靜地坐在一旁。

終於，美國代表關掉了電腦，充滿信心地問以色列代表：「你們覺得怎麼樣？」其中一位以色列代表面帶微笑說：「我們看不懂？」美國代表的臉色霎時變得慘白，「你說看不懂是什麼意思？有哪些地方看不懂？」另一位以色列代表也面帶微笑地說：「都不懂。」美國代表對此非常驚恐：「從哪裡開始不懂的。」第三位以色列代表以同樣的方式慢慢答道：「當你將會議室的燈關了之後。」美國代表頓感頭腦發脹，他斜倚在牆旁，喘著氣問：「那你們希望怎樣做？」以色列代表同時回答：「請您再重複一遍。」美國代表的頭好像要炸開了，誰有精力再將秩序混亂，又長達兩個半小時的介紹重新來過？美國公司終於不惜代價只求達成協議。

那三個猶太商人也許真的不懂，但這種可能性極小，「我們不懂」的真正含義大概是，你的計算方法我們是不同意的。

心理學家告訴我們，在不同的場合環境中，人們對他人的話語感受、理解都會有所不同，並且表現出不同的心理承受力。正因為受特殊場合心理的制約，有些話在某些特定環境中說比較好，但有些話說出來就不一定好了。同樣的一句話，在此說與在彼說卻有不同的效果。因此，說什麼，怎麼說，一定要顧及說話的環境，如果環境不宜，時機未到，那麼保持沉默便是最好的辦法。

日本公司與美國公司正進行一場貿易談判。談判一開始，日方代表便聽見美方代表不停地介紹情況，對此，日方代表沉默不語。

美方代表講完後，徵求日方代表的意見。日方代表如從睡夢中剛醒一樣，說道：「我們完全不明白，想回去認真研究一下。」

於是，第一輪會談結束。

幾星期後，日本公司換了另一個代表團，談判桌上日本代表申明自己對情況並不了解。美方代表沒辦法，只好再重新介紹了一遍。

沒想到，日本代表聽完介紹後又說：「我們完全不明白，請允許我們回去研究。」

於是，第二輪會談又休會。

過了幾個星期後，日方再派代表團，同樣讓美方把情況介紹了一遍，而後說道：「我們得回去討論一下，有結果馬上通知你們。」一時間飛逝，一轉眼半年過去了，美方沒有接到通知，於是便認為日方缺乏誠意。

然而突然有一天，日本人派了一個由董事長親率的代表團飛抵美國開始談判，將最後方案拋了出來，以迅雷不及掩耳之勢逼迫美方談判全部細節，令人措手不及。

最後，談判達成一項對日方非常有利的協議。這場談判能成功的關鍵在於一句俗話「會說的不如會聽的」，聽出門道再開口，而開口便傷對方「元氣」，是不是很高明呢？

有時我們故作「遲鈍」未必不是聰明人，「遲鈍」的背後隱藏著過人的精明。

有人推崇一種「大智若愚」的藝術，即在商業活動中顯示出一種「遲鈍」，多聽、少說甚至不說。這樣做的目的是為了獲得最大的利益。少開口不做無謂的爭論，你的真實想法就不會被對方知道；繼之，你還可以試探對方動機，慢慢將主動權掌握在自己手中。

11 「二選一」法則

「小姐，這兩種款式的衣服都是最新到貨的，不知您喜歡哪一種？」
「太太，您看什麼時候給您送貨最合適？是明天，還是後天？」
上面的二段話，看似簡單，其實包含了很大的學問——「二選一」法則。
二選一法則也稱惠勒祕訣，最初是由猶太裔銷售訓練師艾米爾・惠勒最先提出的。現在還是讓我們聽一聽惠勒為學員講課的內容吧。
「我們和客戶約定見面拜訪的時間時，使用二選一法則是非常有必要的。也就是：提出兩個見面的時間，讓客戶從中作出選擇，不問客戶有沒有空，而應該問他們哪個時間有空？你可以問客戶：請問您是今天下午有空還是明天上午有空？」
「當你問完這個問題之後，如果客戶說這些時間都沒有空的話，你絕對不能放棄，一定要堅持問下去：那您明天下午什麼時候有空？如果他說明天下午也沒有空，那你繼續問他：那麼後天的上午您什麼時候有空？每次都給他兩個時間去選擇，這樣一直問下去，直到他把拜訪的時間告訴你為止。」
「在這個過程中，有的客戶可能會這樣對你說：明天再打電話與我約時間吧，我現在很忙。當客戶說出這樣的話時，我們必須意識到：第二天打電話約時間就等於約不到時間了，所以絕對不可以答應客戶到第二天再打電話約時間。面對這種情況，你可以說：我知道您現在很忙，而我也不希望浪費您的時間，我想如果現在就約好見面的時間，可能會比明天再打電話麻煩您更節省您的時間。」

「依照經驗，當你用這種方式回答客戶時，幾乎大多數的人都會馬上同你約定好見面時間。」

汽車推銷員賽姆在聽了惠勒的訓練課之後，深受啟發。以後他就經常使用這種方法向客戶推銷汽車。

在此之前他總是這樣說：「彼特先生，您只需付二萬元，就能擁有這輛車了。您看怎麼樣？」結果客戶不能馬上給他答覆。

學了惠勒的「二選一」法則，賽姆就知道怎樣更快地賣掉汽車了。下面是他和客戶的一段對話。

賽姆：「您喜歡哪一種顏色呢？是黑的，還是白的？」

約翰尼：「我喜歡白色的。」

賽姆：「您喜歡四門的，還是兩門的？」

約翰尼：「哦，我喜歡四門的。」

賽姆：「是要不染色的玻璃，還是染色的？」

約翰尼：「我想還是染色的吧。」

賽姆：「您要車底部不塗防銹層的，還是塗有防銹層的？」

約翰尼：「當然是有防銹層的了。」

賽姆：「你認為什麼時間交貨最合適呢，是在十月一日上午八時到十二時，還是在下午三時到六時？」

約翰尼：「我想十月一日下午三時到六時比較合適。」

賽姆運用這個方法的妙處在於，以諮詢的方式將選擇的自由權交給顧客，讓顧客任選一種。只要顧客答出其中一種，即可按完成交易的手續辦理，因為顧客的選擇表明他已經決定接受了。

當客戶回答完所有的問題之後，賽姆遞過來訂單，輕鬆地說：「約翰尼先生，您可以馬上擁有這輛車了，請在這兒簽個字。」

在這裡，賽姆所問的一切問題都假定對方已經決定買了，只是還沒有決定要買什麼樣的。

在使用「二選一」方法時，要特別注意的是，所提的問題最好不要用「買」字，這樣顧客就會覺得這是自己的選擇，便會有主動感或參與感。另外提出的選擇不要太多，兩個是最合適的，如果提供的選擇太多，會使顧客陷入難以抉擇的地步，這雖不至於完全喪失買意，但也會在相當大程度上影響成交，使生意轉眼泡湯。

12 從反面去著手解決問題

在經商的過程中，難免會碰到難題，這時，如果從正面去做而無法解決時，不妨打破常規，從它的反面去著手，去宣傳，這樣也能收到意想不到的效果。

美國麥克公司董事長庫里恰克，以前只是一個小商販，靠做小生意起家。有一年，他取出了所有的本錢，購進了一大批日本貨，準備在美國出售。沒想到進貨不到兩天，還沒來得及出售，日本偷襲珍珠港的事件發生了，美國人抵制日貨，幾乎把庫里恰克推入絕境。庫里恰克有苦難言，辛辛苦苦賺來的錢眼看就要泡湯了，他整天坐在椅子上，對著眼前一大堆貨物歎氣，度日如年。

這時庫里恰克忽然想起了他的好朋友巴尼拉，一位移民美國的猶太商人；巴尼拉的生意做得很成功，他決定去向這位朋友請教經驗。

待庫里恰克把自己的煩惱講出來以後，巴尼拉微笑著說：「我的朋友，讓我給你說個事吧！昨天我陪太太去書店買書，你知道她是一個肥胖者，於是就想買一本《如何減肥》的書，問過售貨員後，得到的答案是：『對不起，沒有減肥的書，有《如何增肥》』。『你這不是捉弄我嗎？』我太太很不高興地說。『太太，我絕沒有捉弄你，你只要按書中的建議相反去做就行了。我有一位朋友，她長得比您還要胖，有一次來我店裡買《如何減肥》。當時沒有，我就向他推薦了《如何增肥》這本書，想不到兩個月之後再見到她，居然瘦了十公斤。太太，試一下嗎？』結果，我太太將那本《如何增肥》的書買了下來。」

「好吧，巴尼拉，你的意思我已經明白了，具體我該怎樣做呢？」

「下一次，你可以對來你商店的顧客這樣說：『美國同胞們，買日貨是愛國的最好表現。為什麼呢？現在跟日本打仗，如果每個人買了一批日貨，就等於為國家省下了一批資源。這部分資源就能轉用於軍需品，就能使美國的國力增加一分。』我的朋友，你可以試一下。」

庫里恰克照著這樣一說，奇蹟真的出現了，美國人紛紛購買他的日貨，這樣他的日貨很快就賣完了。本來瀕臨破產的庫里恰克，把抵制日貨改變成提倡購買日貨，結果他不僅沒有虧本，反而從中賺得了不少利潤。

正話反說，也是一種打破常規的方法。說出來的話，與所表達的字面意思完全相反，這就叫正話反說。如字面上肯定，而意義否定；或字面上否定，而意義上肯定。這種方法可以讓顧客從逆向思維中尋找到答案。

有一則公益廣告是宣傳戒菸的，它列舉了吸菸的四大好處：一省布料，因為吸菸易患肺癆，導致駝背，身體萎縮，所以就不會用太多的布料做衣服；二可防蚊：濃烈的煙霧熏得蚊子受不了，只得遠遠地避開；三可防賊：抽菸的人常患氣管炎，通宵咳嗽不止，賊以為主人沒有睡著，便不敢行竊；四可永保青春：不等年老便可去世。

這裡說的吸菸的四大好處，實際上是吸菸的害處，內容非常幽默，讓人們從笑聲中悟出真正要說明的道理，即吸菸對健康不利。

13 先否定自己再說服對方

在商業談判中，不論是什麼樣的僵局，其形成都是有一定原因的。縱觀許多談判實踐，可以發現，雙方立場觀點的不同引發了爭執，是產生僵局的首要原因。

洽談過程中，如果對某一問題各持己見，誰也不願做出讓步時，往往容易產生分歧，爭執不下。當雙方越是堅持自己的立場，雙方之間的分歧就會越大。這時，這種表面的立場就掩蓋了雙方真正的利益，而且為了維護各自的面子，不但不肯讓步，反而會用頑強的意志來迫使對方改變立場。於是，談判變成了一種意志力的較量，談判自然陷入僵局。

談判雙方在立場上關注越多，就越不能協調雙方的利益，也就更不可能達成協議。甚至談判雙方都不想做出讓步，或是以退出談判來進行威脅，這就更增加達成協議的難度了。拖延談判時間，容易導致談判一方或雙方喪失信心與興趣，最終導致談判的失敗。

要想突破這種僵局，談判雙方需要冷靜分析原因，特別是分析己方的原因。檢查一下自己是否有哪些地方做得不恰當，並進一步分析對方在這些問題上為何不肯讓步，原因何在。

有時不妨大度一些，先主動對自己所持的觀點作出一定程度的否定，以此來贏得對方的好感，繼而再討論適合雙方利益的方案。

先否定自己的觀點是一種巧妙的心理戰術，並非是沒有膽量的表現。當一個人有勇氣自我否定時，成功也就離他不遠了。反之，當一個人沒有勇氣自我否定時，雖然他平時說話做事意氣風發，實際上也只是外強中乾罷了。

如果某次談判發生爭論的時候，另一方堅持由他們做主，而你堅持要按照自己提出的方案辦事，眼看爭論要陷入僵局，此時你不妨馬上站出來說：「雖然我堅持要用我們的方案，但我發覺你們的方案也很有道理。」當對方聽到了這樣的話，也會放棄爭論而謙虛地說：「你們的也不錯。」

此時你再趁機說：「既然這樣，我們為什麼還要無休止地爭論呢？不如大家一起制訂新的方案。」由於你已經採取主動，對方也無從反對，因此在新方案中你所堅持的觀點必定會多於對方。

運用先否定自己再說服別人的方法，不但能夠使僵持的局面得到緩和，還能夠維持彼此的和氣，應該說是最好的結局。

有一次，美國鋼鐵公司寄給以色列鋼鐵公司一箱技術材料，清單上寫明是六份，但開箱清點時發現少了一份。雙方發生爭執，以色列人員說：「我們開箱時有很多人在場，開箱後又經過幾次清點。是在確實判斷材料缺少一份後才向你們提出交涉的。」美方則堅持說：「我方提供給貴方的材料，裝箱時經過幾次檢查，不會漏裝。」雙方各執一詞，相持不下。

後來，當他們再次坐到談判桌前談判時，以色列談判代表採取了先否定自己，再說服別人的方法。

以方談判代表說：「材料之所以會丟失，並不是百分百由於你們的失誤所造成的，也許我們清點錯了。」美方代表聽了之後，態度發生了一定的轉變，這時，以方談判代表趁機說：「我想我們應該好好地坐在這裡認真分析一下！」這樣，美方代表也很樂意接受這種建議。雙方在一起又重新討論了材料丟失的可能。以方代表說：「我們認為材料的丟失有三種可能：美國漏裝、運輸途中散失、我方開箱後丟失。如果是在運輸途中散失的，那麼木箱一定會有破損，但現在木箱完好無損，因此可以排除這種可能性；如果資料是我方開箱後丟失的，那樣木箱上所印的淨重量就會比現有五份資料的重量要大一些，而木箱上現在所印淨重量正好與五份資料的淨重量相等，因此這種可能性也可以排除。既然已經排除了兩種可能，那就能夠斷定僅有一種可能，是貴方漏裝了材料。」

對於以方的分析，美方沒有反駁的理由，只得同意發電報回去查詢是否漏裝，後來由美國鋼鐵公司再補來了漏裝的一份材料。

14 用「名人效應」賺錢

猶太人認為，在商品經濟的大潮中，市場上的競爭非常激烈，眾多的資訊和產品使人們眼花繚亂、無所適從。因而，很多消費者主要透過形象思維和感性認識來作決策，經常憑印象來判斷一個企業，也就是我們常說的「感覺」。國際上許多生意都是靠形象、名氣而成交的，因此能借助名人的形象宣傳自己的商品是一個經商妙法。

一位猶太出版商有一批書，一直賣不出去。但是他並沒有放棄，思考了好幾天之後，終於想出一個主意：給總統送一本，並三番五次去徵求意見。忙於國事的總統根本沒時間與他糾纏，便隨口而出：「這本書不錯。」

出版商聽了後如獲至寶，到處宣傳：「現任總統喜愛的書出售。」於是這些書立刻銷售一空。

過了一段時間，這個出版商又有一批書賣不出去，他又拿一本新書給總統看。總統鑒於上次經驗，看也沒看，就說：「這本書太糟糕了。」出版商聞之，靈機一動，又做廣告：「現任總統討厭的書出售。」很多人出於好奇爭相購買，書又銷售一空。

再過了一些時日，出版商將書送給總統，總統為了不讓出版商鑽漏空，便沉默不語，將書放在一邊，出版商卻大做廣告：「這是總統難以下結論的書，欲購從速。」居然又被一搶而空，總統哭笑不得，商人大發其財。

這位出版商利用總統的名氣進行各種促銷活動，其手段可謂巧妙之極，既達到了賣書的目的，又讓總統無話可說。

當然，商家或者企業在沒有良好的聲譽和形象之前，要想取得良好的經營成績是十分困難的。而要使自己的產品形成品牌，往往需要花費很長一段時間。所以，巧借名人來提高自己的聲譽為上策，這便是「名人效應」。

少年時代的大衛・勞倫斯・格芬（David Lawrence Geffen）家裡很窮，靠母親開小型加工廠訂做胸罩為生。因為環境的緣故，格芬從小就對生意場的事產生濃厚的興趣。他下了決心，一定要依靠自己的智慧與冒險精神，幹出一番事業來。

經過多年的奔波之後，格芬將目光瞄準了唱片業，他認為這個行業大有利益可圖，決心在這方面努力。但他沒有本錢，怎麼辦呢？

於是他終日在娛樂圈穿梭，尋找突破口。一個偶然的機會，他認識了民歌手蘿拉・尼羅（Laura Nyro）。在此之前，雖然蘿拉・尼羅的歌喉已受到很多人的認同，但因某些原因，並不出眾，上不了檯面，因此，她的歌唱事業並不如意。格芬以她為突破口，決定加以利用。

於是，格芬主動邀請蘿拉・尼羅合作，共創金槍魚音樂公司，他的條件是這樣的：公司負責為蘿拉・尼羅包裝和推銷，而蘿拉・尼羅的歌曲版權歸公司所有。

合作協定簽好以後，格芬便玩起他的包裝手法。他將蘿拉・尼羅歌曲夾在諸如巴巴拉・史翠珊等當代大紅大紫的歌星唱片中，製作後四處推銷，這樣，蘿拉・尼羅的身價大大提高。格芬也從中賺取不少錢。

一九六九年，格芬決定賣掉金槍魚音樂公司，得到現金四百五十萬美元，他給了蘿拉・尼羅二百二十五萬美元。

有了本錢，格芬著手開創了他的事業。一年後，格芬自立門戶，成立了庇護所唱片公司，再次從事唱片業，在他的刻意包裝下，一批默默無聞的歌手成為紅星。

捧紅了幾批歌星之後，格芬在一九七二年決定以七百萬美元的價格將公司賣給華納唱片公司。之後，他在唱片界消失了一段時間。

一九八〇年，格芬捲土重來，創辦了格芬唱片公司。成立之後，唱片公司接連遭受挫折。一九九〇年，他麾下的「槍與玫瑰」樂團走紅，格芬的影響力大增，終於成為一家獨立的大唱片公司老闆。

15 善用減壓技巧

在商業活動中，猶太人經常用減壓技巧說服別人。

猶太裔出版商布朗先生在美國被譽為暢銷書製作大王，他策劃了一本以《攻心術》為題的書，並約心理學家維納格來寫。維納格以前從沒有寫過書，在這方面毫無經驗，要讓他寫成一本書，的確有些困難。可是布朗先生對此毫不理會，他語氣輕鬆地說：「怎麼樣？題目還不錯吧？馬上動手寫吧！你一天只需寫五頁，完成三百頁左右就可以。」奇怪的是，經他這麼一說，維納格先生身上的壓力一下子減少了許多，覺得一天寫五頁並不是一件難事。實際動手起來，才覺得一天五頁的定額頗高，不過已經答應下來了，就一定要完成。

儘管維納格是心理學專家，但還是被布朗的話給迷惑住了。布朗的話具有減壓式的迷惑性，容易讓人感到輕鬆而產生錯覺，靜下心來好好想一想，就會發現，這是一種叫人當時欣然應允的心理作用，心理學稱為「減壓技巧」，這種心理在生活中相當常見

其實，布朗先生運用的這種減壓技巧，是從他的一次商務旅行中受到啟發的。維納格在他的《攻心術》書中提到了事情的經過：

一次，布朗先生乘坐的一架班機即將著陸，忽然，機上乘客聽到機務人員報告：由於機場地面比較擁擠，飛機沒有辦法著陸，預定著陸時間將會推遲一小時。

布朗先生發現，機艙內頓時亂成一團，喧嚷聲、抱怨聲不絕於耳，但乘客們也無可奈何，只能慢慢熬過漫長的一小時。

過了幾分鐘，機務人員宣布：時間縮短到半小時。

布朗先生看到乘客們聽罷都如釋重負地鬆了口氣。

又過了五分鐘，乘客們再次聽到廣播，最多再過五分鐘，飛機就可以降落了。這一下，

每個乘客都拍手慶賀。

從這個例子的最後結局，布朗先生發現飛機雖然晚點降落，但乘客們卻反而感到慶幸和滿意。

後來布朗先生把這種減壓技巧嘗試運用在談判中，先用苛刻的虛假條件使對方產生疑慮、壓抑、無望等心態，然後逐步優惠或讓步，使對方自認為從中獲得很多好處而欣然簽下合約。

維納格在《攻心術》一書中進一步舉例：比如，如果買方不增加產品的購買數量而想要賣方在價格上多些折扣，是很難讓他接受的。於是，買方在品質、包裝、運輸條件、交貨期限、支付方式一系列條款都提出十分苛刻的條件，此所謂先給賣方一點「苦」。在討價還價的過程中，買方盡量讓賣方感到，在許多交易專案上，買方都做出很大的「犧牲」。這時，由於買方的「慷慨」表現，賣方在比較滿意的情況下往往會同意買方在價格上多些折扣的要求。為什麼會這樣呢？其實很重要的一個原因，就是賣方產生錯覺：自己已經從買方那裡得到不少好處了，在價格上做一些讓步並不會影響自己的利益。

這就是維納格的減壓技巧，推銷員不妨嘗試運用看看。

16 讓客戶不再猶豫

猶太商人說：「每個人都想得到最好的東西，總會拚命購買他們擔心可能買不到的東西。如果他們知道同樣的交易在明天還能做成的話，他們就沒有今天非買不可的迫切性。」

在猶太商人看來，如果顧客認為今天不買也不會失去機會，如果你不能向他提出今天必須買的理由，他們今天就可能不買你的東西。因此，猶太商人針對這種心理，制定了一定的策略，他們會提醒顧客：「如果還在那兒猶豫不決的話，就會失去一次好機會。」一部分顧客會感到將失去一個好機會時，就會馬上改變猶豫的態度，掏錢購買；而另一些顧客雖然沒有馬上付諸行動，但一旦感受到後悔之後，在下一次推銷時就會毫不猶豫購買。

期待是人類心理狀態的一種，在人的潛意識裡，總認為還會有「更好」的東西存在。我們常會聽到有人說「時間還沒到」、「還沒有達到滿意的程度」等等。一旦出現了「還沒有……」這句話時，要讓人採取決定性的態度就不是一件容易的事了。

「只有一次」的意識是與「還有」的意識是相對的。如果讓對方了解到「只有一次」，他的膽子就會變大，他會在沒有絲毫抵抗的情況下採取行動，因為人類對於「最後一次」、「只有一次」總是特別畏懼的。比如：

「如果你不馬上採取行動的話，明天可能買不到這麼便宜的東西了。」暗示顧客快點去買，一般人聽了會覺得，如果不馬上採取行動就會失去一個絕好的機會，甚至有所損失。這種說詞對那些期待的顧客來說，的確有很大的作用。

在猶太商人看來，「還有更好的」意識的存在是妨礙果斷行動的潛在心理。如果在一定的時間之內，迫使對方做決定，就可以打破這種心理。

大拍賣往往有一個時間的限定，並且這個限定時間不是很長，例如從下午一點開始到一點三十分結束。這就是根據上述的心理作用，在限定的時間內，引導消費者做出「只有這一次」的果斷行動。

對於正處在猶豫不決的顧客，也可以暗示他說：「如果不把握今天的話，明天就要漲價了。」

當然，「限定」的方法並不僅侷限於時間，也可以運用在數量上。比如：

「我這裡有一些特價優惠的皮衣，數量有限，賣完之後就不知道什麼時候進貨了。」利用良機激勵顧客，這些良機可以是產品短缺、特價優惠及其他優惠條件。但這種良機必須確有其事，切不可進行欺騙。

「有限量的商品」也會使消費者產生不買就會吃虧的心理，但是，如果同樣的商品在其他地方也能夠買得到，那麼消費者會產生「還有」的意識，購買的意願也會隨之減少。

所以，只要使消費者產生「只有一次」或「最後一次」的意識，他就會認為自己從中占了很多便宜。人類除了這些以外，還有另一種潛在的心理，就是需要的願望。

例如：最近高級手錶的銷售方式，所用的策略都是量少種類多。採用限量生產，每一個種類只限量一百個。要使消費者願意出很多錢去買高級手錶，就必須使消費者有一種「物以稀為貴」的感覺。只要是這種推銷宣傳方式，那麼，不管價格多麼貴，都會有人去買。

推銷中，許多顧客始終無法下定決心，經常猶豫不決，不知該買什麼。如果對這些優柔寡斷潛在心理的顧客進行探討，可以很容易地突破他們的心理防線，掌握住他們的判斷，替他們做決定。

他們內心彷徨的最大原因，就是因為有「還有」的意識存在。只要這種意識還存在的話，他們就會有所期待，無法下決心，立刻購買。造成這種心理的另一種原因是資訊過多。由於資訊過多，往往給顧客想像還有許多的可能性。

因此，當顧客開始期待時，促使對方果斷的操縱術，就是多少要限制數量，或做某種限定，把「還有」的意識從對方的潛意識中除去。

17 「無中生有」

猶太人認為，現代的企業經營，事實上就是創造力的競賽。企業的經營者如果能夠充分發揮主觀能動性，恰當運用自己的創造力，就可能從「無」中生出「有」來，產生意料不到的效果，為自己帶來巨大的財富。

一九八四年耶誕節前，儘管美國許多城市都刮起刺骨的寒風，但玩具店門前卻通宵達旦排起長龍。這時，人們心中有一個美好的願望：領養一個身長四十公分的「椰菜娃娃」（Cabbage Patch Kids）。

為什麼玩具店裡會有娃娃「領養」呢？

原來，「椰菜娃娃」是一種獨具風貌、富有魅力的玩具，她是美國奧爾康公司總經理、猶太人澤維爾・羅伯茨（Xavier Roberts）創造的。

羅伯茨經過一段時間的市場調查了解到，歐美玩具市場的需求正由「電子型」、「益智型」轉向「溫情型」。他當機立斷設計出一款獨具特色的玩具——「椰菜娃娃」。

與以往的洋娃娃不同，「椰菜娃娃」是以先進電腦技術設計出來的，千人千面，髮型、髮色、容貌以及鞋襪、服裝、飾物都不同，這就能滿足人們對個性化商品的要求。

另外，「椰菜娃娃」的成功，還有其深刻的社會原因。離婚會使兒童的心靈受到巨大的傷害，也會使失去子女撫養權的一方沒有了感情的寄託。而「椰菜娃娃」可以將這個感情填補上去，這使「她」不僅受到兒童的歡迎，而且也在成年婦女中暢銷。

羅伯茨牢牢地抓住了人們的這一心理，產生了一個非常奇特的想法：將銷售玩具變成「領養娃娃」，把「她」變成人們心目中有生命的嬰兒。

奧爾康公司每生產一個娃娃，都會在娃娃身上附有出生證、姓名、手印、腳印、臀部還蓋有「接生人員」的印章。顧客在領養時，為了確立「養子與養父母」關係，都要慎重簽署「領養證」。

經過對顧客心理與需求的分析，羅伯茨認為，領養「椰菜娃娃」的顧客既然把她當作真正的嬰孩與感情的寄託，當然也會把購買娃娃用品看成是必不可少的事情。於是他又做出創造性決定：「一條龍的配套」——銷售與「椰菜娃娃」相關的商品，包括娃娃用的床單、尿布、推車、背包以至各種玩具。

就這樣，奧爾康公司的銷售額大幅增長。

不久，「椰菜娃娃」的銷售地區已擴大到英國、日本和香港。為了讓她走遍世界各國，保持奧爾康公司在玩具市場首屈一指的地位，羅伯茨正考慮製作不同膚色及特徵的「椰菜娃娃」。

奧爾康公司發揮自己的想像力，虛構了惹人喜愛的「椰菜娃娃」。當「椰菜娃娃」成了搖錢樹時，它又引發了一系列相關產品的誕生，「無中生有」使奧爾康公司受益無窮。

18 善於借助別人的力量

一個人能竭盡自己的能力去完成一項事業，這是非常難得的。如果一個人沒有自己的奮鬥目標，又不肯付出自己的力量去實施計畫，這種人很難有所作為。但是，一個人或一個團體，如果僅靠自己的力量是不夠的，特別是在當今社會，分工精細，種類繁多，一個人或一個團體所掌握的科學技術知識是非常有限的，哪怕是最傑出的人物或團體，在某些科學技術乃至具體工作環節上，也不可能獨自完成，必須要借助別人的力量才能攻克難關。

猶太人密歇爾・福里布林（Michel Fribourg）經營的大陸穀物總公司（ContiGroup Companies, Inc），能夠從一間小食品店發展成為一家世界最大的穀物交易跨國企業，主要因其善於借助先進的通訊科技和大批懂技術、懂經營的高級人才。他付出極高的報酬聘請有真才實學的經營管理人才到公司工作，不惜成本採用世界最先進的通訊設備。因此使其公司資訊非常靈通，員工操作技巧高超，競爭能力總是勝人一籌。他雖然為了取得這些優勢付出了很大的代價，但他借用這些力量和智慧賺回的錢遠比他支出的多得多，可謂「吃小虧占大便宜」。

猶太大亨洛維格也是借用別人的力量使自己成就偉業的人。

洛維格第一次做的生意只是一艘船的生意。

他讓人把一艘沉入海底的柴油機動船打撈出來，這艘船已經沉沒很久了。他用了四個月的時間將它維修好，並將船承包給別人，自己從中獲利五十美元。這使他很高興，也很高興父親能借錢給他，他明白借貸對於一貧如洗的人創業有多麼重要。

可是，在創業初期，他總是被債務所擾，屢屢有破產的危機。他始終沒有跳出平常的思維，達到一種有希望的新境界。就在洛維格進入而立之年時，突然來了靈感。他想買一艘一般規格的舊貨輪，然後動手把它改裝成賺錢的油輪。但他手裡資金不足，為了達到這個目的，他找了紐約幾家銀行，希望他們能貸款給他，但是都遭到拒絕，理由是他沒有可擔保的東西。面對著一次次的失望，洛維格並不氣餒，而是有了一個不合常規的想法。洛維格有一艘老油輪，這艘油輪僅僅只能航行，他將這艘油輪以低廉的價格包租給一家石油公司。然後他去找銀行經理，告訴他們，自己有一艘被石油公司包租的油輪，租金可以每月由石油公司直接撥入銀行來抵付貸款的本息。經過多番努力，紐約大通銀行終於答應貸款給他。

洛維格儘管沒有擔保物，但是石油公司潛力很大，而且效益也很好，除非天災人禍，否則石油公司的租金一定會按時入帳。此外，洛維格的計算十分周密，石油公司的租金剛好可以抵償他銀行貸款的本息。這種超乎常理的思維使洛維格敲開了財富的大門。

拿到銀行的貸款後，洛維格就買下了他想要的貨輪，然後動手將貨輪加以改裝，使之成為一艘航運能力較強的油輪。他採取同樣的方式，把油輪包租出去，然後以租金作抵押，再到銀行貸款，然後又去買船。就這樣不斷循環，他的船慢慢變多，而他每還清一筆貸款，便有一艘油輪歸他所有。隨著貸款還清，那些包租船全部歸於他的名下。

在經商的過程中，各種政要的力量也是不容忽視的。

在以色列，想要在商業上獲得成功，最重要的一步就是想方設法打聽到手握實權官員的姓氏，並進而接近、結識他。你得抽出一點時間，邀請他一塊喝咖啡，跟他海闊天空地聊天，這也是不可或缺的一環。因為對這些拿月薪的官員來講，最不缺的就是時間。

這樣的個人交際之所以划算，是因為只要他從旁扶你一把，或者點一下頭，難辦的事就變得相當容易了。

善於結交政界要人的猶太商人不少，近代的典型人物要算美國的石油巨頭約翰·戴維森・洛克斐勒（John Davison Rockefeller）。

一八九〇年，俄亥俄州最高檢察廳廳長大衛・沃森（David Watson）指控洛克斐勒的標準石油公司（Standard Oil）違反了《壟斷禁止法》。一時間，雙方互不退讓，都請到了全美最好的律師。沃森作好了充分的準備，擺開了生死決戰的架勢。

沃森劍拔弩張，洛克斐勒卻漸漸放鬆下來。原來，洛克斐勒的少年好友馬克・漢納（Mark Hanna）悄悄走進了訴訟之中。這位已成為美國醫學界最具權威的人物，是連總統見了都要禮讓三分的參議員，他以鮮明的立場站到洛克斐勒一邊。

當時的總統是共和黨的哈里遜，馬克・漢納也是共和黨人。馬克・漢納給沃森寫了一封信，信中的內容是：「我以黨的立場給你寫了這封信。受到您指控的並不是社會輿論所指責的組織資本，而是給國民帶來許多好處的標準石油公司。洛克斐勒是共和黨黨員，也是該公司的首腦人物，他一直領導著公司參與自由競爭。您的指控是否存在問題呢？」

由於馬克・漢納的幫助，一個經濟問題變成了政治問題。沃森很快撤訴了。

總而言之，猶太人借勢操作是其經商的一大訣竅。借助別人的力量使自己的能力發揮到最佳效果是成功的捷徑，善於拜訪比自己更有智慧的人可以使自己立於不敗之地。

19 78：22法則

世人有這樣的說法：「金錢就裝在猶太人的口袋裡。」猶太人從人口上只占世界總人口數很小的比例，但他們卻擁有很多財富。無論是世界首富的美國，還是在亞洲富庶的日本，猶太人都在商業界或金融界獨占鰲頭，百萬、億萬富翁不乏其人。那麼他們是怎樣獲得這麼多財富的呢？這光靠有一個聰明的頭腦是不夠的，關鍵在於他們掌握了78：22的經營魔法。

在猶太人心目中，78：22法則為穩定又和諧的宇宙法則，猶太商人在它的指引下獲得了大量的財富。78：22法則是超乎一切的「絕對真理」，這個真理具有絕對權威、千古不變的地位。

舉一個例子來說，如果有人問，世界上借款的人多，還是放款的人多，一般人都回答說：「這還用問嗎，當然是借款的人多啦。」但是經驗豐富的猶太人卻不會這樣回答，他們會一口咬定：「世界上占絕對多數的應該是放款的人。」猶太人的回答一點也沒有錯，銀行就是借貸機構，它將從很多人那裡借來的錢，再轉借給少數人，從中攫取利潤，而用猶太人的說法，放款人和借款人的比例是78：22，利用這個比例賺錢，銀行永遠也不會吃虧。

猶太人在經商過程中也把此法則作為基礎。在一個國家中，雖然富人的數量比一般大眾要少得多，但富人卻擁有這個世界絕大多數的財富。也就是說，一般大眾所持有的貨幣為二十二%，而富有人所持的貨幣是七十八%。因此，做生意必須將眼睛盯在擁有七十八%貨幣的二十二%的富人的身上。在一般情況下，七十八%的生意是來自二十二%的客戶，這就要求企業界要認真研究和分析客戶的構成，應在二十二%的最主要客戶上投入七十八%的精力，而不能平均使用力量。

說來也巧，空氣中的氣體比例是，氮氣占七十八%，而氧氣占二十二%。人體的比重，也是由七十八%的水及二十二%的其他物質所構成的。這個78：22的資料，成為人力不可抗拒的宇宙大自然的法則，人類的生存發展決不能違背這種法則。試想，如果氮氣在空氣中占了二十%，而氧氣占了八十%，人類還能夠生存嗎？又如，若把人體的水分降至占六十%，那必然會乾枯而死。因此，猶太人認定78：22是一個永恆的法則，沒有互讓的餘地。

在投資方面，猶太人同樣本著78：22法則經營運作。他們認為，一項投資如果不賺錢的話，是不符合78：22法則的，應該停止運轉。如果要賺錢，在經營中就必須懂得核算，這正如一個正方形的內切圓一樣，投入的資本起碼要達到一定的利潤回報率才合算，如這個比率達不到的話就不合算乃至虧本，這樣的生意就不能做。

放高利貸賺錢法是猶太人起家的一招，他們瞄準了一些急需資金發展的企業，以高利貸的形式把錢借給那些企業，從中獲取巨額回報，這往往比自己辦企業要合算得多，而且風險也不大，這是運用78：22法則的一種表現。後來，猶太人又注意到各國經濟在不斷發展，需要更多的資金發展大項目，而以分散的放高利貸形式滿足不了需要。於是他們把分散的金錢積聚起來，設立正式的金融機構，集中力量投資耗資多的、回報率高的大項目。這樣做，既解決了當地政府發展經濟的難題，又滿足了企業發展的需求，自己也可以從中漁利。

就在猶太人不斷運用78：22法則為自己贏得財富的同時，世界上具有聰明頭腦的少數商人也開始感覺到這個法則的魔力。日本商人就是受這種魔力吸引，把它運用到他的鑽石生意上，結果獲得巨大的成功。

鑽石，是一種奢侈的消費品。它主要是高收入階層者的專用消費品，普通人一般買不起。而從一般國家統計數字來看，居於高收入階層的人數比一般人數要少得多。因此，人們都會得出這樣一個結論：消費者少，利潤一定也少。絕大多數人都不會想到，社會上的多數金錢都集中在高收入階層的少數人手裡。換句話說，高收入人數和一般大眾的比例為22：78，但他們擁有的財富比例卻倒過來是：78：22，猶太人告訴我們：賺「78」的錢，絕不吃虧！下面我們就來看看這個日本商人利用這一法則賺錢的經過。

六〇年代末，該日本商人開始著手鑽石生意。他來到東京的某百貨公司，要求借該公司的一席之地推銷他的鑽石，但是該公司拒絕了他，並說：「你這不是在開玩笑嗎，現在正值年末，即使是財主，也是不會光顧的，我們不冒這種不必要的風險。」

但他並沒有放棄希望，堅持以78：22這個萬無一失的法則來說服A公司。皇天不負有心人，他終於取得該公司一角：在郊區B店。B店遠離鬧市，顧客很少，生意條件不利，但該日本商人並不為此而擔心。

鑽石畢竟是高級的奢侈品，是少數有錢人的消費品，根據78：22法則，只要將目光重點放在少數有錢人身上，就能賺得巨額利潤了。當時A百貨公司曾豪不在意地說：「鑽石生意一天最多能賣一千萬元，就算不錯了。」該日本商人立即反駁：「不，我可以賣到三億元，你們等著瞧，我會讓你們相信的。」在旁人看來，這是絕對不可能辦到的。但該日本商人清醒得很，他能夠胸有成竹地說出這句話來，無疑是源於對78：22法則的信心。

事實上，78：22法則的魔力很快就顯示出來了。首先，B店雖然處在郊區，條件十分不利，但卻取得了一天五千萬的好利潤，比起一般人認為的三百萬利潤要高出好多倍。當時正趕上年關賤價大拍賣，吸引了大量顧客，該日本商人抓住這一有利機會，和紐約的珠寶店取得聯繫，讓他們寄一批鑽石過來，貨到之後不久便被搶購一空。接著，該日本商人又在東京郊區及四周，分別設立推銷點，推銷鑽石，效果一樣明顯，任何商店都沒有下過每天五千萬元的記錄。相反，A公司由於從一開始就沒有抓住這個擁有絕大多數財富的少數有錢人的機會，當鑽石的銷路達到旺勢時，才決定提供攤位，結果效益反而不如其他本來相對蕭條的商店。

為什麼鑽石生意會獲得那麼大的成功呢？這裡面有一個制勝的祕訣，那就是78：22法則。A百貨公司對此有所懷疑，他們認為鑽石商品就好比高檔豪華的小轎車，絕大多數人都不會購買，因此銷路一定不好。而該鑽石商人卻不這麼想，他把鑽石看成稍微高級的國產小轎車，是有錢人或稍微有錢的人都買得起的奢侈品。雖然這一部分人的數量在社會上占的比例不大，但卻擁有大部分錢。賺這部分人的錢，效益必定很高。

這正是猶太人78：22經商法則的最好運用，在這個不變規律的支配下，鑽石推銷取得幾億日圓的巨大效益，其實並不足為奇。

掌握了78：22法則的猶太商人猶如商場的鷹，他們能快速捕捉商機，進而施展巨大的魔法。由於78：22法則根深蒂固地生長在猶太人心底，所以猶太人才能掌握世界上絕大多數的財富。

第三章

猶太人的進取思維

你的時間有限，所以不要浪費時間過別人的生活。

——史蒂夫・賈伯斯（Steven Paul Jobs）

01 在逆境中崛起

每個人的人生道路不可能永遠是一帆風順的，都會有環境欠佳、遭遇坎坷、工作辛苦、事業失意的時候，說得更直接就是，從我們每個人出生的那一天開始，就註定要背負起經歷各種困難折磨的命運。做生意順利的時候，就可以賺取很多的錢；一旦時運不佳，日子就會過得艱苦一些。不夠堅強的人在逆境來臨時，總會匆匆結束這次旅行，提前向命運低頭；但如果我們足夠堅強，就該明白，我們是為了經歷這些逆境而來的。

有人把逆境看做是一種人生挑戰，在壓力的促使下，他能夠充分發揮自己的能力，從而發現自己的潛力，肯定自身的價值。還有一些人好像就是為了逆境而生的，一帆風順的時候，他就會提不起精神來，一旦遇上逆境，有了壓力，他的精神就會抖擻來，像換了一個人似的。

曾有人做過這樣一個試驗，把一百個人分成兩個組，讓第一組人處在舒適的環境裡，有大轎車接送，可以打橋牌、打高爾夫球、吃西餐，總之，只要是他們需要的，就一定能夠給予滿足。而第二組卻無論做什麼都遇到重重障礙。這樣過了六個月，第一組人整天精神疲倦，昏昏欲睡；而第二組人卻鬥志昂揚，提出不少好的建議。

逆境也許是社會的一種選擇機制，看你能不能經受逆境的考驗，能夠通過考驗的人就會脫穎而出，走上成功的人生之路。因此，逆境常常成為人生的一個分水嶺，有的人被逆境打垮，就此消沉；有的人從逆境中崛起，其人生和事業就此進入了一個全新的境界。

股票界的巨頭約瑟夫・賀西哈是一個從貧民窟中走出來的人，貧窮苦難的童年使他嘗盡了生活的辛酸。他始終相信，只有經歷了苦難，才能夠取得成功，正是猶太人的憂患意識造就了這位巨頭。讓我們來看看他是如何面對困難。

八歲時一場大火襲擊了他的家，從此他變成一個小乞丐，兄弟姐妹們相繼被領養。當一對老夫婦要領養小約瑟夫的時候，小約瑟夫才從夢中驚醒，「我絕對不離開媽媽，我不能丟下媽媽不管」。

他來到紐約，回到母親的身邊，這裡的新事物讓他大開眼界。但是還沒等小約瑟夫看清楚這個世界，他就被母親帶到紐約布魯克林區的骯髒貧民窟。苦難並沒有就此停止，母親不幸被燒傷，被送進醫院亂哄哄的大病房，那些有地毯、有鮮花的高等病房與母親無緣。為什麼會這樣呢？因為沒有錢啊，他懂了，沒有錢永遠會被別人看不起！他暗自發誓，不再受金錢的奴役。

為了賺錢，約瑟夫四處找工作。他來到紐約證券交易市場看著聽著，當他得知在這裡可以一夜之間變成富翁，他的血液在沸騰，他立志要在這裡闖出一片天地。

幾年之後，終於有一家留聲機公司留下了他。經歷了無數的磨難之後，他終於成為一個出色的股票經理人，一九一七年，十七歲的他不再受他人雇用，用二百五十五美元開始了他的事業。最初，他的事業還挺順利，賺到了十六・八萬美元。然而，他又因買下了戰爭結束而暴跌的鋼鐵公司的股票，瞬間變得僅剩下四千美元。經過這次變故，約瑟夫明白了，沒有永久的財富，只有依靠智慧，時刻都要保持憂患的意識。最終，他憑著對股票生意的天賦終於成了股市的巨頭。

變成億萬富翁的他並沒有忘記自己曾經過的那段艱苦日子，沒有忘記與自己長期合作的夥伴，更沒有忘記生他養他的母親。憂患意識貫穿著他的事業，無論成敗都沒有消失過。

02 勤奮的人能夠獲得成功

猶太人認為，勤奮和成功是相互依存、互為表裡的，一般來說，勤奮造就成功，而懶惰卻足以毀掉一個資質非凡的人。雖然勤奮並不一定能成功，但無論如何也要勤奮，因為這是走向成功的最基本條件。

在猶太人心中，成功的背後定有辛苦。遠古猶太人要吃果實，就得爬到很高的樹上去摘；要生火，就必須花相當長的時間去摩擦石頭或木頭。因此《聖經》中有兩句話：

「流淚撒種的，必歡呼收割。」

「那流著淚出去的，必要歡歡樂樂地帶禾捆回來。」

猶太人認為，勤奮或懶惰不是天生的，很少有人一生下來就是懶惰蟲，也很少有人是天生的勤奮者，大多數人的勤奮或懶惰都是後天的，是習性所致。此外，孩童時期的家庭環境以及所受的教育，對人的影響也很大。勤奮有兩種：一種是自願的勤奮，另一種是外力強迫的勤奮。

在貧窮的年代裡，猶太人在非常惡劣的環境中，必須長時間從事繁重的勞動，否則，便沒有辦法生存下去。猶太人認為這是自願的勤奮。

猶太人在埃及受奴役期間，曾經在田裡從事長時間的勞動，勞動量大得驚人。但是，辛勤工作的結果並沒有使他們的生活獲得改善，那是因為這些辛勤不是他們自願的，而是由於外力強迫的原因。如果勤奮是由外力強迫的，那麼永遠不會取得成功。

外力強迫的勤奮對我們無法達到持續地效果，因為一旦外力消失，這種勤奮就不會存在。自願的勤奮較易產生出自己的東西，從而逐步培養自己。時間一長，就能確立一個完整的自我。

有這樣一則故事：

羅馬皇帝哈德良看見一個老人正在努力種植無花果樹。

「你是否期望自己能夠享受果實？」他走上前去問道。

「如果我不能活到享受果實的那個時候，我的孩子們將會享受到，或許上帝會特赦我。」老人回答說。

「如果你能夠得到上帝特赦而享受到這樹的果實，那就請你告訴我。」皇帝說道。

時光飛逝，果樹果然在老人的有生之年結出了果實。老人將無花果裝了滿滿一籃子來見皇帝。見到皇帝時，他解釋說：「我就是你見過的那個種無花果樹的老人，這些無花果是我勞動的成果。」

皇帝命人拿來一把金椅子，讓他坐下，然後把他的籃子裝滿了黃金。

「您為什麼給一個老猶太人那麼多榮譽啊？」大臣們不解地問道。

「造物主給勤勞的他以榮譽，難道我就不能做同樣的事嗎？」皇帝反問道。

老人的隔壁住著一個鄰居，他妻子得知老人獲得金子的消息後，就對丈夫說：「皇帝愛吃無花果，給他一點無花果，他就會給你金子。」

丈夫聽從了妻子的話，提著裝滿無花果的籃子來到皇宮，要求換取金子。

護衛來報告皇帝，皇帝非常憤怒：「讓這個人站在皇宮門口，每個進出的人都可以向他臉上扔一個無花果。」

黃昏時，這個可憐的人回到家裡，渾身瘀青紅腫，悔恨不已。

在猶太人看來，懶惰是世界上最大的奢侈，它是誘惑的溫床，疾病的搖籃，德行的墳墓。猶太人告訴我們：勤奮能使我們保持頭腦清醒，身體健康，內心完美，事業成功。如果你確實有才的話，勤奮將會增進它，如果你只有平凡的才能，勤奮也可以補足它。也許你聽說過有些聰明人很懶惰，但你卻不曾聽說偉人很懶惰。

如果你以前有過失敗，檢查一下，是否因為自己不夠勤奮，沒有全力以赴的行動而使你的目標未能實現，因為沒有全力以赴的行動而失敗的人很多，看看你周圍一些失敗者，行動散漫，一心多用，不能有效抓住一個目標，不管他們有多聰明，如果不能全力以赴地行動，他們亦終生平庸，難以成就大業。

如果你想成功，就要全力以赴，把所有的力量都拿出來，全力以赴去行動，一個目標一個目標去攻克，一個問題一個問題去解決，直至實現你的大目標。

懶漢們常常抱怨，自己竟然沒有能力讓自己和家人衣食無憂；勤奮的人會說：「我也許沒有什麼特別的才能，但我能夠拚命幹活以掙得麵包。」

由此，我們不難看出，勤奮是一所成功之人必須進入學習的高貴學校。在這裡你可以學到有用的知識，獨立的精神得到培養，堅忍不拔的習慣也會得到養成。勤奮本身就是財富。

勤奮是無價之寶。培養兒女勤勞的習慣，比留給他們一大筆財產要強得多。有勤勞的手腳與靈敏的頭腦，金錢便可隨時得到。當我們工作乏力的時候，就該立刻重溫「不勤勞即饑寒」的箴言，以免被怠惰的魔鬼誘惑。誠然，懶惰無益，勤奮有功；勤奮使事情容易，懶惰則使事情困難。許多人為生命在耽於安逸中度過而愁苦——我們做得越多，便越能做。

勤奮能使人成為幸運的寵兒，上帝對勤奮給予一切，那麼我們就趁今天與懶惰告別。能在今天做好的工作，切莫拖延。

03 精通多門語言好處多

《聖經》中講述了這樣一個故事，說的是上帝如何巧妙地阻止人類一次愚蠢的登天行動。

遠古時代，人們語言是相通的。在東遷的途中，他們行經一片草原，大家住了下來。在那兒待了一段時間後，他們想建造一座城市和一座塔，塔頂通天，以便傳揚名聲，使大家永遠不分開。

做好決定以後，人們取土燒磚，用灰泥開始建城修塔。上帝得知這一個情況後，就降臨人世，看到了人們造的塔。他發現人們使用的語言都是一樣的，如果通天塔造好之後，什麼事都可以做。於是，上帝想出一個辦法，他混亂了人們的語言，使他們之間的交流發生障礙，結果塔沒有建成。從此，人們走散了，散佈在世界各地，那座已建好的城市則被稱為「巴別」，意為「變亂」的意思。

《聖經》所講的這個故事，旨在告訴人們，民族交融的障礙就是語言差異。

猶太人是一個世界性的民族，很早就知道語言的重要性，他們認為，要想賺錢，掌握多種語言是非常重要的。他們幾乎都能熟練地掌握一種或一種以上的外語，他們與外商接觸不必透過翻譯，這已經成為猶太人經商成功的一個公開祕密了。

《塔木德》積聚了猶太民族的智慧精華，它非常重視多種語言的運用。《塔木德》分為本文和注釋兩部分，注釋部分包括了世界各國的文字，除了希伯來文之外，還包括了巴比倫文、北非文、土耳其文、波蘭文、德文、法文、西班牙文、義大利文、俄文、日文、英文和中文等等，所以這部書能夠廣泛流傳於世界各國。

對於現在的社會來說，外語早已成為每個人發展所必須掌握的一種知識技能。

因為，當今社會是一個開放的社會，必須時時與外界保持聯繫，不能熟練掌握外語，你就有被排除在世界文化和經濟交流之外的可能。

如果一個群體、一個國家缺乏懂外語的人，就不能很好地和外界進行交流，就會與世界隔絕，與人類文明的發展脫軌，那麼它就會慢慢走向衰亡。

有一個笑話，更能說明這個問題：

有兩隻老鼠，一老一小，一天在家閒來無事，就約好一起出去遊玩。外面的世界真的很美，牠們玩得很盡興。可是，就在要回家的路上，遇見了一隻貓。貓鼠狹路相逢，兩隻老鼠只能是落荒而逃，也許是嚇暈了，兩隻老鼠跑進了一個死胡同，被貓堵在裡面。

「這下我們肯定完了。可惜我死後，我的家人還不知道我死在什麼地方啊！」那隻老一點的老鼠絕望地說。

小老鼠一點也不害怕，牠安慰那隻老一點的老鼠說：「不用擔心，我有辦法，我們死不了的！」

老一點的老鼠有些不相信牠說的話：「你真的有辦法嗎？你看那隻老貓看我們的眼神，就知道我們必死無疑。」

「放心吧，我們不會死的，不信，你把眼睛閉上，等一會兒！要相信我，我可是咱們老鼠家族中最聰明的。」小老鼠說。

那隻老一點的老鼠半信半疑地閉上眼睛等著，不一會兒，傳來一陣狗叫聲。牠趕緊睜開眼睛看——並沒有看見狗，看見的只是小老鼠的微笑，而那隻貓早已不知去向了。

老一點的老鼠有些不解地問小老鼠怎麼回事。

小老鼠看著牠笑了：「你剛才不是聽到狗叫了嗎？是狗的叫聲把貓嚇跑的，現在你應該知道懂一門外語有多麼重要了吧！」

雖然這只是一個笑話，但它卻告訴人們掌握一門外語對自己有多麼重要。

現代社會、文化和科技早已突破國界、跨越民族而相互溝通和發展了。精通外語的猶太人如魚得水，他們依靠精湛的外語在世界各地自由往來。在跟猶太人打交道時，首先讓你吃驚的是他們的判斷非常迅速和準確。這是什麼原因呢？原來他們一般懂得兩個以上國家的語言。他們與外國人交往時，不僅能用本國文化語言的思維考慮問題，而且也能使用外國的語言文化思考相同的問題，這意味著他們的理解是從不同的角度和習慣分析得出的，所以能夠準確而迅速，並且深刻得多。

從事科學和藝術的猶太人，更是注重掌握外語了，他們能克服語言的障礙，能汲取人類的各種文明，因而才能使自己的聰明才智不斷增強。愛因斯坦是生於德國並長於德國的猶太人，他之所以能成為二十世紀最傑出的科學家之一，跟他精通多國語言有一定的關係。他除了精通猶太民族的希伯來語、德語之外，還精通英語。弗蘭克爾是一位德國猶太人，是傑出的音樂家和法官。音樂和法律並無聯繫，但弗蘭克爾卻能在這兩個領域做出一番成就，不得不讓人嘆服。他在柏林當了近十年的法官，成為德國一個頗具影響力的人物。弗蘭克爾後來到美國定居，由於他精通英語，很快被好萊塢聘請，專門為歷史影片譜曲作詞。外語不但成為他謀生的本錢，還成為他事業成功的階梯。

猶太商人大多精通多種語言，這是他們成為世界性商人的原因之一。

04 機會來自於苦幹

世界上有許多不幸的可憐蟲，當機會向他們叩門時，他們卻視而不見，充耳不聞，因為他們正躺在床上睡大覺。

機會是不會花費氣力去找尋那些浪費時間、偷懶的人；機會好像總是落在那些忙得無暇顧及自己成就的人身上。就邏輯而言，機會應該會找那些時間充裕的人，但事實上，機會卻是為那些有夢想和實施計畫的人顯現。我們總以為機會是活的，會動的，它會主動找到那些願意迎接機會的人。事實上，剛好相反，機會是一種想法和觀念，它只存在於那些認清機會的人心中。

猶太人華勒是某一建築工程公司的執行副總，幾年前他只是一名送水工，被這個建築隊招聘進來的。華勒跟其他的送水工不同，他不會滿腹牢騷，抱怨薪資太少。他給每個人的水壺倒滿水，並在工人休息時圍在他們身邊，讓他們給自己講解有關建築的各項工作。沒多久，華勒勤奮好學的舉動引起建築隊長的注意。過了兩週，華勒成了一名計時員。當上計時員的華勒依然勤勤懇懇地工作，每天，他總是最早一個到來，晚上最後一個離開。由於他對建築工作有了全面的了解，當建築隊的負責人不在時，工人們有不懂的地方總喜歡問他。

一次，負責人看到華勒在日光燈上包裹了舊的紅色法蘭絨，以解決施工時沒有足夠的紅燈來照明的問題，於是決定讓這個勤懇、能幹的小夥子做自己的助理。由於華勒不斷努力，他當上公司的副總，但他對工作依然十分專注，沒有絲毫怨言。他鼓勵大家學習和運用新知識，還常常畫草圖、擬計畫，向大家提出各種好的建議。只要給他時間，他可以做好客戶要求他做的所有事。

猶太人華勒只是一個窮苦的孩子，一個普普通通的送水工，並沒有什麼驚世駭俗的才華，但是靠著自己的勤奮，他幸運地被賞識，並逐漸走向成功。沒有什麼比這樣的故事更令人震撼的了，也沒有什麼比它更能洗滌我們被享樂和功利汙染的心靈的了。它告訴我們，要想在事業上有所作為，你就必須付出比以往任何時代更多的努力，擁有奮發向上、積極進取的心，否則你會逐步走向平庸，最後變成一個沒有用的人。

所以，無論你現在所從事的是怎樣一種工作，不管你是一個精英，還是一個建築工人，只要你勤勤懇懇地努力工作，就會被老闆賞識，就會走向成功。

美國歷史上有許多感人肺腑的故事，主人翁確定了偉大的人生目標，儘管在前進的途中遭遇了種種艱難險阻，但他們以堅忍的意志力克服了一切困難，獲得成功。

失敗者的藉口通常是：「我沒有機會！」他們將失敗理由歸結為沒有人垂青他們，好職位總是讓他人捷足先登。而那些意志力堅強的人則絕對不會找這樣的藉口，他們不等待機會，也不向親友們哀求，而是靠自己的苦幹努力去創造機會。他們深知唯有自己才能拯救自己。

在取得一次戰役勝利之後，有人問亞歷山大是否等待下一次機會，再去進攻另一座城，亞歷山大聽後竟大發雷霆：「機會？機會是靠我們自己創造出來的。」不斷創造機會，正是亞歷山大成為歷史上最偉大帝王的原因，也唯有不斷創造機會的人，才能建立轟轟烈烈的豐功偉績。

做任何事情總是等待機會是極其危險的。一切努力和熱情都可能因為等待機會而付諸東流，而機會最終也不可得。

只要我們永不懈怠，善求於勤，就一定能夠獲得成功的機會，在事業上取得偉大成就。

季辛吉原是一個遭受納粹迫害的猶太難民，因沒有錢上高中，曾在牙刷工廠勤工儉學，還當過二等兵。後來，他通過自身的努力，終於成為哈佛大學的教授，並當上了美國的國務卿，還獲得了諾貝爾和平獎，被稱為「超人」。

他們獲得了成功是因為他們有實力，但是他們的實力是透過努力換取的。大家都知道，機會非常重要，沒有機會，即使一個人再有才華，也不一定能取得成功。然而，沒有實力，即使機會再多，也不一定能夠把它抓住。

05 不放過每一個機會

成功的猶太人告訴我們，機遇對於我們的事業發展至關重要，機遇是一個美麗而性情古怪的天使。她偶爾降臨在你身邊，如果你不太注意的話，她又會翩然而去。無論你怎樣扼腕歎息，她從此杳無音訊，不會再回來。

在商業活動中，時機的把握甚至完全可以決定你是否有所作為，抓住每一個致富的機會，哪怕這種機會只有萬分之一。

讓我們來看看商業鉅子華爾頓是如何取得事業上的成功。

有一次，華爾頓要搭火車去紐約，但事先卻沒有把票訂好，這時恰值聖誕前夕，去紐約的人很多，因此很難買到火車票。他的妻子打電話去火車站詢問：去紐約的車票還有嗎？車站的答覆是全部車票都賣完了。不過，如果不嫌麻煩的話，可以帶著行李到車站碰碰運氣，看是否有人臨時退票。車站反覆強調了一句，這種機會或許只有萬分之一。

他欣然提著行李趕到車站，決定碰碰運氣。妻子關切地問道：「華爾頓，如果沒有人退票怎麼辦呢？」

「沒有關係，我就當出去散步了。」他平靜地答道。

他到了車站，等了很長時間，依然沒有看見退票的人，乘客都陸續向月臺湧去。但他沒有像別人那樣急於往回走，而是耐心等待著。大約距開車時間還有五分鐘的時候，機會終於等到了，一個女人匆忙趕來退票。因為她的女兒得了重病，她被迫改坐之後的車次。

他買下那張車票，搭上去紐約的火車。到了紐約，他在酒店裡洗過澡，躺在床上給他妻子打了一通長途電話。在電話裡，他輕鬆地說：「親愛的，我沒有放棄最後的機會，所以，我成功了。」

有一次，地方經濟不景氣，很多商店和工廠都紛紛倒閉，被迫將自己堆積如山的存貨降價拋售，價錢低到一美金可以買到五十雙襪子。

那時，華爾頓還是一家織造廠的小技師。他意識到，這是一次商機，於是將自己積蓄的錢用於收購別人所低價貨物。人們看到他的舉動，都笑他傻。對別人的嘲笑，華爾頓漠然置之，依舊大量收購拋售的貨物，並租了一個很大的貨倉來儲存貨物。

妻子勸他說，大量收購這些貨物對自己沒多大好處，因為他們歷年積蓄下來的錢不是很多，而且是準備當做子女教養費的。如果此舉血本無歸，那麼後果便不堪設想。

對於妻子的勸告，華爾頓只是笑了笑，他安慰妻子說：「兩個月之後，這些廉價貨物就可以給我們帶來財運了。」

華爾頓的預言似乎並不能實現，過了十多天，那些工廠低價拋售也找不到買主了，於是便把所有存貨用車運走燒掉，以此穩定市場上的物價。妻子看到別人已經在焚燒貨物，心裡非常著急，對華爾頓有了怨言。對於妻子的抱怨，華爾頓沒有作出任何解釋。

終於，美國政府採取了緊急行動，穩定了地方的物價，並且大力支持那裡的廠商復業。這時地方上因焚燒的貨物過多，存貨欠缺，物價一天天飛漲。華爾頓馬上把自己庫存的大量貨物拋售出去：一來可以賺很多錢，二來可以穩定市場物價，不致暴漲不斷。

在他決定拋售貨物時，他妻子又勸他不要急著出售貨物，因為物價還在不斷上漲。他平靜地說：「現在必須把它拋售完，再拖延一段時間，就會後悔莫及了。」果然，華爾頓的存貨剛剛售完，物價便跌了下來。他的妻子對他的遠見欽佩不已。

後來，華爾頓用這筆賺來的錢，開了六家百貨商店，生意越做越大。如今，華爾頓已是舉足輕重的商業鉅子了。

華爾頓的成功之道就在於能夠迅速抓住眼前的機會，如果他當時猶豫不決，進退徘徊，機會就會從他手中悄悄溜走。

當機會出現的時候，也許你還沒有準備好，面對這種情況，會有兩種不同的選擇：有的人盡可能補足準備不足的地方，但前提是一定要占有機會；而另一種人則認為機會在等著自己的。然而，有的事情，一旦你錯過了，就永遠找不回來了。或許這樣的機會在你的一生中只有一次，而你把它錯過了，即便以後做好了種種準備，也不會有絲毫價值。

正所謂「機不可失，時不再來」，當已經意識到機會來臨時，不要猶豫不決，應該勇於決斷，把握住難得的機會。

我們來看看下面這個故事：

有兩個年輕人，剛走上工作崗位不久，可謂一貧如洗。一天，他們同時看到一則投資廣告，內容是說某公司研製成功一種新產品，需要批量生產，但缺乏一定的資金，欲尋求志同道合的合作者。面對這樣一則廣告，甲青年認為自己現在資金不夠，無法投資，希望自己現在努力賺錢，等日後有機會來投資；乙青年雖然也是兩手空空，但他意識到這是一個難得的機會，絕不能錯過，所以他想盡一切辦法四處借錢，湊齊了足夠的資金，成為該公司的合夥人。幾年之後，他不僅把所借的款項都還了，還獲得豐厚的利潤，並成為該公司的股東。隨著公司不斷發展，他也隨之財源廣進。而回過頭來看看甲青年，雖然在幾年之後賺了一定的錢，但卻失去了一個改變自己人生命運的絕好機會。

可見，機會對於每一個人都是平等的，當機會降臨的時候，你稍微的疏忽和彷徨，無異於是把機會拱手讓給別人。有的機會錯過了還可以再來，但有的機會錯過了一次，便錯過了一輩子。猶太人知道，暫態性是機會的一個顯著特徵，由於機會稍縱即逝，往往不好掌握，因此要果斷抉擇，迅速出擊。

06 制定清晰的目標

有一群伐木工人走進一片樹林，開始清除矮灌木，他們費盡千辛萬苦，好不容易清完一片灌木林，挺起腰準備享受一下工作後的樂趣時，卻猛然發現，旁邊那片樹林才是需要他們去清除的！有多少人在工作中就如同這些伐木工人，常常只是埋頭砍伐，甚至沒有意識到砍伐的並非是自己原本要砍伐的那片樹林。

這種看似忙忙碌碌，最後卻發現自己與目標背道而馳。這種情況是令人沮喪的，這也是許多效率低下，不懂得工作方法的人最容易犯的錯誤，他們往往把大量的時間和精力浪費在一些無用的事情上。

任何行動一定要有目標，並有達成目標的計畫。早上開始工作時，如果不知道當天有什麼樣的工作要去做，就很容易像上述的伐木工人一樣，把時間浪費在不該做的事情上。沒有目標，就不可能有切實的行動，更不可能獲得實際的結果。有目標才能減少干擾，才能把精力放在最重要的事情上。優秀員工每天進辦公室的第一件事，就是計畫好當天的工作目標。

也就是說，不管做任何事情，我們一開始就應該有自己的終極目標，一開始就知道自己的目的地在哪裡，也就知道自己現在在哪裡。如果你能做到這一點，那麼你就一直在朝自己的目標前進，邁出的每一步都會是正確的，你做的每一件事都會成為最終目標。

猶太人認為，如果一開始時心中就懷有最終目標，就會鍛煉出與眾不同的眼界。它讓你把眼界不再侷限在某一個具體事情上，並且會多一些理性的嚴謹，少一些感情的投入，事事歸於簡單。它會讓你逐漸形成一種理性的判斷方式，養成一種良好的工作習慣。

成功的猶太人在做事之前就清楚知道自己要達到一個什麼樣的目的，為了達到這樣的目的，哪些事是必須的，哪些事是無足輕重的。他們總是一開始就懷有最終目標，因而總能事半功倍，能卓越而高效。

成功的猶太人不但一開始就懷有終極目標，而且他們的目標都非常具體，他們不訂「進度表」，而是列「工作表」，比較複雜的工作會拆開來，分成幾個小項目。他們經常用長跑中的「分段法」，把很長的距離分成幾個小段，每一段都有一個標誌性的事物，它可以是一份報告，也可以是一張設計圖，哪怕僅僅是為後花園增添一種花，也是在成功路上留下了腳印。

對於大部分員工來說，制定計劃的週期可訂為一個月，但應將工作計畫分解為週計畫與日計畫。每個工作日結束的前半個小時，先盤點一下當天計畫的完成情況，並整理第二天計畫內容的工作思路與方法。

必須注意的是，在制定日工作計畫的時候，必須考慮計畫的彈性。不能將計畫制定在能力所能達到的百分之百，而應該制定在能力所能達到的八十%。這是由商業的工作性質決定的，因為，每個員工每天都會遇到一些意想不到的情況，以及上級交辦的臨時任務。

如果你每天的計畫都是百分之百，那麼，在你沒有完成任務時，就必然會在第二天擠占你已經制定好的工作計畫，原計劃就不得不延期了。這樣必將影響隔天乃至當月的整個工作計畫，從而陷入一天拖過一天的被動局面。久而久之，你的計畫就會失去嚴肅性，你的上級就會認為你不是一個精幹的員工。

07 積極主動地做事

傑出的猶太人很早就明白，什麼事情都要自己主動爭取，並且要為自己的行為負責。沒有人能保證你成功，只有你自己。也沒有人能阻撓你成功。只有你自己。

無論任何行業，想攀上頂端，都需要在成功之前，主動地、默默地積累很長的時間，需要漫長的規劃和踏實的努力。你想登上成功之梯的最高階嗎？你就要永遠維持主動率先的精神去面對你的工作。縱然是面對毫無挑戰和毫無生趣的工作，最後終能獲得回報。

許多公司一直在努力把自己的員工培養成工作自尊高的人。工作自尊的員工，會勇於負責，有獨立思考能力。他們不是像機器一樣的，別人吩咐做什麼他就做什麼。他們往往會發揮創意，出色地完成任務；而工作自尊低的員工，則墨守成規、害怕犯錯，做到最好充其量就是，凡事只求忠誠公司規則。他們會告訴自己，老闆沒有讓我做的事，我又何必插手呢？又沒有額外的獎勵！這兩種不同的想法會明顯地導致不同的工作表現。

自動自發的人不僅會圓滿地完成自己的任務，還會忠心耿耿地為老闆考慮，給他提盡可能多的建議和資訊，他們也因此會得到提升和賞識。比別人多努力一些，就會擁有更多的機會。

在以前的工業時代，聽命行事的能力相當重要，而現在個人的主動進取更受重視。知道什麼事該做，就立刻採取行動——動手去做！不必等別人的督促與交代。

「我沒有時間！」

「我實在太忙了，不能做！」

「恐怕現在還不是最佳時機，我們為什麼不再等等呢？」……

通常，這些司空見慣的話語可能會使你付出數倍的代價。「沒有時間」只是懶散者的擋箭牌，是懦弱無能者的藉口。

在這個世界上，有兩種人永遠都得不到提升：第一種人不肯聽命行事；另外一種人只肯聽命行事。第一種人，他們被告訴過多次後，還非常不情願地去做事情；另一種人，僅次於自動自發地做應該做的事，那就是被告訴怎麼做，做什麼時立刻就著手去辦。這些人得不到很多榮譽也得不到很多錢。還有一類人只是在他們陷入貧困時，迫于生計才會去做事。他們像是被人從後面用鞭抽打，用腳踢一樣，他們只會遭到漠視，不僅工作辛苦而且收入微薄。他們坐在那兒，不停地抱怨老闆的苛刻和小氣，埋怨社會的不公，期盼機會降臨到自己身上。

還有一類人，即使你走到他們面前給他們示範，他們也仍然不會很好地完成工作，因此，他們總是在失業。

成功的機會總是在尋找那些能夠主動去做事的人，可是很多人根本就沒有意識到這一點，他們早已養成了拖延懶惰的習慣。只有當你主動、真誠地提供真正有用的服務時，成功才會伴隨而來。而每一個雇主也都在尋找能夠主動做事的人，並以他們的表現來犒賞他們。

現在就動手做吧！當你意識到拖延懶惰的惡習正在你身上顯現時，你不妨用這句話警示自己。從任何小事做起都可以，並不是事情本身有多麼重要，重大的意義在於突破了你無所事事的惡習。

一個人的工作有沒有主動性，有沒有追求完美的精神，這對工作來說具有本質的區別。我認識許多聰明的人，他們的工作能力強，可總是得不到老闆的賞識。為什麼呢？他們不想接受命令，他們自以為聰明，一眼就看穿了他的雇主要壓榨員工的用心。

老闆安排這種人去辦事的時候，更多的時候，他們總是乾脆地回答：「我不想去，你能安排其他的人嗎？」這種人即使他們的全部才能被埋沒，在我看來，也不值得同情。

每個老闆都喜歡積極主動、善解人意的員工，人們也樂意和這種人共事。從現在起開始為別人加倍努力吧，不要等著別人來吩咐。比自己份內的多做一點，比別人期待的多服務一點，如此你就可以吸引老闆的注意，得到加薪和升遷的機會。

老闆不在身邊卻更加賣力工作的人，將會獲得更多獎賞。如果只有在別人注意時才有好的表現，那麼你永遠無法達到成功的頂峰。最嚴格的表現標準應該是自己設定的，而不是由別人要求的。如果你對自己的期望比老闆對你的期許更高，那麼你就無需擔心會不會失去工作。同樣，如果你能達到自己設定的最高標準，那麼升遷晉級也將指日可待。

我們經常會發現，那些被認為一夜成名的人，其實在功成名就之前，早已默默無聞地努力了很長一段時間。

成功是一種努力的累積，不論何種行業，想攀上頂峰，通常都需要漫長時間的努力和精心的規劃。

如果想登上成功之梯的最高階，你得永遠保持主動率先的精神，縱使面對缺乏挑戰或毫無樂趣的工作，終能最後獲得回報。當你養成這種自動自發的習慣時，你就有可能成為老闆和領導者。那些位高權重的人是因為他們以行動證明了自己勇於承擔責任，值得信賴。

自動自發地做事，同時為自己的所作所為承擔責任，那些成就大業之人和凡事得過且過的人之間的最根本的區別在於，成功者懂得為自己的行為負責。沒有人能促使你成功，也沒有人能阻撓你達成自己的目標。

所謂的主動，指的是隨時準備把握機會，展現超乎他人要求的工作表現，以及擁有「為了完成任務，必要時不惜打破成規」的智慧和判斷力。

08 每天多做一點

全心全意、盡職盡責是不夠的，還應該比自己份內的工作多做一點，比別人期待的更多做一點，如此才可以吸引更多注意，給自我的提升創造更多機會。

如果你只是從事報酬份內的工作，將無法爭取到人們對你的有利評價。但是，當你願意從事超過你報酬價值的工作時，你的行動將會促使與你的工作相關的所有人對你做出良好的評價。

你當然沒有義務要做自己職責範圍以外的事，但是你也可以選擇自願去做，以鞭策自己快速進步。積極主動是一種備受看重的素養，它能使人變得更敏捷，更積極。無論你是管理者，還是普通職員，「每天多做一點」的工作態度能使你從競爭中脫穎而出。你的老闆、委託人和顧客會更信賴你，從而給你更多的機會。

有幾十種甚至更多的理由可以解釋，你為什麼應該養成「每天多做一點」的好習慣——儘管事實上很少有人這樣做。其中兩個最主要的原因是：

第一，在建立了「每天多做一點」好習慣之後，與四周那些尚未養成這種習慣的人相比，你已經具有優勢。這種習慣使你無論從事什麼行業，都會有更多人指名道姓地要求你提供服務。

第二，如果你希望將自己的右臂鍛煉得更強壯，唯一的途徑就是利用它來做最艱苦的工作。相反地，如果長期不使用你的右臂，其結果就是使它變得更虛弱甚至萎縮。

身處困境而拚博能夠產生巨大的力量，這是人生永恆不變的法則。如果你能比份內的工作多做一點，那麼，不僅能彰顯自己勤奮的美德，而且能發展一種超凡的技巧與能力，使自己具有更強大的生存力量，從而擺脫困境。

社會在發展，公司在成長，個人的職責範圍也隨之擴大。不要總是以「這不是我份內的工作」為由來逃避責任。當額外工作分配到你頭上時，不妨視之為一種機遇。

提前上班，別以為沒人注意到，老闆可是睜大眼睛瞧著，如果能提早一點到公司，就說明你十分重視這份工作。每天提早到達，可以對一天的工作做個規劃，當別人還在考慮當天該做什麼時，你已經走在別人前面了！

想成為一名成功人士，必須樹立終身學習的觀念。既要學習專業知識，也要不斷拓展自己的知識面，一些看似無關的知識往往會對未來起巨大作用。而「每天多做一點」則能夠給你提供這樣的學習機會。

如果不是你的工作，而你做了，這就是機會。有人曾經研究為什麼當機會來臨時我們無法確認，因為機會總是喬裝成「問題」的樣子。當顧客、同事或老闆交給你某個難題，也許正在為你創造一個珍貴的機會。對於一個優秀的員工而言，公司的組織結構如何，誰該為此問題負責，誰應該具體完成這一任務，都不是最重要的，在他心目中只有一種想法就是如何將問題解決。

下一次當顧客、同事和你的老闆要求你提供幫助，做一些份外的事情，而不是讓他人來處理時，積極伸出援手吧！努力從另一個角度來思考，譬如換一個角色，自己就是這件事的責任人，你將如何解決這些問題？

每天多做一點，初衷也許並非為了獲得報酬，但往往獲得的更多。

一個猶太人在一家五金店做事，每月的薪水是七十五美元。有一天，一位顧客買了一大批貨物，有鏟子、鉗子、馬鞍、盤子、水桶、籮筐等等。這位顧客過幾天就要結婚了，提前購買一些生活和勞動用具是當地的一種習俗。貨物堆放在三輪車上，裝了滿滿一車，騾子拉起來也有些吃力。其實送貨並非這位猶太人的職責，而他完全是出於自願為客戶運送貨物的。

途中一不小心，車輪陷進一個不深不淺的泥坑裡，他使盡全身力氣，車子依然不動。恰好有一位心地善良的商人駕著馬車路過，幫他把車子拉出泥坑。

當他推著空車艱難地返回商店時已經很晚了，老闆並沒有因他的額外工作而稱讚他。可是一個星期之後，那位善良的商人找到他，並告訴他說：「我發現你工作十分努力，尤其我注意到你卸貨時清點物品數目的細心和專注。因此，我願意為你提供一個月薪五百美元的職位。」這位猶太人很開心地接受了這份新工作。

猶太人認為，人們在實際工作中應該多做一些份外的工作，說不定這些額外的付出就是你走向成功的開始。但遺憾的是，大部分人覺得只要盡責完成老闆分配的任務就可以了，尤其是那些剛剛踏入社會的年輕人更是如此。

在我們周圍有很多人只做自己份內的工作，並將份內份外劃得很清楚，或認為多做一點就要圖報酬，殊不知這對自己工作能力的提升是一個很大的障礙，久而久之也會使上司對你失去好感。

很多時候，份外的工作對於員工來說是一種考驗，能夠把它做好，也是能力的體現。付出多少，得到多少，這是一個眾所周知的因果法則。猶太人不但會努力做好自己的本職工作，而且還會盡力做好一些份外的工作。也許這種投入無法立刻得到相應的回報，但不要氣餒，應該一如既往地多付出一點，回報可能會在不經意間以出人意料的方式出現。

猶太人的信條是，即使你沒有被正式告知要對某事負責，你也應該努力做好它，即使你把事情搞砸了，只要你敢於承擔責任，那麼你就是一個優秀的人，職位和報酬也會接踵而至。

09 勤做小事

在生活和工作中，解決問題、處理事務、策劃市場、管理企業，都不會有捷徑可走。大量的工作，都是由一些瑣碎的、繁雜的、細小的事情組成。這些事做成了、好了，並不一定能見到什麼成就；一旦做不好、做砸了，就會影響其他工作，甚至把一件大事給弄垮。因此，對待自己的工作，我們決不可馬虎、輕視。

也許你會問，每天做著一些瑣碎的工作，是不是太單調了。其實，這個問題很好說明，假如我們從外面觀察一個大教堂的窗戶，大教堂的窗戶佈滿了灰塵，非常灰暗，光華已逝，只剩下單調和破敗的感覺。但是，一旦我們跨過門檻，走進教堂，立刻可以看見絢爛的色彩、清晰的線條。陽光穿過窗戶在奔騰跳躍，形成了一幅幅美麗的圖畫。

每一件事對人生都具有深刻的意義。做一名教師，你也許對按部就班的教學工作感到厭倦，但只要見到自己的學生，你也許就變得非常有耐心，所有的煩惱都拋到九宵雲外了。

每個人所做的工作，都是由一件件小事構成的，但不能因此而對工作中的小事敷衍應付或輕視懈怠。記住，工作中無小事。所有的成功者，都與我們同樣做簡單的小事，唯一不同的是，他們從不認為自己所做的事是簡單的小事。

什麼叫不簡單，就是把簡單的事情千百遍都做得很好；什麼叫不容易，就是大家都認為非常容易的事情你能認真去做好它。話很樸實，卻很深刻。對「不簡單」、「不容易」的這樣一種獨特的理解讓人耳目一新的感覺。

不管是對於公司，還是個人，最重要的是將重複的、簡單的日常工作做得精細、做得專業，並且恆久堅持下去，做到位、做扎實。

成功的猶太人認為，好的品質，好的習慣，要靠日積月累。成功的輝煌，來自於平常的學習和訓練。他們特別相信伏爾泰的一句話：「使人疲憊的是鞋子裡的一粒沙子，而不是遠處的高山。」在人生的道路上，我們必須隨時倒出鞋子裡的那粒沙子。生活中，將你擊垮的是一些非常瑣碎的小事，而不是那些巨大的挑戰。很多人都有著這樣的體驗：當災難突然降臨時，人們常會因為緊張、恐懼，本能地產生一種巨大的抗爭力量。然而，當一些雞毛蒜皮的小事困擾你時，你可能就會束手無策，因為它們是生活的細枝末節，人們一般都不會注意它。然而，正是這些看似微不足道的小事，卻不斷消耗人的精力。一個人要想成就一番事業，需要做好日常生活的每一件小事。正所謂「千里之行，始於足下」。那些總想做大事，而對小事不屑一顧的人是不會取得成功的。猶太人經常教育他們的孩子，要想做一個有志有為的年輕人，必須自覺地從身邊的每一件小事做起，即使做一件很小的好事也比視善小而不為的人強，因為「天下難事必作於易，天下大事必作於細」。

猶太人布朗最初是美國標準石油公司的一個小職員，他在出差住旅館的時候，總是在自己簽名的下方，寫上「每桶四美元的標準石油」字樣，在書信及收據上也不例外，簽了名，就一定會把那幾個字寫上。他因此被同事叫做「每桶四美元」，而他的真名倒沒有人叫。

公司董事長洛克斐勒知道這件事之後，感慨地說：「竟有職員如此努力宣揚公司的聲譽，我要見見他。」於是邀請布朗共進晚餐。

後來，洛克斐勒卸任，布朗成了第二任董事長。在簽名的時候署上「每桶四美元的標準石油」，是一件非常小的事情。嚴格說來，這件小事還不在布朗的工作範圍之內。但布朗做了，並且堅持把這件小事做到極致。那些嘲笑他的人，肯定有很多是能力、才華都超過他的人，可是最後只有他取得事業上的成功。

最優秀的人是想方設法完成任務的人，最優秀的人是不達到目的誓不甘休的人，最優秀的人是「為了一個簡單而堅定的想法，不斷重複，最終使之成為現實」的人，這就是一個有成效的員工最不為人知卻最重要的技能。

而那些成天將意志、信念掛在嘴邊的人，往往只會紙上談兵，他們不敢面對殘酷的現實，他們在逆境中退縮，他們謹小慎微而游移不定。毫無疑問，這樣的人，永遠不會取得成功，因為他們連成功執行最基本的健康心態都不具備！

成功，就是簡單的事情重複地做，要成功其實不難，只要重複簡單的事情，養成習慣，「一旦你產生了一個簡單而堅定的想法，只要你不停重複它，終會使之變成現實。」這是美國GE（奇異公司）前總裁傑克•威爾許對如何成功作出的最好回答。

每一件事都值得我們去做。別輕視自己所做的每一件事，即便是最普通的事，也應該全力以赴、盡責去完成。能把小任務順利完成，一步一腳印向上攀登，便不會輕易跌落。這是透過工作獲得真正力量的祕訣。

10 決不拖延

人性本身是放縱、散漫的，表現就是對目標的堅持、時間的控制做得不到位，事情不能按時完成。如果拖延已開始影響工作的品質時，就會蛻變成一種自我怠誤的形式。

猶太人都知道商場就是戰場，工作就如同戰鬥。要想在商場上立於不敗之地，就必須擁有一支能戰鬥、高效的團隊。

傑出猶太人認為那些做事拖延的人，是不可能做出太大成就的。拖延是一種很糟糕的工作習慣，有些人可以在健身房、酒吧或購物中心待上好幾個小時而沒有一點倦意。但是，看看他們上班的模樣：無精打采，抱怨連天。以這樣的精神狀態去上班，只會感覺工作壓力越來越大。

為什麼有的人如此善於找藉口，卻不能把工作做好，因為不論他們用多少方法來逃避責任，該做的事，還是得做。而拖延是一種相當累人的折磨，隨著完成期限的迫切性，工作的壓力會越來越大，這會讓人覺得更疲憊不堪。

拖延是因為人的惰性在作怪，每當自己要付出勞力或作出抉擇時，我們總會找一些藉口來安慰自己，總想讓自己輕鬆些。有些人能在瞬間果斷地戰勝惰性，積極主動面對挑戰；有些人卻深陷於「怠惰」陷阱，不知所措，時間就這樣一分一秒地浪費了。

人們都有這樣的經歷，清晨鬧鐘將你從睡夢中驚醒，想著自己所訂的計畫，同時卻感受著被窩裡的溫暖，一邊不斷對自己說：「該起床了」，一邊又不斷給自己找藉口「想再睡一下」。於是，在忐忑不安之中，又躺了五分鐘，甚至十分鐘……

拖延是對惰性的縱容，一旦形成習慣，就會消磨人的意志，使你對自己越來越失去信心，懷疑自己的毅力，懷疑自己的目標，甚至會使自己的性格變得猶豫不決。

拖延有時候也是由於考慮過多、猶豫不決造成的。

適當的謹慎是必要的，但過於謹慎則是優柔寡斷。我們需要想盡一切辦法不去拖延，在知道自己要做一件事的同時，立即動手，絕不給自己留一秒思考的餘地。往往在事情的開端，總是積極的想法先有，然後當頭腦中冒出「我是不是可以……」這樣的問題時，惰性就出現了。所以，要在積極的想法一出現時，就馬上行動，讓惰性沒有乘虛而入的可能。

一位成功的猶太商人講述了對他人生影響很大的一件事，這件事發生在他年幼時。

有一天，他到外面玩耍，路過一棵大樹的時候，突然有個東西落在他的頭上。他伸手一抓，原來是個鳥巢。他也沒仔細看，就把它扔在地上。

鳥巢掉在地上，從裡面滾出了一隻嗷嗷待哺的小麻雀。他很喜歡牠，於是撿起了鳥巢，把牠放了進去，一起帶回家。

他回到家，走到門口，忽然想起媽媽的話：不能把小動物養在家裡。所以，他輕輕地把小麻雀放在門後，快速走向屋裡，請求媽媽的允許。

在他一再要求下，媽媽破例答應兒子的請求。他高興地跑到門後，沒想到，小麻雀已經不見了。在不遠處，一隻黑貓舔著嘴巴，嘴角邊有鳥的羽毛。他為此難過了好長一段時間。從這件事，他得到一個很大的教訓：只要是自己認為對的事情，必須馬上付諸行動，絕不可優柔寡斷。不能作決定的人，固然沒有做錯事的機會，但也失去成功的機運。

11 心態決定命運

一個英國人在一家快速消費品公司已經工作了兩年，一直是不溫不火的狀態，待遇不高，但能學到東西，比較鍛煉人，薪水也馬馬虎虎過得去，但最近和一些老朋友交流過程中，他發現大家都發展得不錯，好像都比自己好，使得他開始對自己目前的狀態不滿意，考慮怎麼和老闆提加薪，或者找機會跳槽。

終於，他找了一次單獨和老闆喝茶的機會，開門見山地向老闆提出加薪的要求。老闆笑了笑，並沒有理會。於是，他對工作再也打不起精神來，開始敷衍了。一個月後，老闆把他的工作移交給其他員工，大概是準備「清理門戶」了。他趕緊知趣地遞交辭呈。可令他始料未及的是，接下來的幾個月裡，他並沒有找到更好的工作，新工作開出的待遇甚至比原來的還差了。

由於心態的錯位與失衡，他失去了那份還過得去的工作，而且他的下一份工作還不如以前。

而一位猶太人的經歷則恰恰與這個英國人相反。

這個猶太人來到一家進出口公司工作後，晉升速度之快，令周圍所有人都驚詫不已。一天，他的一位知心好友懷著強烈的好奇心向他詢問這個問題。

聽完之後，他聳了聳肩答道：

「這個嘛，很簡單。當我剛開始去老闆的公司工作時，我就發現，每天下班後，所有人都回家了，可是老闆依然留在辦公室工作，而且一直待到很晚。另外，我還注意到，這段時間，他經常尋找一個人幫他做些重要的服務。於是，我下了決心，下班後，我也不回家，待在辦公室內。雖然沒有人要求我留下來，但我認為自己應該這麼做，如果需要，我可以為老闆提供他所需要的任何說明。就這樣，時間久了，老闆養成有事叫我的習慣。」

兩種不同心態，兩個相反的結果。對於兩人的職業生涯，心態引起決定性作用。

消極被動心態的人，他們只會指責和抱怨，並且一味逃避。他們不思索關於工作的問題：自己的工作是什麼？工作是為什麼？怎樣才能把工作做得更好？他們只是被動地應付工作，為了工作而工作，只是機械性完成任務。這樣的員工，是不可能在工作中做出好成績的。

許多管理制度健全的公司，正在創造機會使員工成為公司的股東。因為人們發現，當員工成為企業所有者時，他們表現得更加忠誠，更具創造力，也會更加努力工作。以積極主動的心態對待你的工作、你的公司，你就會盡職盡責完成工作，並在工作中充滿活力與創造性，你就會成為一個值得信賴的人，一個老闆樂於雇用的人，一個可能成為老闆得力助手的人。更重要的是，你終將會擁有自己的事業。

猶太人相信一個永遠不變的真理：以積極的心態對待工作，工作的成績及薪水也會積極的回饋於你。

12 積極看待一切

人類最大的弱點就是自貶，亦即廉價出賣自己。擁有這種毛病的人在現實生活中是很常見的。例如，吉姆在報紙上看到一份他喜歡的工作，但是他沒有行動，因為他想：「恐怕我不能勝任這個工作，何必自找麻煩！」

幾千年來，很多哲學家都忠告：要認識自己。但是，很多人都把它理解為「認識自己消極的一面」。認識自己的缺點是好的，可藉此謀求改進，但如果只去看自己的消極面，就會陷入混亂使自己變得沒有價值。因此，要正確、全面認識自己，以積極的心態去解決自己面對的問題。

凱斯特是一名修理工，生活雖然勉強過得去，但離自己的理想還差得很遠。有一次，他聽說底特律一家維修公司招工，決定前往試一試，希望能夠換一份待遇較高的工作。他星期日下午到達底特律，面試時間預訂在星期一。

吃過晚飯，他獨自坐在旅館房間，不知為何，他想了很多，把自己經歷過的事情都在腦海中回憶了一遍。突然間他感到一種莫名的煩惱：自己並非一個智力低下的人，為什麼至今依然一事無成呢？

他取出紙筆，寫下四位自己認識多年、薪水比自己高、工作比自己好的朋友名字。其中兩位曾是他的鄰居，現在已經搬到高級住宅區了，另外兩位是他以前的老闆。他捫心自問：和這四個人相比，除了工作比他們差以外，自己還有什麼地方不如他們？聰明才智？憑良心說，他們實在不比自己高明多少。

經過長時間的思考和反思，他悟出了問題的癥結——自我情緒的缺陷。在這一方面，他不得不承認自己比他們差了一大截。

雖然是凌晨三點鐘，但他的頭腦卻出奇清醒，覺得自己第一次看清自己，發現自己很多時候不能控制自己的情緒，衝動、自卑、不能平等地與人交往等等。

整個晚上，他都坐在那兒自我檢討。他發現自從懂事以來，自己就是一個妄自菲薄、不思進取、得過且過的人；他總是認為自己無法成功，也從不認為能夠改變自己的性格缺陷。既然自己的能力不差，那麼只要改掉這些毛病，自己待遇也會提高。

於是，他痛下決心，自此而後，決不再有自己不如別人的想法，不再自貶身價。

第二天早晨，他滿懷自信前去面試，順利被錄用了。在他看來，之所以能得到那份工作，與前一晚的沉思和醒悟讓他多了一份自信不無關係。

工作了兩年，凱斯特逐漸建立好名聲，人人都認為他是一個樂觀機智、主動熱情的人。隨之而來的經濟不景氣，使得個人的情緒受到了考驗。而這時，凱斯特已是同行中少數可以做到生意的人之一了。公司進行調整時，分給了凱斯特可觀的股份，並且加了他的薪水。

在人際交往的活動中，積極的話語對一件事情的成敗可以達到關鍵的作用，比如，你對一群人說「我相信這個計畫會成功」，他們就會振奮，準備再次嘗試；但如果你說「很遺憾，我們失敗了」，他們會看到什麼畫面呢？他們真的會看到「失敗」這個字眼所傳達的打擊、失望和憂傷。如果你說「我們做了很大的投資」，人們就會看到利潤滾滾而來，很令人開心的畫面；反過來說「這會花一大筆錢」，人們看到的是錢流出去回不來。成功的猶太人總結出常用的四種自我調節方法：

- 用積極樂觀的語句來描述你的感受。當有人問你「你今天感覺如何」，你如果回答說「我感到不怎麼好」（或「我很疲倦」、「我頭痛」、「但願今天是週末」），別人就會覺得很糟糕。你要練習做到下面這一點，它很簡單，卻有無比的威力。當有人問「你今天覺得怎麼樣」或「你好嗎」，你要回答「非常好。謝謝你，你呢」。在每個時刻說你很快樂，就會真的感到很快樂，而且這會使你更有份量，可以贏得更多的朋友。
- 要用積極的話去鼓勵別人，只要有機會，就去稱讚人。每個人都希望被人肯定，都渴望得到別人的讚揚，所以每天都要鼓勵你的妻子或丈夫，向對方說出一些讚美的話。要注意稱讚和你一起工作的夥伴。真誠的讚美是成功的工具，要不斷使用它。

- 用明朗、正向、正面的語句來描述別人。當你和別人談論第三者的時候，要用建設性的詞句來稱讚他，比如「他們告訴我他做得很出色」或「我聽說他是一個非常不錯的人」，絕對要避免說破壞性的話，因為第三者總有一天會知道你所說的壞話，結果這種話又反過來打擊你。
- 要用積極的話語來陳述你的計畫。當人們聽到類似「我們遇到絕佳的機會，這是個不錯的消息」的話時，心中自然就會升起希望。但是當他們聽到「無論我們喜不喜歡，都必須把這個任務完成」時，他們的內心就會產生沉悶、厭煩的感覺，他們的行動反應也跟著受影響。不要挖掘墳墓，要建立城堡；不要只看現狀，要看到未來的發展。

猶太人這種自我暗示的方法，會產生巨大的作用。因為你比想像中的還要好，你知道自己的優點嗎？所謂的優點是任何你能運用的才幹、能力、技藝與人格特質，這些優點也就是使你能繼續成長、能有貢獻的要素。但是，大家總覺得說自己的優點是不對的，會顯得不太謙虛的。其實，自己在某方面確實有優點卻去否定它，這種做法既不誠實，又不合乎人性。肯定自己的優點絕不是吹牛，相反地，這才是誠實的表現。

比如說，要是有人誇你菜燒得好，也許你會說：「哪裡哪裡，其實燒得不好。」或者說：「這沒什麼了不起的。」可是菜燒得好，必須具備一定的才能。菜要燒得好需要相當的條件：要有創造力，時間要掌握好，還要具備組織能力。菜燒得好對於別人生活過得愉快與幸福也有很密切的關係。

猶太人在商場中有一句名言：「千萬不要吝於讚美別人，也不要忘記稱讚自己。」有時候，我們難免會害怕表達自己的感受。要是你的家裡沒有彼此讚賞的習慣，不要洩氣，你仍然可以試著去改變，短時間改變也許不太容易，但只要你耐心去練習，就一定能夠取得最後的成功。

13 善於自我反省

猶太商人認為，由於自身的弱點，會使人們在經商的過程中導致失敗，因為人性的弱點最易讓人失去理性，所以你要善於自我反省。

在每個人的內心深處，多少都隱藏了一些不易察覺的弱點，這種內在的弱點常常會驅使一個人做出一些不利於己的事情來。如果我們對自己的缺點毫無察覺或滿不在乎，結果只會讓自己跌得更慘。

一個人要想提高自己的認知能力和辦事能力，就必須自我反省。盲目者最顯著的特徵就是缺乏自我反省，不能從根本上改變自己的錯誤。一個錯誤太多的人，離成功的距離也就越來越遠。

猶太商人洛德爾的檔案櫃中有一個私人檔案夾，封面寫著「我所做過的蠢事」，檔案夾裡放著一些他做過的傻事文字記錄。他有時以口述的方式讓祕書幫他記錄下來，但有時這些事屬於隱私，而且非常愚蠢，不好意思讓祕書幫他記錄，只好自己寫下來。

每次洛德爾拿出那個「愚事錄」，都要重看一遍他對自己的批評。這樣做有很大的好處，是能夠使他不斷反省自己的錯誤，從而警惕自己，讓自己變得更好。

洛德爾講述他避免犯錯誤的祕訣時說：「幾年來我一直有個記事本，登記一天有哪些約會。我常把週末晚上留做自我省察的時間，評估我在這一週中的工作表現，因此，週末晚上我一般都不在家。吃完晚飯後，我獨自一人打開記事本，將一週以來所有的面談、討論及會議過程在腦子裡回顧一遍。我會不斷問我自己：『當時我哪些地方做對了，而哪些地方又做得不對呢？我還能用什麼辦法來改進自己的工作表現？我能從這次經驗中吸取什麼教訓？』這種每週一次的檢討有時會讓我心裡非常不痛快，有時我幾乎不敢相信自己的莽撞。當然，隨著年齡的增長，這種情況發生的頻率也在降低中，我一直保持這種自我分析的習慣，它對我有很大的幫助。」

一個人如果失去反省的能力，他就不會發現自身的問題，更不能自救。假如一個人不常反省或管理自己，便容易把責任推給別人，犯下自以為是的錯誤。

反省有很多好處，其中最重要的一點是能讓我們把自己看得更清楚。在安靜的心靈狀態下，我們可以看清事實，包括我們做事的新方法、對問題應負的責任，以及我們掩飾錯誤的方式。

總之，反省自我是提高自己的認知能力和辦事能力的最佳方法。

14 善於變通

善於活用一切，是猶太人事業成功的一個共同的特點。由於歷史的原因，他們所處的條件和環境的差別是很大的，但不管在哪個國家，不管從事商業、科技或是文化藝術，乃至農業，都湧現大批傑出人才。猶太人能適應環境，活用一切有利條件，充分發揮自己的潛能，就是他們能夠取得成功的一個重要原因。

猶太人認為，人在這一生當中，離不開自己所處的客觀環境，也離不開自身的主觀條件。改變整個客觀環境，是整個社會的事，個人，只能適應客觀環境。

人的自身有一些東西是無法改變的，比如皮膚的顏色、身材的高低、出身背景等等。每個人也有可以改變的地方，如文化水準、工作能力、身體的強弱等等，只要自己努力學習、注意方法、適當鍛煉保養，是可以提高文化水準、增強工作能力、強健身體的。

猶太人在活用一切客觀條件和主觀條件上很有建樹，這是他們有自知之明的結果。

愛因斯坦在讀小學和中學時是一個很普通的孩子，並沒有驚人的成績。但愛因斯坦有自知之明，知道物理是自己最喜愛的科目，因此他讀大學時選讀了物理學。他根據自身的條件，取其所長，終於在物理學方面取得好成績。但當以色列邀請他去當總統時，他卻婉言拒絕了，因為他很清楚，自己沒有當總統的特質。

塞繆爾·戈德溫（Samuel Goldwyn）是在波蘭出生的猶太人，他是好萊塢世界最大製片中心的老闆。他善於利用一切有利條件發展自己的事業，這使得他的一生具有傳奇色彩。

戈德溫一八八二年出生於華沙（Warszawa），十一歲喪父，家庭生活一度陷入困境。為了生活，他流浪到英國倫敦，曾在鐵匠店當童工。他吃苦耐勞，從不躲避髒活兒、累活兒，在勞動中練就一個強健的體魄。他沒有機會進學校學習，就利用空閒時間學習知識。他到美國生活後，從打工到自己經營手套工廠，最後發展成為好萊塢製片中心的老闆，富甲一方。

戈德溫的發展過程可以說是眾多猶太人的成長縮影。

猶太人堅信，在這個世界上，只要你有心，就可以發現很多能夠活用的潛在條件。他們還認為，人生的機會，大量存在於自己的周圍和本身的條件中，關鍵在於你是否練就出開發這些條件的意志和眼光。一九四〇年代中期，以色列建國，選址在一個環境極為惡劣的沙漠地帶。但猶太人能夠充分利用自己擁有的科技及人才條件，改造沙漠，創造滴水灌溉法，把一個毫無生機的沙漠之地，改造為農業發達的國家，出產的農產品不僅可以自給，還能出口成為國家收入的重要來源。

在任何投資和買賣活動中，猶太人都不會馬虎行事，事前必定進行縝密的計畫。一旦決定作某項買賣或投資，必定制訂短期、中期和長期計畫，並將計畫作為隨機應變的策略，以觀事態的發展而相應採用。

猶太商人在經營中能依據外部環境的變化，特別是競爭對手的變化而隨機改變自己的戰略戰術，這真的讓我們佩服。當今社會競爭激烈，企業要想在這股競爭的洪流中求得生存和發展，就必須學會變通。

15 善於取長補短

成功的猶太人很注重全面而平衡的發展，他們認為一個人如果只具有某一方面的特長，卻缺乏其他的綜合能力，依然很難取得成功。因此，不斷取長補短，使自己擁有更多的能力，才能適應這個社會。

猶太人認為，如果只注重發揮自己的特長，容易忽視真正的興趣和平衡發展。雖然這會使自己的專長越來越突出，但卻會使自己的弱點越來越弱。

一個學習成績優異的學生並不見得將來就會有所作為，在猶太家庭中，家長不會讓成績已經不錯的學生再花時間去參加課外補習，反而鼓勵他們跳出書本，多多參與其他活動，掌握一些自己缺乏卻非常實用的人生技能。

他們信奉「木桶原理」：用同樣多的木板條做木桶，只有每個板條長度相同時，才能容納最多體積的水；如果板條長短不一，不管長的多長，水只能裝到最短的板條處。同樣，我們也可以用這個原理來衡量一個人，其平均能力只能與最弱點看齊。

記住這個「木桶原理」，就會懂得「取長補短」的必要性。這並不是要人放棄專長，而是說除了專長以外，還要均衡發展且具備其他的能力。比如科技研究人員不能光顧著研究發展，同時也應該具備一定的社交能力。猶太民族散居在世界各地，對於他們來說，掌握多種語言和了解各國主流文化是非常重要的。猶太人的適應能力很強，大多數猶太人也知道如何取長補短，而這正是猶太民族在世界經濟大潮中能迅速發展的法寶。

聰明的猶太人很容易看到別人身上的優點，從而取長補短。

猶太人認為只要具有一般的常識，那麼即使不能有各種專長的學問，也能夠應付各種各樣的人。因為即使自己不能很好地應付，自己總會提問，問話可使對方開口。如果自己面對的是醫生，自己對於醫學雖然毫不知曉，卻可以用間接的方法來將這個局面打開，從霍亂的症狀談到生冷食品，談到維生素，談到補品等等，如果沒有碰到什麼特殊的情況，可以沿著這個話題一直談下去；遇到教師則問他學校的情形，學生的素質等等。總之，猶太人認為，打開對方的話匣子最好的方法就是問話。

他們認為問話必須注意：要問對方知道的問題；問對方所內行的問題；在不能肯定對方是否能夠回答你的提問時，最好還是別問。

有些問題，如果得不到圓滿的答覆時，是可以繼續問下去，但有些卻不適合再問下去。一位成功的猶太商人曾經說過：「在社會交往中，如果我不能在任何一個人那裡學到一點東西，那就是我處世的失敗。」這話發人深省，因為虛懷若谷的人，往往是受人歡迎的。問話不僅把談話的局面打開，還可以增加學問。

另外問話也是一種謙虛的表現，同時也表示尊重對方。對於一件事情，有什麼不清楚的地方，不妨請教別人，切不可自作聰明，因為這樣只會使自己吃虧。一個坦白求教於人問題，最能博取別人的歡心。

在交際場合的問話，最要緊的是態度謙恭、語氣溫和。不可抱持任何成見，與其問「你很喜歡他嗎？」或「你很討厭他嗎？」，不如問「你對他的印象怎樣？」。

在社會與職場上，猶太人能夠發現別人的優點並且不斷學習，使自己的能力不斷得到提升，從而得到上司和同事的青睞，以便儘快融入主流社會中。

16 成功的法寶——自強不息

在長期的漂泊生涯中，猶太人歷經坎坷，遭受了前所未有的磨難，但他們從沒有向命運屈服，仍然頑強地保持著民族凝聚力，並且譜寫出一曲曲壯麗的讚歌，這正是這個民族自強不息的民族性格和旺盛的生命意識的最佳印證。

佛洛伊德是影響人類心理學研究最重要的人物之一，他被很多人誤解過。一方面他被當做偶像頂禮膜拜，一方面他又被斥為招搖過市的騙子，他的《夢的解析》剛出版時，幾乎無人問津，在八年的時間裡，《夢的解析》只賣六百本，前後只收到二百美元的稿費。在科學史上，這樣的事情是極為罕見的，而且在那段時間，他遭到很多人的惡意攻擊。有人將他的理論同瑜珈術、基督教義一視同仁，還有人將它同「巫術」相提並論。最令他氣憤的是，很多對心理學一竅不通的人也大肆攻擊他的理論。他說：「任何一個不懂物理學的人對愛因斯坦的相對論都不敢評價，但所有的男女老少對我的理論都敢大肆評論，不管他們是否懂心理學。」但佛洛伊德並沒有被擊倒，在孤立無援的境地中，他苦苦掙扎了近十年，又陸續發表了多部重要著作，最後他的學說終於震驚世界，改變人們對心理學的看法和理解。

世界連鎖店先驅盧賓，由於家境貧寒，很早就輟學，十六歲時隨淘金狂潮到了加州。他籌了一些錢，開了一家小雜貨店，在他兢兢業業的經營下，終於走上連鎖經營的發跡之路。猶太商人經商理財的代表是羅斯柴爾德，在發跡前，他在一個公爵的府邸做事，這工作一做就是二十年。二十年的時間，他盡忠職守做好自己的工作，但同時又要忍受著公爵對他猶太人身分的鄙視。由於他的不懈努力，最後終於成為控制歐洲經濟命脈的金融巨擘。

羅伯特・巴拉尼（Róbert Bárány）年幼時患了骨結核病，因為家庭貧窮，無錢醫治，由於沒有得到治療，他的膝關節永久性僵硬。在痛苦的思索之後，他立志學醫，經歷千難萬苦以後，最後獲得了諾貝爾生理學及醫學獎。「世界語之父」柴門霍夫，著名猶太詩人海因里希・海涅（Christian Johann Heinrich Heine）、文學家納丁・戈迪默（Nadine Gordimer）、影星達斯汀・霍夫曼（Dustin Lee Hoffman）、音樂家伊扎克・帕爾曼（Itzhak Perlman）等，都是生活中的強者，面對厄運，他們從不低頭，勇於挑戰，最終取得成功。可見，自強不息的精神是催人奮進和取得成功的法寶。

17 從失敗中吸取經驗

成功是在不斷的失敗和探索中發現的，一個真正的聰明人，善於從失敗中吸取經驗並且記取教訓。

猶太人認為，每個人都不可能避免失敗，在失敗面前，我們要保持頭腦的清醒。很多人已經喪失他們所有的一切，但他們並不覺得失敗，因為他們有一種不屈服的意志，他們不介意一時的成敗，失敗只會讓他們變得更加成熟。

保羅・道彌爾是美國著名企業家，他專門收購面臨危機的企業，這類企業在他的手中經過整頓，個個起死回生，財源廣進。

一九四八年，二十一歲的保羅・道彌爾離開祖國匈牙利，來到美國。當時，他一無所有，唯一的本錢就是一個強壯的身體。

在美國找一份工作勉強度日，並不是一件難事，但是志向遠大的道彌爾並不會僅僅滿足於此。在一年半的時間，他竟換了十五次工作。他之所以這樣做，並非朝秦暮楚，好高騖遠，而是為了對美國有一個更深的了解，儘快增長自己的能力，學會自己原本不會做的事情。最後，道彌爾在一個製造日用雜品的工廠正式開始工作了。他工作得極為賣力，同時還做了許多份外的事。老闆被他這種持之以恆、刻苦耐勞的精神所感動。

一天，老闆把道彌爾叫到辦公室，對他說：「還有很多事情等著我去處理，我想讓你管理這個工廠，你不會反對吧？」道彌爾聽後非常高興，他很自信地說：「當然不會反對，我想我會把它管理得很好，謝謝您對我的信任。」道彌爾做了工廠主管，每週薪資由三十美元升到了一百九十五美元。這個數字在當時來說是不少收入，但他追求的不是這個，他朝著一個更大的目標努力奮鬥。在這個小工廠固然能學到一些管理的經驗，但畢竟十分有限。

道彌爾認為，要想做一個企業家，不僅要學會管理工廠，還必須熟悉市場，了解顧客的心理和需求，企業一個最重要的部門是銷售部門，不懂銷售業務，就不能成為現代的企業家。因此，半年之後，他辭掉了這份工作，決定做推銷員。

他做推銷員之後，視野果然開闊了許多。他與各種顧客打交道的過程中，鍛煉了交際能力和技巧，豐富了銷售產品的經驗，學會了如何去洞察和分析顧客的心理，同時也對當地的風土人情有了更深的了解，這對一個來自外鄉的年輕人來說，無疑又積累了一大筆無形的財富。僅用兩年時間，道彌爾便用自己的心血和才智編織了一個龐大的銷售網，成為當地最富有的推銷員。正在這時，道彌爾做了一個驚人的決定，他高價買下了一家瀕臨破產的工藝品製造廠，同時擁有七十％的股份。也就是說，這家工廠成了他的控股企業，基本上可以按照自己的想法大膽進行整頓和改革了。

道彌爾首先從生產和銷售兩個環節實行整頓。他認為，生產方面要降低成本、提高效率、減少開支。他辭去一部分對工廠的前景失去信心的員工，而對留下的員工，則增加他們的工作量，提高他們的薪資。銷售方面，因為是工藝品，他改革推銷制度，提高產品價格，保持合理利潤；加強銷售服務，提高工廠信譽。

「為什麼喜歡買下一些快要倒閉的企業來經營呢？」有人這樣問道彌爾。

他的回答非常巧妙：「別人經營失敗了，接過來就容易找到它失敗的原因，只要找出造成失敗的因素和失誤的所在，並把它糾正過來，就能得到轉機，也就會重新賺錢。這比自己從頭幹起要省力得多。」因此，同行企業家稱保羅•道彌爾為企業界「神奇的巫師」。

猶太商人認為，事業上的失敗，主要是由於自己的原因造成的，首先改變你自己，才能改變這種狀況。

《塔木德》有一個寓言故事：狗家族中有一隻抱負很大的小狗，牠向整個家族宣布：牠要穿越大沙漠。所有的狗都跑來向牠祝賀，在一片歡呼聲中，這隻小狗帶著足夠的水和食物啟程了。三天後，噩耗傳來：小狗死在沙漠裡。為什麼這隻有理想的小狗死在沙漠裡？檢查水壺，裡面還有水；檢查食物，還有很多。經過分析得出結論：小狗是被尿憋死的。原因很簡單，因為小狗有一個習慣，一定要在樹幹旁撒尿。大沙漠哪有樹呀？可憐的小狗憋了三天尿，最後活活被尿給憋死了。

這個故事告訴我們，習慣影響命運。一個人的生活習慣、行為方式是多年養成的，要想改變是很困難的，但是如果能夠學會改變，那麼就不會落到一敗塗地的境地。

18 對失敗抱持正確健康的態度

猶太人強調每一件東西都有用處，事物的好壞在於人們對於這個事物的發掘、轉換、變化。好東西並不絕對好，它必定也有一些缺陷；壞東西也並非絕對壞，它總有自身的特殊用途。

一則猶太寓言正說明這個道理：

有一天，天氣炎熱，一位農夫彎著腰，在院子裡鋤草。他累得滿頭大汗，汗珠不停地從臉頰上流下來。

農夫禁不住抱怨起來：「討厭的雜草！如果沒有它們，我的院子一定很漂亮，神為什麼要造這些可惡的雜草來影響院子的美麗呢？」

有一株被拔起的小草正躺在院子裡，它很平靜地對農夫說：「你認為我們可惡，也許你根本就沒有想過，我們的作用是非常大的。現在，讓我來跟你說一說吧。我們將根伸進泥土中，等於是在耕耘泥土，當你把我們拔掉時，泥土已經是耕過的了；此外，在下雨的時候，我們能夠防止泥土被雨水沖掉；在乾涸的時候，我們能阻止強風吹起沙塵；我們是替你守衛院子的衛兵，要是沒有我們，你根本就不可能享受種花、賞花的樂趣，因為狂風會吹散泥土，雨水會沖走泥土，所以希望你在看到花兒盛開之餘，能夠想起我們給你帶來的好處。」

聽完這些話，農夫不禁對這些小草產生了敬佩之情。從此以後，他再也不會瞧不起任何東西了。

人也是這樣，有堅強的一面，也有脆弱的一面。可是，在人脆弱的一面當中，也往往包含著許多有用的因素。逆境和順境、失敗和勝利也都如此。每個人都能有作為，關鍵在於自己是否努力了。

在猶太社會中，猶太人不但紀念勝利的日子，同時也紀念敗北屈辱的日子。或許有人對猶太人的這種做法感到不可理解，甚至還會嘲笑他們，但是幾乎所有的猶太人都相信一點：只要記住失敗的那一天，就會產生強大的力量。

猶太人認為，遭受的苦難越深，敗北的次數越多，就會變得越堅強。逾越節吃苦菜和未發酵的麵包就是為了體驗當時的苦難。

每個人的發展並不是都一帆風順的，有成功，也有失敗。猶太人普遍對失敗抱持一種容忍的、接受的態度。猶太人認為，如果一個人忘掉了失敗的苦澀，而只沉湎於成功的甜美時，那麼終有一天他會再次嘗到失敗的苦果。因為成功會讓人產生驕傲自滿的情緒，使人鬆懈；而失敗卻能夠催人不斷奮進。回味失敗能夠從中吸取經驗並且記取教訓，使自己走向成功；捨棄失敗即捨棄成功。

在猶太人看來，失敗並不可怕，只要能夠自強不息，失敗將是一次難得的契機。

猶太人面對失敗、挫折，確立忍耐致勝的法則是：

對失敗抱持正確健康的態度，不要害怕失敗，要懂得只有經歷失敗才能獲得成功。不要老是盯著過錯與失敗！應該將眼光放遠，對準遠大的目標，活用自己的過錯或失敗。當遭受失敗時，一定不要灰心喪氣，要堅韌不拔，矢志不移。發現此路不通時，要想辦法尋求別的出路，使自己順應環境，適應潮流。要善於伺機，巧於借勢，等待機遇。

19 不斷奮鬥才能獲得成功

猶太人認為，適者生存、優勝劣敗是自然法則。為了能在這個社會立足，就要競爭，自己和別人競爭，同時也是在和自己競爭，一個人雖然能夠掌控自己，卻沒有辦法掌控時間，因此，時間只屬於不斷奔跑的人。所以，他們為了生活忙碌著，為了自己心中的目標，一步一步地向前邁進。如果停止奔跑，就會落在別人後面，更可能會因此喪失前進的鬥志，最終將被社會拋棄。

有這樣一個故事：

荷蘭的漁民出海去捕捉沙丁魚，他們將魚捕到之後，放入魚槽運回碼頭。如果魚沒有死的話，就能賣個很高的價錢。但是，在一般情況下，沙丁魚在沒有運到港口時就死了。於是，漁民們為了能讓魚活著回海港，想盡了各種辦法。

可是，除了一艘漁船之外，其他漁船都沒有取得任何成效，沙丁魚到達港口前還是死掉了。而那艘漁船的船長卻一直不願意將這個祕密公開，直到他死了以後，人們到他的魚槽去參觀，才發現其中的祕密：魚槽裡不過是多放了一條鯰魚而已。

為什麼將鯰魚放進沙丁魚槽中，就能讓沙丁魚活下去呢？原來，鯰魚放進魚槽內，由於環境陌生，便不安地四處游動，處處挑起摩擦，沙丁魚發現自己的領地來了一個陌生的傢伙，自然就緊張起來，於是便不停地游動。這樣一來，沙丁魚就一條條活蹦亂跳地被運到港口。

這就是「鯰魚效應」。它告訴人們，要想使生命頑強地保持下去，只有不停游動。要想在競爭中立於不敗之地，只有不停奮鬥。

有位記者問一位著名的登山家：「你已經是登山界當中最成功的一位了，為何還要去登那座無人敢登的山？」

「因為山就在那兒。」那位著名的登山家答道。

的確，生命的意義就在於不停奔跑，就在於向更高的山峰挑戰。只有不斷探索，不停奮鬥的人才能為自己贏得主動，才會在事業中有所作為。如果安於一時的快活或沉醉於一時的安樂而不思進取，最終會落後於別人，一無所獲。

在歷史上，猶太人受盡了歧視和迫害，儘管如此，但他們從來不消極悲觀，而是積極進取，不停奮鬥。他們的時間觀念非常強，認為消沉和坐以待斃是最愚蠢的做法，只會白白浪費時間，使可能的財富和機會輕易流失。

經常運動的人會有這樣的經歷：在長距離越野賽中，如果停在半途，休息一下再起跑的話，就會感到渾身無力，如果你堅持往前跑，面對越來越近的目標，就會渾身充滿力量。人就是這樣，只有不斷拚博、不斷奮鬥努力，才能獲得成功。

20 信心能讓自己成功

一個人只要有自信，他就能成為自己所希望成為的那種人，一個人要永遠保持自信心！《塔木德》說：「相信自己，便會攻無不克，不能每日超越一個恐懼，便從未學得生命的第一課。」

在猶太商人看來，自信心是對自己的一種肯定，是自身的一種信念。自信使他人尊重並且信任你，如果連自己都不信任的人，又怎麼能指望別人去信任他呢？

在猶太商人看來，在遭到挫折打擊時，如果你認為自己仍屹立不倒，那你就真的屹立未倒；如果你認為自己被打倒了，那麼你就會真的被打倒；如果你想贏，但又認為自己沒有實力，那你一定不會贏；如果你認為自己會失敗，那你一定會失敗；如果你自慚形穢，那你就不會成為一個強者——不論在什麼情況下，你都要相信自己，依靠自己，挖掘自己，發揮自己，只有你才是自己的主宰。

猶太人伊莎貝拉看到房產銷售的情勢大好，決定代理銷售活動房屋。當時不少人勸她不要去做，說她不可能做得好。當時她所有的積蓄只有三萬美元，而別人告訴她最低的資本投資額必須是她積蓄的許多倍。

「現在的競爭非常激烈，你能應付得了嗎？再說，你在銷售活動房屋方面又有多少經驗，更別提業務管理了。」她的朋友這樣忠告她。

伊莎貝拉女士對自己充滿信心。她承認競爭十分激烈，自己確實缺少資金，而且經驗也不足。「但是，我收集了很多資料，上面顯示活動房屋這個行業正在擴展，我對我可能遇到的競爭進行了徹底的研究。我知道自己在銷售方面可以做得比鎮上任何人都好。我也預料到會犯一些錯誤，但我相信自己可以很快超過別人。」

於是，她行動了。她堅定不移的信心贏得了兩位投資者的信任，也使她得到了幾乎不可能的優惠——一家活動房屋製造商答應，在不需要現金的條件下，將一些很少量的存貨供應給她銷售。就這樣，伊莎貝拉取得巨大的成功。當年，她賣出超過一百萬美元的活動房屋。正因為她對自己充滿了信心，所以才能夠取得這些成就。

可見，一切勝利皆始於個人求勝的意志和信心。一個人只要有自信，那麼他就能成為他希望成為的那種人。在日常生活中，強者不一定是勝利者，但是，勝利者都屬於有信心的人。一個人要永遠保持成功的自信！在每做一件事前告訴自己：這一次一定會成功！信心將隨著你每一次目標的實現而增長。隨著信心的增長，你會把目標設置得更高，並通過努力，獲得更大的成功。

21 只有百分之百才算合格

水溫升到九十九℃，還不是開水，其價值有限；若再添一把火，在九十九℃的基礎上再升高一℃，就會使水沸騰，並產生大量水蒸氣來開動機器，從而獲得巨大的經濟效益。

一百件事情，如果九十九件事情做好了，一件事情未做好，而這一件事有可能對某一單位、某個人就是百分之百的影響。

我們工作中出現的問題，的確只是一些細節或小事上做得不完全到位，而恰恰是這些細節的不到位，而造成較大的影響。對很多事情來說，執行上的一點點差距，往往會導致結果上出現很大的差別。

從手中忽略一％的不合格，到客戶眼裡就是百分之百的不合格。

國內某房地產公司的老總曾回憶說：「一九八七年，一個與我們公司合作的外資公司猶太人工程師，為了拍攝專案的全景，本來在樓上就可以拍到，但他硬是徒步走了兩公里爬到一座山上，連周圍的景觀都拍得很到位。當時我問他為什麼要這麼做，他只回答了一句：『回去董事會成員會向我提問，我要把這整個專案的情況告訴他們才算完成任務，不然就是工作沒做到位。』」

這位猶太工程師的回答是：「我要做的事情，不會讓任何人操心。任何事情，只有做到百分之一百才是合格，九十九分都是不合格。六十分就是次品、半次品。」

因此，要想把事情做到最好，領導者心目中必須有一個很高的標準，不能是一般的標準。在決定事情之前，要進行周密的調查，廣泛徵求意見，盡量把可能發生的情況考慮進去，以盡可能避免出現一%的漏洞，直至達到預期效果。

生命中的大事皆由小事累積而成，沒有小事的累積，反而成就不了大事。人們只有了解了這一點，才會開始關注那些以往認為無關緊要的小事，開始培養自己做事一絲不苟的美德，力爭成為深具影響力的人。

做事一絲不苟，意味著對待小事和對待大事一樣謹慎。生命中的許多小事都蘊含著令人不容忽視的道理，那種認為小事可以被忽略、置之不理的想法，正是我們做事不能善始善終的根源，它不僅使工作不完美，而且也會使生活受到干擾。

每位老闆都知道一絲不苟的美德是多麼難得，不良的工作風氣總會在公司蔓延，要想找到願意為工作盡心盡力、一絲不苟的員工，是很困難的一件事，因為無論大事、小事都盡心盡力、善始善終的員工畢竟十分少見。

一位猶太父親這樣告誡他的每個孩子：

「無論未來從事何種工作，一定要全力以赴、一絲不苟。能做到這一點，就不用為自己的前途操心。世界上到處都有散漫粗心的人，只有那些善始善終者是供不應求的。」

在商場上的許多老闆，他們多年來費盡心機在尋找能夠勝任工作的人。這些老闆所從事的業務並不需要出眾的技巧，而是需要謹慎、盡職的工作者。

猶太人認為，一些人無法培養一絲不苟的工作風格的原因就在於貪圖享受，好逸惡勞，背棄了對待工作應盡忠職守的原則。

一個人成功與否，在於他是不是做什麼都力求做到最好。成功的猶太人無論從事什麼工作，都不會輕率疏忽。因此，在工作中你應該以最高的規格要求自己。能做到最好，就必須做到最好；能完成百分之一百，就決不只做九十九％。只要你把工作做得比別人完美、更快、更準確、更專注，動用你的全部智慧，就能引起他人的關注，進而實現你心中的願望。

22 超越自我

超越別人，不能算是真正的超越；超越從前的自己，才是真正的超越。在猶太人看來，人有兩個生命，一是父母給的，二是自己賦於自己生命的實質價值。賦於自己生命的實質價值，必須依靠創造力。而舊有習性卻束縛創造力。因此，只有超越這種舊習性才能獲得創造力。

猶太人有一則故事教導人們要去超越自己。

有一對父子都是拉比。父親性格溫和，考慮周到；而兒子卻自負、傲慢，一無所長。

有一天，兒子向父親抱怨這件事。

父親耐心聽完兒子的抱怨之後說：「親愛的孩子，作為拉比，你我之間的差別在於：當有人遇到不懂的問題向我請教時，我能夠耐心講解給他聽。他的問題和我的回答，我們都很滿意；但是你呢，有人問你問題時，雙方都不滿意；提問人不滿意，因為你說他的問題不是問題；你不滿意，是因為你給不了他答案。所以，怪別人沒有用，你自己必須放下架子。」

「您是說我必須超越自己？」

「是的，」父親回答，「真正超越自我的人，才會有所收穫。」

超越自己的思想已經深深地刻印在猶太人的大腦中，所以，猶太民族成為最勤奮的民族。道理很簡單，如果勤勞自勉，藉以超越自己，那麼總有一天你就會自然而然地超越別人。人一定要把握住自己的內在動力。超越自己，才會有不斷前進的動力。

如果想超越自我，就要打破常規，敢於向新的領域邁進，具有冒險精神，正如猶太科學家愛因斯坦所說：「人只有經常思考新事物，才能保持頭腦的靈活。」

猶太人認為，超越自己的事情一天都不能放鬆，盡量學一些不同的事物，將它們組合起來，才會產生新的洞察力和智慧，這些不同的事物相互影響之後，往往會有許多新的創見。人有無窮無盡的創造力，只是有些人經由堅持不懈的學習，把它發揮了出來，更多的人則因為懈怠而讓這種才能荒廢掉。

著名的梅西百貨公司創始人，施特勞斯是一九三〇年代全美首屈一指的猶太富豪。他生於德國一個貧困家庭，移居北美後，由於貧苦，他不得不在讀完國中一年級之後就輟學，到雜貨店去打工。雖然他沒有讀過多少書，但深受猶太人傳統教育的影響，他決心經過努力為自己開創一番事業，並為此奮鬥不息。

他十四歲，便白天在雜貨店幹活，晚上自修功課。他聰明勤奮，做事也很認真，因此深受老闆的賞識。他從勤雜工轉為記帳員，又升為售貨員，再到售貨經理，直至最後當上了公司的經理。收入有了很大的提升。但他並不滿足、鬆懈。接著，他拿出自己的積蓄開設了一家小百貨店，取名為梅西百貨公司。由於他的努力以及廣泛的供銷管道，梅西公司的發展十分迅速，僅僅幾年的時間，便成為一家中型的百貨公司，而且有了一定的名氣。

但他仍不滿足於既有的成績，決心將梅西百貨辦成全美乃至全世界一流的百貨公司。於是，他開始著手對市場進行調查，經過一段時間的努力，他得出在北美這樣的買方市場上應該執行以顧客為中心的論斷。一方面，他要求公司的銷售人員詳細了解公司的商品，真誠為顧客服務，讓顧客能夠滿意而歸；一方面推出了「有獎銷售」、「給消費者贈品」、「產品當場演示」、「新產品使用者試用」、「時裝表演」等多種促銷手段。

施特勞斯的舉措促使梅西百貨公司的高度發展，使它的實力大增。在當時，梅西公司的業績和信譽遠遠領先於其他的百貨公司。正是在這種不斷進取的三十多年經營，梅西百貨公司由小變大，最終成了世界一流的百貨公司。施特勞斯的人生經歷告訴人們，要不斷超越自我，不斷讓自己在新的生活和環境中去迎接挑戰，才能保持生命不滅的創造力，才能最大限度發掘自己的潛力。

第四章

猶太人的處世思維

最好的CEO是構建他們的團隊來達成夢想，即便是麥可.喬丹也需要隊友來一起打比賽。

——查爾斯・李

01 善於合作共事

猶太人重視人與人的聯繫，建立了誠信度很高的商業網。如果有哪個朋友在某個領域非常活躍，大家都會積極地給他提供幫助。一個家族會團結在一起賺錢，用賺到的錢去支持有才能的人，將他培養成自己的領袖。如果用足球來打比方，可以說猶太民族是一個為球場上的球員建立了完整的贊助集團網路的民族。

有一個猶太教師給他的學生出了一道智力測試題。他將六個乒乓球放進一個罐頭瓶裡，每個球用細繩系著，要求在最短的時間裡，取出瓶裡所有的球。幾個小組的同學，每個人都想第一個取出瓶裡的球，結果球都堵在了瓶口，一個也出不去。只有一個小組成功做到了，他們採用的辦法是六個人形成一種配合，讓球依次從瓶口出來。這道測試題考的就是團隊有無相互協作精神，就是我們常說的團隊精神。這位猶太教師想通過這道題讓學生認識到團結協作精神的重要性。

猶太人也許是世界上最富於集體精神和團結合作精神的民族。《塔木德》是猶太民族偉大的巨著，對世界具有深遠影響。它由很多人共同完成，凝聚著集體智慧的結晶。俗話說，「三個臭皮匠，頂個諸葛亮」，猶太人的合作往往是很多人結合在一起的大合作，這就使人不得不對這種集體精神大加推崇。而猶太人超凡智慧的原因之一，恐怕與此不無關係。

也許是有相同命運的緣故吧，許多猶太人往往局限於一個很小的朋友圈子中或猶太同胞中。雖然這種圈子有時受到局限，但仍使許多著名的猶太人彼此頗為熟識，成為學術上的知己或對手，促進相互間的競爭與交流，同時促進了共同發展。這或許又是猶太民族不斷出現人才的一個重要原因吧。

卡爾・馬克思（Karl Marx）、羅莎・盧森堡（Rosa Luxemburg）、斐迪南・拉薩爾（Ferdinand Lassalle）、李奧納德・伯恩斯坦（Leonard Bernstein）都具有猶太血統，他們之間保持著長久的合作與鬥爭，促進了國際共產主義運動的發展。

李奧・西拉德（Leó Szilárd）、愛因斯坦、羅伯特・歐本海默（J. Robert Oppenheimer）、特勒也曾是要好的朋友，正是這四個人的共同努力，才製造出了世界上的原子彈和氫彈。此外，弗蘭克、愛因斯坦、尼爾斯・玻爾（Niels Bohr）、赫茲（Heinrich Rudolf Hertz）一度是最好的朋友和論敵，他們取得的傑出成就推動了整個人類科學的進步。

被譽為「符號學大師」的恩斯特・卡西勒（Ernst Cassirer）是西方學術界的哲學泰斗，其成功和他的老師——另一個猶太哲學家柯亨的影響是分不開的。

著名猶太文學大師史蒂芬・茨威格（Stefan Zweig）是佛洛伊德很要好的朋友，在他的作品中可以看出佛洛伊德的影子來。

在經濟界，猶太大亨的這種傾向就更明顯了，他們的生意夥伴一般都在猶太人中間選擇。戴維・薩爾諾夫（David Sarnoff）、凱瑟琳・葛蘭姆（Katharine Meyer Graham）、漢斯・邁耶（Hans Emil「Hannes」Meyer）、威廉・佩利（William Samuel Paley）等曾是最要好的朋友和生意對手，相互在競爭和友誼中發財。

美國好萊塢的巨頭戈德溫、米高梅公司（Metro-Goldwyn-Mayer Studios Inc.）、派拉蒙影業公司（Paramount Pictures Corporation）等五大電影公司，壟斷了整個美國好萊塢，它們都是猶太人的公司。

由此我們可以看出，猶太民族是一個善於合作的民族，他們善於用團結合作來發展自己的事業，這也許是他們雖歷經艱難卻永不消失的原因吧！

02 生存的法寶——團結互助

猶太人歷經殺戮、驅逐、侮辱，被迫離開自己的家園，四處漂泊。他們之所以能在生活的惡風險浪中倖存，並且更繁榮興旺，這與他們樂於助人的觀念是分不開的。可以說，這種觀念是猶太人生存的一個重要的法寶。猶太民族助人助己的觀念是根深蒂固的。

他們認為，富人有提供幫助的責任，窮人有獲得幫助的權利。在長期流亡的艱苦歲月裡，猶太富人往往自發性替窮人掏腰包。在猶太社會裡，救濟窮人成為一種習慣，哪怕是家無三餐的窮苦猶太人，也都留有一個裝錢的小盒子，準備施捨給更窮的人家。

猶太社團裡必定會有慈善機構，這些慈善機構都是靠富裕的猶太人捐助來維持的。在每週不同的日子裡，窮苦的猶太學生分別到不同的猶太人家裡吃飯，這種做法的目的是使這些學生能夠更安心讀書。

猶太人之間的相互幫助是發自內心的，他們發自內心喜愛自己的同胞，從內心深處幫助自己的同胞。有位猶太拉比說：「要想測知你是否真心敬愛神，只要看你是否愛你的朋友就知道了。」

古代猶太人在神廟中有若干個小房間，稱之為「禁聲室」或「靜室」。猶太人把他們為窮人準備的東西祕密放在裡面，窮人們來到這裡就祕密得到幫助，讓接受者不知道是誰給的，而給予者也不知道施恩於誰。

在施捨時，猶太人很注重並且允許窮困者在接受幫助時得以保持尊嚴。時至今日，世界各地的猶太人所作的捐贈中，還有許多猶太的法律規定的烙印——在收穫季節掉在地上的幾堆玉米或幾捆小麥屬於窮人，而長在地邊的莊稼也屬於窮人的。富人要留下一定量的莊稼、橄欖或是葡萄讓窮人來拿。互相幫助成為他們的生存法則和歷久不衰的民族意識。

猶太人之間的這種團結和幫助，讓其他民族非常嫉妒。有人對此感到不可理解，問猶太人為什麼要這樣相互幫助，猶太人回答：「我們不相互幫助，難道還要等別人幫助我們嗎？」正是依靠這種團結互助，猶太人在歷經被追殺、迫害、侮辱之後，依然能生存下來，並且更加繁盛。

03 化敵為友

在猶太人心中，人類都是同一個祖先繁衍下來的，是同源同根；也就是人的存在是世界性的，即四海之內皆兄弟。因此猶太人認為每個人都應該學會去愛別人。

在歷史上，雖然猶太人歷經坎坷，遭受前所未有的磨難，但是，一旦猶太人有能力主宰異族命運的時候，他們絕不會用殘酷的手段迫害或侮辱其他民族。相反地，他們能夠以平常心對待其他人，甚至用愛心去幫助他們。

為此，猶太格言道：「最強大的人是誰？化敵為友的人。」

猶太人認為，最好的待人之道就是諒解和接受曾經傷害過你的人，因為只有這樣你才能得到希望中的回報。為此猶太拉比高度讚美那些「受到侮辱卻不侮辱人，聽到誹謗卻不反擊」的人。

在《塔木德》有一則約瑟夫接納哥哥的故事，被猶太人視為為人處世的典範。

雅各的兒子約瑟夫受到兄長的排擠，在小時侯被兄長賣到埃及為奴，後來約瑟夫做了埃及的宰相。

有一年約瑟夫的家鄉發生了饑荒，他的哥哥們一路逃到埃及。當約瑟夫發現自己的哥哥們時，就走上前說：「你們認識我嗎，我是你們的弟弟約瑟夫，父親還好嗎？」

哥哥們看到約瑟夫之後，驚得說不出一句話。

約瑟夫又對哥哥們說：「請你們走近些。」

當哥哥們走近時，約瑟夫說：「你們不要驚訝，我的確是你們的弟弟約瑟夫。」

當兄長們確認了站在他們面前的這個人就是約瑟夫，嚇得腿都軟了。

這時幾位兄長聽到約瑟夫說：「現在，你們不要因為把我賣到這裡而自責，這是上帝為了救我的命才送我到這裡來的。老家發生饑荒已經兩年了，你們將無法繼續生存下去，土地上收不到一粒糧食。上帝把我早些送來，是為了讓你們繼續存活，以特殊的方式讓我們都生存下去。所以不是你們而是上帝把我送到這兒來的。」

約瑟夫將自己少年的苦難說成是上帝拯救自己的行為，開脫了哥哥們的自責心理，其實這是一種寬以待人、化敵為友的處世之道。他這種處世哲學是千百年來猶太人傑出的生存智慧：充滿愛心並且真誠愛護每一個人。所以猶太人對待敵人能用愛心去寬恕，對待朋友能用真誠去回報。這恰是猶太民族的偉大和高尚之處。

04 強弱不是絕對的

猶太人認為人是弱小的，認為人會犯錯、犯「罪」。猶太教有一個重大節日——「贖罪日」，這個節日在本質上是猶太人承認人性脆弱的一種體現。在這天，猶太人都要絕食，終日祈禱懺悔，但是同時猶太人認為社會上沒有絕對的弱者，強調弱者也有自己的優勢。

一隻野鹿掉隊了，牠漫無目的地在草原上走著。一隻老虎發現了這隻野鹿，牠已經餓了一天，於是躲在草叢掩護，慢慢地向野鹿逼近。野鹿一點也沒有察覺，突然，老虎像子彈般地躥出去，衝向那隻野鹿，野鹿這才知危險已經到來，以極快的速度躲開老虎的攻擊。

老虎撲空之後，轉身再度撲來，野鹿為了活命，拔腿狂奔，很快地，野鹿發現了一處灌木叢，於是便躲了進去。在灌木叢裡追逐獵物可不是老虎所擅長的，老虎在外面搜尋了一會兒，低吼幾聲，蹣跚走回原來的土丘。

眾所周知，老虎是草原上的強者，很多動物都不能與之抗衡。有些動物，一看到老虎就渾身發軟，嚇得連跑得力氣都沒有了。但是，有時候老虎也會抓不到野鹿！和老虎比起來，野鹿是弱者；除了野鹿以外，草原上還有許多弱者，但這些弱者至今仍然存在著，可見在動物的世界裡，強者和弱者並不是絕對的，這是一種生態平衡。

在人的世界裡，也沒有絕對的弱者。在考場上，分數高的便是強者；在田徑場上，跑得快的便是強者！可是，考場上的強者不一定是田徑場上的強者，田徑場上的強者也不一定是商場上的強者！

在人性叢林裡，如果知道自己何以為弱，何以為強，別人何以為弱，何以為強，積極以自己的強項去面對他人的弱項，並巧妙避免以自己的弱項去面對他人的強項時，那麼你就不是絕對的「弱者」了。

05 把幫助別人當成習慣

成功者會把幫助別人當做一種習慣。因為，他善於幫助別人，樂於幫助別人，習慣幫助別人，一旦他有需求的時候，別人也會主動來幫助他。

猶太人認為，熱情幫助別人能夠為你贏得友誼。

喬伊絲在美國的律師事務所剛開業時，連買一台影印機的錢都沒有。移民潮一波接一波湧進美國時，她接了很多移民的案子，經常在半夜時被喚到移民局的拘留所領人。她開著一輛破舊的車，在小鎮間奔波。經過多年的努力，她的事業得到了很大的發展，業務擴大了，處處受到禮遇。

天有不測風雲，一念之差，喬伊絲將資產投資股票幾乎虧盡——更不巧的是，歲末年初，移民法又再次修改，職業移民名額削減，頓時門庭冷落，律師事務所幾乎快要關門了。

正在此時，喬伊絲收到了一封信，是一家公司的總裁寫給她的，信裡提到：願意將公司三十%的股權轉讓給她，並聘她為公司和另外兩家分公司的終身法人代理人。看完信之後，她又驚又喜，不敢相信這是真的。

喬伊絲帶著疑惑找上門去。

總裁是一位四十歲左右的波蘭裔中年人，見到她後，笑著問道：「還記得我嗎？」

喬伊絲搖搖頭，總裁微微一笑，從辦公桌的大抽屜裡拿出一張很皺的五美元匯票，上面夾的名片印著喬伊絲律師的電話及地址。對於這件事，她實在想不起來了。

總裁看了看她，緩緩說道：「十年前，在移民局，我在排隊辦理工卡，當時人很多，也很擁擠和吵鬧。當輪到我的時候，移民局已經快關門了。當時，我不知道申請工卡的費用漲了五美元，移民局不收個人支票，我身上沒帶錢，如果我再拿不到工卡，雇主就不能雇用我了。就在這個緊急關頭，妳從身後遞了五美元上來，我要妳把地址留下，以後好還錢給妳，妳就給了我這張名片。」

喬伊絲慢慢想起了這件事，但是仍半信半疑地問：「後來呢？」

總裁繼續道：「後來我在這家公司工作，很快地就發明了兩個專利。我到公司上班後的第一天就想把這張匯票寄出，但是，我一直沒這麼做。我一個人來到美國闖天下，經歷了許多磨難。這五美元改變了我對人生的態度，所以，這張匯票是不能這麼隨隨便便就寄出去的……」

喬伊絲作夢也沒有想到，多年前的小小善舉竟然獲得了這樣的回報，僅僅五美元就把兩個人的命運改變了。

積極去幫助別人吧！熱情能使你的人格更具魅力，助人一定會得到好的回報。敞開心扉，走出狹隘的自我，在幫助別人的過程中，其實自己也很快樂。

06 坦率直爽的處世之道

成功的猶太人都是很直率的，他們認為在生活、工作中，只有坦率直爽，才能把一件事情做好。

傑出的猶太商人都會要求員工在工作中有自己的建議和不同見解，並且能夠把這種建議和見解講出來，而不要指望上司和同事們揣摩員工的想法。如果遇到什麼困難，也應該及時向主管提出來，不然受累的還是自己，任務不完成一樣會受到批評。

在生活中，猶太人會主動把自己的喜怒哀樂向周圍熟悉的人訴說，以藉此尋求解脫，這樣很容易得到理解與幫助。善於釋放內心壓力的人，心理承受壓力的能力也會很強。「忍辱負重」不是猶太人的文化。

有位猶太人在當實習醫生時，主治醫生對她的態度非常惡劣，她主動向該主治醫生講出自己的感受，此後這位主治醫生改變了他的態度，彼此間建立了互相尊重的關係。其實很多時候人們不能和諧相處的原因只是個性差異或缺乏溝通，如果及時公開表達出來，往往可以化解前嫌。猶太人不會背地裡論人長短或打擊報復別人，他們只會坦率直爽地說出自己的感受。

猶太人認為，坦率直爽的另一方面，是需要學會說「不」。他們遇到勉為其難或無法辦到的事，就會拒絕，而不會有求必應。反之，如果遭到對方拒絕，也不會對那個人產生怨恨之心，因為他能夠考慮到別人的難處。這樣雙方才不至於違心行事或弄得不愉快，並可以協商其他取代辦法，做到兩相情願而且兩全其美。

猶太人在很小的時候就被教導為人要直率坦誠，在這種環境下成長的猶太人，也就養成直率坦誠的性格。但猶太人的直言不諱卻不是魯莽粗暴，更不會蠻橫無理。猶太人非常講究說話的技巧，哪怕是在話不投機的情況下，他們也會做到表情溫和、語調委婉、禮貌待人，而不會向別人發脾氣。

在文化觀念上，求同存異是非常必要的。猶太民族的言論非常自由，他們喜歡把自己的看法說出來或與人辯論，但最終目的並不是要說服別人或被別人說服。

猶太人有很多能言善辯之士，但他們辯論的目的只是想把自己的想法表露出來，並不是想著非要別人接受自己的觀點。只要抒發了自己心中的感慨，他們就得到滿足。對於不同觀念，他們雖不輕易贊同，卻也不忘讚揚對方敢於發表意見。無論是文化、習俗還是政治、宗教，談歸談，聽歸聽，他們絕不會將自己的觀點強加在別人頭上。

猶太人認為求同存異的原則，同樣適用於親友往來，更有助於將自己的交際圈擴大。他們認為要做到求同存異，「尊重」是基礎，還需要有耐心，有一顆寬容包涵的心。這樣在說明自己的觀點時可以表達流暢，又能從他人不同的見解不斷學習新的東西。

07 微笑是無價之寶

《塔木德》說：「微笑是無價之寶。」的確，微笑能增進人與人之間的友誼。一個以微笑面對別人的人，相信會有很多人喜歡與他交往，也願意同他做朋友。

很多人認為，微笑著面對每一個人是件很困難的事，實際並非如此。只要你平時多對自己說：「我想做一個快樂的人，我喜歡微笑。」你肯定能做到這一點。每天睡覺前，你不妨學一學旅館大王康拉德・尼科爾森・希爾頓（Conrad Nicholson Hilton），問自己：「你今天微笑了嗎？」

希爾頓的父親因車禍去世，一家生活的重擔全落到他的肩上，他想當一名銀行家，決心去德克薩斯州實現這個夢想。他想買一家銀行，當時希爾頓只有五千美元，但是銀行經理出的價錢是七・五萬美元，比他現有的資金高出十幾倍，甚至在兩天後，不守信用的銀行經理竟把價格提高到八萬美元。希爾頓非常氣憤，他找到一家叫「Mobley」的旅館休息，但是旅館裡已經住滿了客人，他看見櫃檯前站著一個愁眉不展的人，趕忙走過去，問道：「你是這家旅館的主人嗎？為何這樣不開心啊？」

「沒錯，我是這家旅館的老闆。有這樣一個旅館，我怎麼開心得起來啊，我早就想扔掉這見鬼的旅館了。」店主有氣無力地說道。

希爾頓靈機一動，微笑地說：「老兄，祝賀你，你已經找到買主了。」

希爾頓最終以四萬美元買下這家旅館，而他自己只有五千美元，其餘的錢全是借的。經過幾年的用心經營，希爾頓的事業向前邁進一大步。

有一次，他高興地把自己的成績彙報給母親，母親的反應卻令希爾頓吃了一驚，她冷冷地說道：「我看你與以前差不多，並沒有太大的改變，只不過你把領帶弄髒了而已。實際上你必須尋找一種更值錢的東西，除了真誠對待顧客之外，你還應該想辦法讓每個住進飯店的人還想再來住。你要想一種簡單又不花費本錢的方法來吸引顧客，這樣你的旅館才會不斷向前發展。」

聽完母親的這番忠告，希爾頓思索了很久，他想起當初購買「Mobley」旅館時的情景，店主在顧客面前總是表現出一副愁眉苦臉的樣子，這對他的啟發很大，他終於想出一種不花費任何本錢，卻特別有效的辦法，那就是「微笑」。

希爾頓要求員工熱情招待顧客，即使工作再累，心情再不好，也要微笑著面對每一個客人，因為旅客永遠是上帝。

希爾頓的經營策略大獲成功，他的事業不斷發展，最終建立了「希爾頓帝國」。即使在一九三〇年代經濟危機時期，許多旅館紛紛倒閉，但希爾頓的旅館卻依然能夠生存下來，這不能不說是個奇蹟。無論希爾頓的旅館遭遇什麼樣的困難，旅館裡的員工總是對每一個顧客保持著微笑。

08 學會讚揚他人

傑出的猶太人總是能夠做到善解人意和寬恕他人，他們都具有高深的修養和自制力，並樂於讚揚他人。因此，他們能夠交到更多的朋友，使自己的事業不斷發展。

在現實生活中，很多人都喜歡抱怨、責怪他人，這樣只會讓彼此之間的關係更惡化，很多時候，尖銳的批評和攻擊，不但沒有效果，反而會引起負面的影響。

有些人似乎養成一種不好的習慣，動不動就指責或批評別人。一旦問題出現了，他們首先想到的就是怎麼批評別人。結果不只傷害他人，或是被人擋了回來，弄得自己反遭他人傷害。其實，對別人多一些了解，盡量站在別人的立場去思考問題，這比指責批評要好得多，這樣不但不會傷害別人，對自己也沒什麼壞處，而且讓人心生同情、忍耐和仁慈。

別忘了一點，在人際交往裡我們所接觸的是人，他們都希望得到別人的讚賞。給他人以歡樂，是合情合理的一種美德。在你每天的生活之中，別忘了多讚美別人。

猶太人巴密娜•鄧安負責監督一名清潔工的工作，這位清潔工做得很不好，很多員工經常嘲笑他，還故意把各種垃圾扔到走廊裡，表明他的工作沒有做好。這對於他的心理造成很大的壓力，他實在沒有信心做好工作。

巴密娜試過各種方法讓這名清潔工把工作做好，但都沒有成功。不過她發現這名清潔工有時也能把一個地方掃得很乾淨，於是她就抓住時機在眾人面前大加讚揚。這種做法很有成效，這名清潔工的工作有了進步，不久之後因工作做得很好，也贏得別人的一致讚揚。

巴密娜找到激勵人的最好方式，她也試著讚揚和鼓勵其他人，也獲得非常好的效果。她真正體會到批評和恥笑往往把事情弄得更糟，而真誠的讚揚可以收到最佳效果。

戴倫是個很懂得運用讚美方式與人交往的人。有一回，在公司的會議上，有一個同事提了一個報告，他的報告平凡無奇，現場沒得到任何掌聲，散會後，戴倫和這位同事在廁所相遇，他對那位同事說：「你剛才的報告很好，簡單扼要，我很欣賞你！」

這位同事本來不指望自己的報告得到誰的注意，但戴倫的幾句話，卻讓他心情愉快了一天。

每個與戴倫相識的人，都會很快與他建立友誼。戴倫也常對其他同事表示他的欣賞，碰到男孩穿了新衣服，他會不經意地說：「哦，真帥！」碰到女孩換了新髮型，他也會故意睜大眼睛說：「原來是你，我以為是哪個美人來了！」可以想像的是，戴倫與公司裡每個人都相處得很好，這良好的人際關係也給他帶來了很多便利。

關於讚美的功用，想必是人人都清楚的，也不必多說了。但一個存在的有趣事實是：所有人都喜歡聽到別人讚美自己的話，但不是所有人都可以去讚美別人。

這是為什麼呢？

很多人不讚美別人的內在原因就在於：他擔心他需要為這種讚美負上道德意義的責任。

因為在人的心理中，主動去讚美別人，可以獲得好處，是一種投機行為，那就可能是一種

「小人行為」，只有小人才可能一心去討好別人。他心中對於讚美別人的第一個反應，可能是「君子坦蕩蕩，小人常戚戚」或「君子之交淡如水」等。

這種想法不僅存在於他們身上，甚至於，一些性格內向的人，他們的想法也是如此：害怕做更多進取的事，因為擔心這種進取會造成道德意義上的責任。

如果你的心中存有這樣的誤區，那麼，我要告訴你：你多慮了。世間的道德秩序早已確立。人們為追求和諧融洽的人際關係，早已把使用讚美對方作為一種常用的、合適的交往方式，使用在日常生活中。

法國有一個著名的文學家，以絕不說令女士難堪的話而著稱。某一天，一位長相奇醜的女士認為自己可以令這位文學家認輸，於是登門拜訪。女士向文學家問道：「先生，您看我長得美嗎？」回答「美」，是說謊，而回答「不美」，肯定會令這位女士難堪。這位文學家的回答非常妙，他說：「每一位女士都是上帝從天上送給人間的天使，但很不幸的是，有些天使下凡時是臉朝下著地的，女士，這不是您的錯。」這番話既說明了女士面貌醜陋，又沒有令女士難堪，相當得體。

在你讚美對方時，要掌握一定的原則和技巧，了解對方心理是讚美的前提條件。讚美是要滿足對方的自我，不了解對方的心理，便很難知道他需要什麼。因此，你要洞悉對方的喜好，讓他聽到自己渴望聽到的讚美。

那些成功的猶太人告訴我們，當你在讚揚他人的時候，需要注意以下幾點：

1.選擇對方最欣賞的或最喜歡的人和事加以讚美。

跟對方談論他最珍貴的事物是打動人心的最佳方式，當你這麼做時，不但會受到歡迎而且還會使生命擴展。千萬不要讚美一些無中生有的事，如果你這樣做，只會使人感到你是在「溜鬚拍馬」，而心生厭惡感。

2.讚美對方必須具體而恰如其分。

讚美越具體明確，效果就會越顯著。我們讚揚對方不一定非是做了一件了不起的大事，而是對方的一個小優點和長處，只要我們能給予恰如其分的讚美，同樣能收到好效果。

3.讚美對方要找到對的時機。

要善於把握時機，該讚美時應及時讚美。不要在讚美對方時，同時又讚美他人，除非是對方喜歡的人，即使你讚美他人，也是給對方作鋪墊，而且要適時適度。讚美時機一定要選好，不然，即使你再有誠意，也不可能取得很好的效果，有時還會造成反效果。

4.讚美對方最重要的是要熱誠。

一張缺乏熱情的嘴和一副冷漠的面孔是最讓人失望的，因此，讚美對方最重要的是要有熱誠。真心誠意是人際交往中最重要的尺度。英國專門研究社會關係的卡斯利博士曾說過：大多數人選擇朋友都是以對方是否出於真誠而決定的。一兩句敷衍的話，立刻會被人發覺你的虛偽。而且，毫無根據的讚美，也會讓對方覺得你別有用心，進而引起他對你的防範。

5. 讚美一定要顯得自然。

讚美必須是發自內心的，虛情假意的恭維不但收不到好效果，反而還會引來一些麻煩。讚美是為了使對方感到高興。因此，在讚美別人時一定要顯得自然，千萬不要矯揉造作。如果你沒有把握好用詞分寸，就達不到使對方舒適的效果。因此，直接讚美時最好不要使用那些過於裝飾的用語，要準確又自然而然地表達讚美之意。

09 長舌討人厭

人之所以有一張嘴巴、兩個耳朵是為了讓人少說多聽，聽的分量要有說的兩倍。於是，那些懂得聽話藝術的人總是讓人尊敬，而那些只知喋喋不休地說個不停的人只能讓人更厭惡。

儘管舌頭沒有骨頭，但也應該特別小心它的厲害。

因為話一旦說出口，就像射出的箭，再也不能收回了。

有一個拉比對他的僕人說：「到市場去給我買些好東西。」

僕人去了，帶回來一個舌頭。

「到市場上再給我買些不好的東西。」拉比又對僕人說。

僕人去了，又帶回來一個舌頭。

拉比對他說：「為什麼你兩次帶回來的都是舌頭呢？」

僕人回答說：「舌頭是善惡之源。當它好的時候，沒有比它再好的了；當它壞的時候，沒有比它更壞的了。」

從這則猶太故事中可以看出警惕自己舌頭的重要性。

猶太人認為，長舌遠比三隻手更令人頭痛，假話長時間地流傳就會變成謠言，謠言讓親近的朋友互相猜疑。因此，不要用嘴巴去發現看不見的東西。

同時，拉比們還告誡人們說：「遇到鬼的時候，你要毫不遲疑地跑掉；同樣的，遇到馬路消息時，你也要快速地逃。」

猶太人認為，當每個人都不在背後議論別人時，一切糾紛的火焰就會熄滅。因此，猶太民族很討厭多嘴多舌的長舌婦，他們對謠言更是深惡痛絕。可以說，猶太民族是一個寡言的民族。猶太人認為，喜歡表現自我、喋喋不休的人，通常都是些傻瓜，而善於聽話的人，是聰明人。所以猶太人有一句俗話說：「當傻瓜高聲大笑時，聰明人只會微微一笑。」

猶太人認為舌頭就像一把鋒利的劍，必須小心使用，否則不但會傷害別人，還會傷到自己。因此，猶太人學著古時的劍聖——不到萬不得已，絕對不拔劍傷人。

「沉默是金，雄辯是銀」，猶太人常把沉默當做知性所披掛的黃金盔甲。

猶太人認為，說話之前一定要仔細斟酌，千萬不能亂說。否者，不但沒有益處，反而有害。

傑夫的公司長期和外貿公司合作，外貿公司的胖子經理如同他們的財神爺。有一天，傑夫極力勸說胖子經理和他們擴大貿易範圍未果。傑夫惱羞成怒，胖子經理剛一走，傑夫就說：「你看那胖子，往公司大門口一站，蚊子只有側著身子才能進來。」結果胖子經理忘了拿包，正好回來。

之後，雖然傑夫多次請胖子經理吃飯，想方設法賠禮道歉，但關係始終恢復不到以前了，合作因此也少不了很多。這就是道人短長的代價。

不只是「長舌婦」，許多人都有背後論人是非的習慣，其中，所論的大多是「非」——說的多是別人的壞話。這種攻擊通常是在非利益衝突前提下說的，於是論人者覺得自己不背負道德意義上的責任，也就放任自己，對自己的這一「惡行」不加反思及制止。

這是因為，他沒有意識到自己所做的事情的嚴重性，也沒有想到這將給他帶來嚴重後果。如故事中的傑夫，背後論胖子經理的身材是「你看那胖子，往公司大門口一站，蚊子只有側著身子才能進來」，當局者或者沒有很強的攻擊目的，只是調侃調侃為平淡生活增添幾縷笑聲，但實際上卻給人以很大的打擊。

可以想像胖子經理聽到的那一刻，他心中是何等憤怒！這代表他的尊嚴被踐踏！

這個故事裡，胖子經理因為忘了皮包而回來，多多少少有點戲劇性的味道，跟電影上情節處理有相似之處。別以為這只是戲劇情節而輕視了背後論人是非帶來的後果。有一個詞語叫做「流言」，就是說話語可以像水一樣流動的，從這張嘴巴流進那只耳朵，再從那張嘴巴流到另一個人的耳中。你的論人是非的話遲早都會傳入被論者的耳朵裡的。

我們可能都遇到過這樣的事情：甲對著乙，把丙是非說了一遍；過兩天，乙與丙單獨相處，賣弄忠心地把甲論他是非的話說了出來；過兩天，丙質問甲你是否說了我什麼什麼，甲問你聽誰說的，丙說：乙跟我說的，這還有假？

經過這麼一個循環，甲怪乙出賣了他，乙怪丙捅出了他，丙怪甲背後說他、壞他名聲。結果是彼此之間相互仇視，大家都沒有好處。這不是戲劇性變化，這樣的事情天天在我們的現實生活中上演。或許幾乎所有人都曾充當過這裡邊的甲或乙或丙的角色並吃過苦頭，但有的人改掉了這種毛病，有人卻沒有改掉，繼續不定時地因之吃上一點苦頭。吃過苦頭就該改掉，被同一塊石頭拌倒是很愚蠢的。

這種流言蜚語通常是在閒談時製造出來的。既然是閒談，就想輕鬆一點愉快一點，想要弄點笑聲出來。在製造笑聲方面，惡毒的諷刺與挖苦無疑是最為奏效的。如上面故事中傑夫說「你看那胖子，往公司大門口一站，蚊子只有側著身子才能進來」，假若這時候不是胖子經理走進來，想來聽眾會大笑出來了。

其實，打發時間、製造笑聲的方法有太多太多，在別人背後惡毒諷刺挖苦是最笨的一種。天下那麼多話題可聊，何必要論人是非？幽默方式千萬種，何必冒險去挖苦、諷刺人？假若你覺得除了論人是非外沒有別的話好說，那你沖杯咖啡喝了，閉目養神也是個不錯的選擇。比起冒險論人好得多了。

因此，猶太人是世界上較其他民族比較注重節舌少嘴的民族。

有人戲說，一定是有鑒於因饒舌而絆倒的猶太人太多，《塔木德》才會有這麼多關於「舌頭」的告誡。不管這是不是事實，少說多聽已成為猶太民族的處世智慧之一。

警惕自己的舌頭，如同慎重地對待珍寶一樣；使自己的舌頭保持沉默，人生將會得到很大的好處。

10 適當示弱好處多

精明的猶太人做起事來總是讓人感到不可思議，有些時候，他們公開承認自己的短處，把自己某些方面的弱點刻意暴露出來，採取這種方式來贏得交際方面的優勢。也許這讓人不可理解——猶太人是最精明的人，為什麼也會做出這樣的傻事呢？其實不然，如果你仔細探究就明白猶太人的這種示弱也是一種高明的交際策略。

事業的成功者，生活中的幸運兒，難免會被人嫉妒，在這種心理困惑一時還無法消除時，適當的示弱能使處境不如自己的人保持心理平衡，有利於交際。

聰明的猶太人總會給別人一種「他們並不聰明」的錯覺。在猶太人的群體中很少聽到「我要證明給你看」之類的話，這等於說：「我要證明給你看，我比你聰明。」他們認為這實際上是在挑釁，會讓別人產生厭惡之心，對事態的發展不利。在這種情況下，想改變對方觀點幾乎不可能。所以，不如順從對方的意思，這樣可能會收到比計較好的效果。

拿破崙的家務總管康斯坦在《拿破崙私生活拾遺》中寫到，他常和約瑟芬打檯球：「雖然我的技術不錯，但我總是故意輸給他，這樣他心裡就會高興。」我們可從康斯坦的話裡得到一個經驗：讓我們的顧客、朋友、丈夫、妻子在瑣碎的爭論上贏過我們。

林肯有一次斥責一位和他人發生激烈爭吵的青年軍官，他說：「任何決心有所成就的人，一定不會在私人爭執上浪費時間。爭執的後果，不是他所能承擔得起的。後果包括失去自制、發脾氣。要在跟別人擁有相等權利的事物上，多忍讓一些；而那些顯然是你對的事情，就讓得少一點。與其跟狗搶道，而被牠咬一口，倒不如先放牠過去。因為，就算是你把牠殺了，也不能把你的咬傷治好。」

人們在交往中，指責別人的錯誤可以利用眼神、音調或是手勢，這和言辭表達產生一樣的結果，對方如果不同意這種觀點，就只能造成反擊，而不是改變觀點。

所以，猶太人認為，人際交往過程必須善於選擇示弱部分。成功者在失敗者面前多說自己失敗的地方、現實的煩惱，給人以「成功不易」、「成功並非易事」的感覺；地位高的人在地位低的人面前盡量表示自己平凡的一面，讓人感覺你也是一個平凡人；對眼下經濟收入不如自己的人，可以對他說說自己的難處，例如子女學業不好、身體欠佳等，讓對方感到你也有很多生活中的困難；某些專業有一技之長的人，最好宣布自己在其他方面一竅不通，把自己在日常生活中鬧過的笑話說出來等。至於那些完全因偶然機遇或客觀條件僥倖獲得成功的人，更應該直言不諱地承認自己只不過是僥倖罷了。

猶太人認為，示弱有時還要表現在行動上。自己在事業或其他某些方面即使有和別人競爭的實力，也要盡量迴避。也就是說，一些小名小利應淡薄些、疏遠些，因為很多人已經把成功當成了自己嫉妒的目標，不可以再為一點小名小利惹火燒身，應當讓出一部分名利給那些暫時處於弱勢的人。

有位記者去採訪一位猶太富翁，想獲得一些關於這位富翁的醜聞資料。然而，還來不及寒暄，這位猶太富翁就對這位記者說：「我們可以慢慢談，因為時間還很長。」富翁從容不迫的態度讓記者大感意外。

很快，僕人端來了咖啡，這位富翁端起咖啡喝了一口，立即大叫道：「太燙了！」咖啡杯隨之滾落在地。等僕人收拾好後，富翁又拿出一支香菸。記者看到，他把菸叼反了，從過濾嘴處點火。記者趕忙提醒富翁：「先生，你將香菸叼反了。」富翁聽到這話之後慌忙將香菸拿正，沒想到在慌亂中卻打翻了菸灰缸。

平常揮金如土、趾高氣揚的富翁出了一連串洋相，令記者感到十分意外，頓時，原來那種挑戰性的採訪想法反而淡下去了。

其實所有一切的行為都是富翁一手刻意安排的，當人們發現一個名人也有許多生活上的缺點時，會消除一些不滿的情緒，對他產生親近感。

有時候，表現自己的弱點是被迫的，但是這種示弱方法在猶太人的人際關係中，卻幫了他們的大忙。

交際中，要使別人對你產生好感，只要你把某些無關痛癢的缺點很巧妙地、不露痕跡地暴露在對方面前，出點小洋相，表明自己並不是一個十全十美、高高在上的大人物，這樣就會使人在與你交往時鬆一口氣，不再時時用放大鏡看你，而你的交際活動也能因此從容不迫、應付自如。

11 記住別人的名字

猶太人麥凱是人際關係學專家，他一生結交了美國大量的知名人物，這些人分佈於社會各個領域：政界、新聞界、企業界、體育界。可是你們能想到嗎，他的工作是賣信封。

講到成功的經驗，麥凱想起他的父親的一句話：「如果你想獲得成功，從現在開始，你要關心你所見到的每一個人。」從那以後，他就將自己見到的每一個人的名字都記了下來，並且了解他們的詳細情況。到了人家過生日，他就寄卡片祝賀，後來他設計了一個有66個空格問題的系統，包括姓名、性別、年齡、生日、血型、星座、嗜好，在哪兒上小學中學大學，在哪兒工作以及他的家人的一系列相關材料。

有一次，麥凱到一個大企業老闆那兒推銷信封，可是無論麥凱怎麼說，老闆就是不肯買。麥凱就與這個老闆周旋了兩年，始終沒有終止與他聯繫。

有一天，他得知這位老闆的兒子出了車禍，他了解得知老闆的兒子十一歲，崇拜籃球明星邁克爾・喬丹。麥凱正好與邁克爾・喬丹所在的公牛隊的教練認識。於是他順利地得到了一個有喬丹簽名及其他隊員簽名的籃球。麥凱把這個籃球作為禮物送給了老闆的兒子。

孩子得到籃球後，高興得又蹦又跳，這位老闆問兒子這籃球是哪來的，孩子告訴他：「是麥凱叔叔送給我的。」老闆忽然想起這位與他聯繫了兩年，他都沒買一個信封的麥凱。他的真誠打動了這個老闆，第二天他就訂購了麥凱的一大批信封。

在總結經驗時，麥凱毫無保留地說：「對待每一個人都要真誠，要記住他們的名字。」

被人們譽為「鋼鐵大王」的安德魯・卡內基（Andrew Carnegie）也是靠運用這一法則成功的。或許有人會認為他是鋼鐵製造方面的專家，如果這麼想的話，那就大錯特錯了，他對鋼鐵製造知道得並不多，他手下好幾百個員工都比他了解鋼鐵製造，那他為什麼會獲得這麼大的成功呢？這得從他小時候談起。

小時候，卡內基就表現出非凡的組織和領導才能。十歲時，他發現了一個人性的致命弱點：每個人視自己的姓名為生命。有一次，他抓到一隻母兔子，又接著發現了一整窩小兔子，但他找不到足夠的食物餵養它們。怎麼辦呢？卡內基陷入了沉思之中。突然，他腦子裡有了主意。他對附近的孩子們說，如果他們能為那些兔子找來足夠的食物，他就用他們的名字給那些兔子命名。這一招真是太管用了，許多孩子都爭著給兔子找食物。這件事對他影響很大，以後他在他的生活和工作中為了贏得別人的合作，都會巧妙地利用這一點。

有一次，他想把鋼鐵軌道賣給賓夕法尼亞鐵路公司，但是做了許多努力都沒有取得成功，他想起了那個兔子事件。當時擔任鐵路公司董事長的是艾格·湯姆森，卡內基找到了他，說他正準備在匹茲堡建一座大型鋼鐵廠，決定取名為「艾格·湯姆森鋼鐵工廠」，湯姆森聽後非常高興，以後他們公司所需要的鐵軌全從安德魯·卡內基的鋼鐵廠訂貨。

後來卡內基為了臥車生意與喬治·普爾門進行了激烈競爭，他又想起了那個兔子事件，當時，卡內基控制中央交通公司，他極想與聯合太平洋鐵路公司合作，而普爾門的公司也想做成這樁買賣，兩家公司你爭我奪，競爭異常激烈，以致最後毫無利潤可言。卡內基和普爾門都去紐約參加聯合太平洋的董事會。有一天晚上，兩個人在聖尼可斯飯店見面了。

「你好，普爾門先生，我們為什麼要這樣無休止地爭下去呢？何不坐下來好好談一談。」卡內基說。

「你打算怎麼辦？」普爾門問道。

卡內基把他的想法講了出來，他希望兩家公司停止無休止的爭奪，轉為合作，並大肆渲染合作的好處，閉口不談兩家公司的競爭。普爾門仔細傾聽著，但他並沒有完全接受。最後他問：「這家新公司叫什麼名字？」

卡內基立刻答道：「當然是普爾門皇宮臥車公司。」

普爾門的眼睛一亮：「那到我的房間來，我們將仔細討論一番。」

最後，卡內基滿意而歸。

卡內基獲得成功的重要秘密之一就是能夠記住別人的名字。

12 對人保持一顆寬容的心

猶太人認為寬容是人類最高尚的美德之一，而且是最基礎的美德。如果沒有寬容，其他的美德便無從談起。十年前的「理解萬歲」，曾經令很多人感動過，但是和寬容的境界相比，「理解」就算不了什麼了。有時候理解和嘲諷、落井下石並沒有多少衝突，而寬容則和忍讓、尊重、悲憫、毫不張揚等美德同生。猶太人認為，寬容應該是儲存一定的生命和閱歷之後，理所應該達到的一種境界，是人們的一種歸宿。如果一個老年人雍容灑脫，心胸開闊，就會給我們留下一個和藹可親的印象；但是一個人到了老年還是斤斤計較、心胸狹隘，我想他到哪兒都是令人討厭的。

猶太人告誡我們應該理智地控制情緒，任何時候都不要太衝動。把商場看做生活，才能在商戰中立於不敗之地。達到這種精神境界並沒有明確的方式，只有靠你動手去做。一旦你做了以後，會慢慢發現有很多方法可以增加你了解別人的能力。

猶太人認為，在任何時候，人都應該有一顆包容的心。簡單地說，就是對於別人不合理的行為，我們能夠容忍。猶太人是最值得相處的商業夥伴，這是世界公認的，因為猶太人很會控制自己的情緒，不會將自己的不快遷怒到合作的對象。

對於很多民族來說，實踐包容的心是很困難的。為什麼做到這一點很不容易呢？人類為什麼難以接受和自己不同的人呢？

人類之所以彼此需要，就是因為他們的差異。如果世界上的人都沒有差別的話，那麼人類文明就無法倖存。人類必須隨時擦亮自己的眼睛，認清這一點。不要再讓不同的國籍、不同的宗教、家人之間的差異和朋友間的分歧，成為困擾和爭執的原因。

不要等別人去做，你現在就面對現實，每個人都是有差別的，世界上絕不會找到兩個一樣的人。

多留意別人的優點，不要老是盯別人的缺點。包容的心，簡單地說，就是接受別人原來的樣子。富有包容心的人，很少看到別人的缺點，他們更多的是注意到別人的優點。對別人的評估，多是稱讚、鼓勵，肯定他的正面價值。然而奇怪的是，越來越多的人老是期望自己的雇員或朋友能變得更完美。因此，只要他們做錯什麼事，那麼他心中那個「完美的形象」就粉碎了，他就一定會生氣和失望。彼此之間失去了信任感，自我意識強烈，不為對方著想，互相挑毛病，漸漸摧毀了他們的未來。

出色的猶太商人不勉強別人扮演自己心目中完美的角色，他們總是試著去接受別人原來的樣子。

有的人老是盯著別人身上的缺陷不放，好像能找到這種錯誤是一件非常了不起的事，並以此達到自我滿足。這種情況常常表現在商業活動，合作夥伴互相拆臺。然而這種做法只會讓他們付出更高的代價，因為這會漸漸抹殺一個人的包容心。我們看看猶太人是怎麼做的：幾個猶太商人聚在一起總是相互欣賞對方，他們總是結合成一個強大的聯盟一致對外發展。

不要忘了這一點：如果你能夠注意到別人的優點，你就沒有必要拘泥於容忍別人的狹隘心態，自然能達到心胸寬廣的境界！努力培養容忍的心，你就是有福的人。你會快樂，會更接近真實的自我，而且也能夠讓更多人接受你，從而讓你的才能得到盡可能的發揮。相反，如果一個人沒有容忍的心，心情就會壓抑、痛苦，長此以往，就會悶出病來。這些道理很多人可能都懂，但卻很少有人了解，沒有包容心的人會在心理上給自己造成多大的影響。當你怒火中燒對別人發脾氣時，說明你的包容心已經失去。這時你的血液循環和心跳會比正常時快三至四倍！當你日子過得「很順利」時，也就是你的態度樂觀積極、有朝氣時，你會覺得每天都很舒暢，很有活力。相反，當你唉聲歎氣、大發牢騷時，也就是你和別人產生矛盾時，便覺得自己在心理和生理上都大不如前，每天活得很累，常常心情不佳。

學習試著對別人讓步，並收斂自己不安的情緒，那麼你的能力就會大大增強。

猶太人的包容還表現在他們處事時能夠做到對事不對人。

一個春天的夜裡，在美國東海岸的一個城市裡，有位年輕的猶太學生，走出公寓去寄一封信。當他寄完信準備回去的時候，有時一個青少年圍著他，將他一陣痛毆。由於下手太狠，猶太學生在救護車來到之前就死了。兩天之內，這十一個青少年就被員警逮捕歸案了。社會一致要求嚴懲這些殺人兇手。後來這位死者的家長寄來一封信，他們要求盡可能減輕這些青少年的罪行，並成立一筆基金，作為這群孩子出獄後重新生活及社會輔助的費用——他們不願將仇恨的種子撒在這些孩子身上。毫無疑問，死者的家長其內心經過了激烈的鬥爭，而且需要有相當強烈的意志，才能夠不恨這些不懂事的孩子。他們只恨控制這些孩子內心的病態性格，反而希望這些孩子能夠從這種病態的性格中走出來，重新做人，甚至拿出一筆錢來幫助這群孩子。這就是猶太人心目中的寬容，這種寬容需要多麼大的勇氣啊！了解別人，並不是指容忍所有錯誤的行為及不正常的性格，如果你能夠學習「針對事情而不要搞人身攻擊」，那麼你會發現培養寬容的心態容易多了。

惻隱之心是一種同甘共苦的精神，這就是猶太人的感情。仔細想想吧，什麼事情能夠使別人心跳加快——你可以給他們帶來一點驚喜，讓他們的今天充滿陽光，活得更加精彩。當然，你必須能夠和他們一起共度困難的時刻，緩解他們低落的情緒，疏導他們挫折的感覺。不要忘了隨時對他們安慰，用自己的熱情點燃他那顆冰冷的心，讓他重新快樂起來，甚至對人生的態度更積極。這就是惻隱之心、包容之心、體諒之心。透過表面看深層次的東西，你會發現原來每個人的內心深處都渴望別人的了解、包容和悲憫。

13 學會付出

一個猶太人的孤兒院遭到飛機的轟炸，幾個孩子和一位工作人員被當場炸死，還有一些孩子受了傷。其中有一個小女孩傷得很重，傷口正不斷流血。

值得慶幸的是，沒多久，外國醫療援助小組來到這裡，小組只有兩個人，一個女醫生，一個女護士。

女醫生馬上對那名女孩進行搶救，但在搶救的過程中出了一點麻煩，因為小女孩失血過多，需要輸血，但是她們帶來的醫療用品中沒有可供使用的血漿。於是，醫生把注意力放在了在場的人的身上，她給所有人驗了血，終於發現有幾個孩子的血型和這個小女孩是一樣的。可是，又出現了一個麻煩，那就是這個醫生和護士都不懂本地區的語言，而在場的孤兒院的工作人員和孩子們只聽得懂母語。

無奈之下，女醫生只好用自己會的母語加上一大堆的手勢告訴那幾個孩子：「你們的朋友傷得很重，她流了很多血，需要血，而你們的血型與她的吻合，你們願意輸血給她嗎？」孩子們呆呆地站在那兒，好像明白了她的意思，但眼裡卻藏著一絲恐懼。

沒有人吭聲，也沒有人舉手表示自己願意捐血！這一切出乎女醫生的意料之外，她愣在那兒，沒了主意。為什麼他們不肯捐血來救自己的朋友呢？難道這些孩子沒有聽懂我的話嗎？

忽然，一個孩子慢慢地舉起他的小手，但是剛剛舉到一半卻又放下了，好一會兒又舉了起來，再也沒有放下。

醫生很高興，馬上把小男孩帶到屋裡，讓他躺在床上。小男孩僵直地躺在床上，看著自己細小的胳膊被針管慢慢地插入，看著自己的血液一點點地被抽走。眼淚順著他的臉頰流了下來。見此情形，女醫生慌了，忙問他是不是感到很疼，他搖了搖頭，但眼淚還是一個勁兒地往下流。醫生開始感到手足無措，她總覺得有什麼地方做得不對，但是問題究竟出在哪兒呢？

關鍵時刻，一個地方的護士趕到這間孤兒院。女醫生把情況告訴了地方護士。地方的護士連忙來到孩子身邊，俯下身子和孩子交談，不久之後，孩子竟然破涕為笑。

原來，那些孩子都誤解了女醫生的話，以為要救那個小女孩就必須抽光身上的血。一想到過不了多久自己就會死去，所以小男孩才哭了出來。醫生終於明白為什麼剛才沒有人自願出來捐血了。但她還是有一點搞不懂：「既然以為捐過血之後就要死了，為什麼他還自願出來捐血呢？」醫生問那個地方的護士。

護士用母語問了小男孩，小男孩沒有絲毫猶豫，回答得很乾脆：「因為她是我最好的朋友。」

就這一句簡單的回答，感動了在場所有人。

友誼需要給予說明，當你看到別人有困難時，伸出援手，給別人施以幫助，哪怕是微薄之力，也許就能為自己贏得友誼。這裡的幫助還可以是廣義的，它可以是幫助朋友走出困境，可以是幫助朋友擺脫痛苦……不論是物質上還是精神上，都應該給予朋友幫助，這樣友誼才會堅不可摧。如果與朋友相處的時候，只顧自己的利益，捨不得為朋友多出一份力，那麼，這樣的友誼是難以維持的。

有個年輕的猶太人叫布賴斯，他想換一份工作，一時又找不到，閒著沒事幹，打算回家鄉的小縣城去住一段時間。但他又怕誤了找工作的機會，因此在回去之前，請了一群好朋友到餐館吃飯。

等到大家都吃得差不多的時候，布賴斯便趁機說出了自己的請求：「我想請大家幫我留意一下招薪資訊。」

一個朋友紅著臉說道：「沒問題，包在我身上，只要我幫你活動一下，很快就能找到一份輕鬆的工作。」

朋友們神情激昂，也紛紛向他保證，一有什麼資訊就馬上通知他。

布賴斯看到朋友們如此熱心，含著淚說：「非常感謝大家！等我找到工作之後，再請大家吃飯。」這時，在旁邊一直沒有吭聲的奧斯拉站了起來，向他勸酒，建議他回縣城開一家店面，用心經營，這樣既自在又舒服，比找那些工作強多了。此話一出，現場的熱鬧氣氛頓時沒了，大家把目光都投向了奧斯拉。

布賴斯的心情變得煩悶起來，心想：奧斯拉真不夠朋友。於是，他只將聯繫電話告訴其他幾個朋友，便離開了餐館。

布賴斯回到縣城，整天待在家裡無所事事。妻子勸他在家看看書，不要總是沒精打采的。可他老想著自己工作的事情，盼著朋友幫他找到工作後打電話來。他經常會向電話瞧一眼。如果有事外出，一回來就慌忙去翻看電話的來電顯示，然而令他感到失望的是，等待他的依然是空白，布賴斯覺得日子好難熬。

半年後的一天晚上，布賴斯正在房間裡看書，這時，奧斯拉帶著一身的寒氣走進來。他忙給朋友溫了酒，責怪奧斯拉不事先通知自己，這樣就會去接他。朋友說：「你又不給我留個電話，我只有急匆匆地趕來。市晚報招記者，報名截止是明天中午，我是專門來告訴你這個消息的。」

後來，布賴斯去報名面試，最後被聘用了。幾天後，他在酒吧請朋友們喝慶祝酒。喝著喝著，其中一個朋友大聲說：「晚報招聘廣告登出來的時候，我就給你打電話了，是你太太接的。我就知道你一定能成功，來，我們乾一杯。」布賴斯心裡掠過一絲不快。接下來，另一個朋友說廣告公司招人，打了好幾次電話總是聯繫不上他。

每個人都說得非常動聽，布賴斯的臉卻越來越沉。這時，奧斯拉站了起來，舉起酒杯說：「為了布賴斯能找到一份好的工作，大家都出了不少力。現在大家不說這些，讓我們舉杯為布賴斯祝賀，來，乾杯！」「對，乾杯！」聲音嘈雜而高亢。布賴斯暗地裡握住奧斯拉的手說：「好朋友，乾杯！」淚水在他的眼裡直打轉，他看著布賴斯，好像要說點兒什麼？但他看看眼前喝得醉醺醺的朋友們，什麼也沒說。

猶太的社會學家曾說過：「人的一生中，總要經歷友情。當你離開家庭的溫暖，離開親情的呵護時，你不會感到孤獨和寂寞，因為你將獲得另一種情感的滋潤，這種情感就是友情——友情的地位僅次於親情。當你在茫茫人海中，認識了一個人，並與他建立起真摯友誼的時候，你會感到極大的快樂。從此，你的生活將會充滿陽光，生命也會因為擁有友誼而變得精彩。」

友誼是如此寶貴，你想要得到它，不可能不勞而獲，猶太人從小就知道如何為贏得友情而付出。

在猶太人看來，朋友比世上所有的錢都珍貴；為了朋友，可以犧牲生命。

其實在生活中，需要給予的東西還有很多很多，需要大家自己去體驗，去實踐。但是有一點，只要學會付出，你將會擁有更多的友誼。

14 交往要把握一個限度

猶太人認為，做任何事情都要把握一個限度，什麼事做得過度，往往會適得其反，好事也變成壞事。有時，事物的發展往往不會順著你的主觀想法，我們沒有辦法迴避，更沒有辦法更改，我們只能強迫自己了解它，適應它。只有把這一點做好，我們方能真正做到事半功倍。猶太人對這個限度把握得很好，使君子之交淡如水，和而不疏。

很多人都有過這樣的經歷，覺得自己和某人挺談得來的，坐在一起便有說不完的話，總是捨不得分開，甚至達到癡狂的地步，只願形影不離才好。關係拉得越來越近，一好再好，然而，結局卻沒有想像中的美好，往往是令人傷心的分離，而且很可能是難以癒合的創傷。其實，傷口一旦產生，不管癒合得多麼好，都免不了留下傷疤。

交友是人生一大樂趣，一旦碰到知己，總想把關係拉得很近。這種願望是好的，但做法不足取。

猶太人認為，朋友之間如果過於親密的話，必定會產生矛盾，於是出言不遜、你長我短、揭老底、戳痛點……鬧得雞犬不寧，友誼在這種狀況下就會消失。調查一下鄰里關係不和諧的人家，你會發現他們大都曾經有過親密無間的往來史。所以朋友之間相處，特別是好朋友之間的交往要把握一個限度，若即若離，不失為一種和諧之音，這也交友的重要原則。

猶太人常說：「交朋友要保持細水長流的感覺。」就是說朋友之間的關係不可太過密切。比如你有事去找朋友，當你來到他的屋前時，剛好聽到朋友在屋裡和人談話，這時你會怎麼做呢？有人會想，既然是朋友，乾脆推門進去就是了，其實不然。雖然是朋友，但你在沒打招呼的情況下冒昧進入，影響了朋友的交談，朋友的心裡會高興嗎？因此，最好的做法就是悄悄離去，另外再找合適的機會；或者是跟朋友打個電話約好拜訪的時間，而不能認為是好朋友就可以隨時登門。如果能做到這一點，你和朋友的關係就會越來越牢固。

人與人之間的交往，如果像甘飴般一直黏在一起，開始交往時相處得還不錯，時間一長，關係反而會疏遠了。如果像水一樣淡淡地細水長流，反而永遠不會感到厭倦，友情也會長久持續。因此，交朋友時一定要保持一定的距離，也要彼此有個限度，給自己，同時也給對方留下回味的餘地。

在和朋友交往時，如果認為彼此很親密就過於隨便，往往會對對方做出失禮的舉動，而自己卻沒有察覺。

反之，距離過大又會疏遠彼此的關係。那麼，交友的祕訣是什麼呢？猶太人是這麼解釋的：即使朋友有錯，也要以誠心來忠告勸導他，如果他不能接受你的勸告，就不要再多說了。如果一味地說教，不但會引起對方的反感，甚至會產生負面影響。所以，能否接受你的忠告，完全憑對方的判斷力。因此，不可一味地對朋友進行勸說，要尊重他的自主性，這就是所謂的「君子之交」。

猶太人說：「朋友像一本書，交了一個好朋友，就如同買了一本好書。」朋友對我們來說，是絕對不能少的，他對我們的影響很深。朋友分為益友和損友，益友能夠促進自己發展，而損友則會使自己墮落下去。因此，選擇一個好的朋友，對於個人是非常重要的。

怎樣才能交到真正的好朋友呢？對此，猶太人給出了幾點建議。首先，主動向對方說出自己的善意，打破人與人之間的冷漠，建立溝通的橋樑；其次，要信任對方，只有這樣，對方才會信任你；還要有自己的想法及主見，明辨是非，才不會被人利用；對於朋友所提出的要求，不要因為面子過不去而勉強答應自己做不到的事情，到時候做不到，反而會使人對你的評價大打折扣，朋友間的友誼就會慢慢消逝。所以，只有方法用對了，才能交到好朋友。

選擇對我們有益的朋友，與他們交往，不會讓我們行為墮落，而是越來越好。古人說：「三人行，必有我師焉。」好朋友的一言一行，必定有值得我們借鑒的地方，對於不好的，我們要多多反省。

在猶太人眼裡，朋友就是財富。因為朋友能分擔你的憂愁，能慰藉你的感情，能擴展你的知識，能解除你的困難，能撫慰你的心靈。朋友對你的益處和作用無法用金錢來衡量。金錢易得，朋友難求，難就難在心靈世界的一致，涵養氣質的互補，目標趨向的相同，言語行動的和諧，學習工作的促進。朋友的作用在鼓勵，朋友的效能在激發，朋友的價值在創造。朋友，是你一生的財富。

15 為別人的喜悅而喜悅

猶太人認為，想要得知一個人是否真正敬愛神，只要看他是否愛他的朋友就知道了。

這是因為，在猶太人眼中，神創造人時，本來就是希望人能與盤踞在自己心中的邪惡作戰。有些人和邪惡搏鬥的結果是敬愛神、遠離邪惡；但也有些人在這種激烈的戰鬥中，被邪惡征服，成為邪惡的奴隸；

而敬愛神，遠離邪惡，就會愛護朋友，善待朋友；一個人如果被邪惡征服，成了他的奴隸，就會做出對朋友不利的事。

猶太人有一個這樣的故事：

古時候，有一個國家受到鄰國的侵犯，國王派出軍隊進行抵抗。為了打贏這場戰爭，國王讓人給前線運送了充足的糧食。可是沒過多久，前線還是傳來了失利的消息，國王聽了非常生氣，他不但解除了將軍的職務，而且還把他趕出了境地，另派一位將軍接掌軍隊。

國王懷疑第一個將軍有賣國的行為，他很想知道這個將軍對祖國的態度是怎樣的。是熱愛還是憎恨？想了很久以後，他終於有了好主意。

國王的主意是：「如果被我罷免的這個人忠心慶賀繼任者的勝利，那麼他肯定是一個可靠的人，值得信賴；反之，如果他對繼任者有扯後腿的言語或行動的話，那他一定是個心胸狹隘的人，可能會出賣國家，要是這樣的話，我非定他的罪不可。」

這一則小故事，並不單指一個人對另一個人的態度，而是告訴我們什麼是普遍的人性。

猶太人認為，在評判一個人的價值時，可以以此人是否衷心慶賀鄰人的幸福為標準。當自己充滿幸福感時，如果鄰居跑來與你分享這種快樂，這將是一件讓人高興的事。同時，作為一位敬愛神的人，應該是愛別人的。

正因為這樣，猶太人在艱難困苦中，總有許多的朋友，在潦倒和絕望時，友情的力量能使他們看到希望。

為別人的喜悅而喜悅，而且也決不把自己的快樂建立在別人的痛苦上，這是猶太人敬神愛人的體現，也是他們傑出的處世智慧之一。

16 巧妙的批評技巧

批評是一門學問，有效的批評會使對方認識到自己的錯誤，並及時改正。但是絕對不能當面指責別人，這樣做只會使對方產生強烈的抵觸情緒，甚至激怒對方，因此巧妙暗示對方注意自己的錯誤，才能贏得他人的好感。

德國布洛親王一次無意批評了德皇威廉二世，威廉二世非常惱怒，對他喊了起來：「你認為我很愚蠢，只會做些你不會犯的錯事！」

布洛親王覺得很尷尬，臉一陣紅一陣白，於是，他趕緊轉移話題，尊敬地說：「陛下，您不要誤會，我絕沒有這個意思。您博學多才，懂得的知識比我多得多。海洋和軍事方面就不用說了，最重要的是自然科學方面。當您解釋晴雨計、愛琴射線、無線電報時，我都很認真聽，非常佩服您的才學，在自然科學這個領域，我知之甚少，尤其對物理或化學毫無概念，甚至連最簡單的自然現象也不能解釋。但是，為了彌補這些缺憾，我學了相關的歷史知識，以及一些可能在政治上，特別是外交上對您有幫助的知識。」

威廉二世臉上露出了微笑，正因為布洛親王熱情地讚揚了他，也承認了自己的不足，皇帝原諒了他，真誠地說：「我不是經常告訴你，只要我們兩人聯合起來，就沒有辦不成的事。我們應該團結在一起。」

皇帝和布洛親王握過多次手，但是那天下午，他握緊布洛親王的手，激動地說：「我決不允許別人在我面前說你的壞話，如果誰這麼做了，我不會饒了他。」

你看，布洛親王是一個圓滑的交際高手，他及時地救了自己。他作了有效的讓步，談到了自己的不足，讚揚威廉二世的優點，但這個補救措施是在他觸怒威廉二世時才這麼做的，如果他一開始就這麼做會更好。

美蘭・杜莎的公司是從事化妝品生產和銷售的，對衛生有很高的要求，清潔是工作的第一要務。

有一次，她召開銷售會議，參加會議的一名美容顧問所帶的化妝箱非常髒，這位美容顧問是剛剛加入公司的新手。美蘭・杜莎看到她那髒兮兮的化妝箱，心裡有些不快，認為顧客看到這麼髒的化妝箱，根本就不會買化妝品了。美蘭・杜莎仔細觀察了這個新手，她似乎對自己不夠自信，如果直接把她的錯誤指出來，她一定不能接受，於是美蘭・杜莎找了一個委婉的批評方式，指出對方的缺點。

美蘭・杜莎把會議的主題訂為「整潔是僅次於敬重上帝的美德」。她問與會者：「如果你參加一個美容展示會，主持會議的美容顧問帶的化妝箱非常髒，你心裡會怎麼想？」與會的美容顧問都說出了自己的看法，大家對此持否定態度。

美蘭・杜莎接著說：「我們從事的是美容行業，不論在什麼時候，我們都要給人以整潔美觀的印象。」美蘭・杜莎講話時，盡量不把目光指向那位美容顧問，以此表明自己的演說不是針對她說的。事實上，她也不用這麼做，那位美容顧問聽了這些話自然會想：「我的化妝箱實在太髒了。」這種委婉的批評方式很有效，不僅讓與會的美容顧問認識到整潔的重要性，在無形之中也指出別人的錯誤。

還有一次，美蘭・杜莎的一位美容顧問不知為什麼改變了她的工作態度。以前她曾是優秀的經銷代表之一，然而她對工作逐漸失去了往日的熱情，最後索性連銷售會議都不參加了。美蘭・杜莎對此感到不能理解，她沒有嚴厲批評那位美容顧問，而是想辦法尋找一種恰當的方式，重新激起她的工作熱情。

美蘭・杜莎想出一個好辦法，她給那位美容顧問的負責人打了一個電話，問她是否可以讓那個美容顧問在下次小組銷售會議上發表一個有關於訂貨方面的演說，因為那位美容顧問在這個方面能力比較欠缺，讓她試著教教其他人如何以最好的方式激起顧客們的興趣。

美蘭・杜莎的這個辦法已經把批評巧妙地進行了轉換，使對方察覺不出來。在下次會議，那位美容顧問侃侃而談，她分析了幾個成功的事例，把其他美容顧問的工作熱情和興趣調動了起來，使她們獲得了有益的啟示。最關鍵的是，那位美容顧問透過這次演講，重新找回了自我，恢復了對工作的興趣和自信。

沒有人喜歡聽批評的言語，如果你單刀直入批評別人，只會引起強烈的反彈及不滿，倒不如換一種方法。美蘭・杜莎的成功給後人留下許多有益的啟示，特別是她那巧妙的批評技巧，讓每一個從事管理的人讚歎不已。

17 慎防被嫉妒控制

對於他人的成功，嫉妒是比快樂更典型的反應。當嫉妒和憎恨控制著人時，不僅會破壞人與人之間的關係，還會破壞自我。

一個人除了兒子和學生，他對誰都會嫉妒。

有些人在看到朋友取得成功的時候，心裡就會不平靜，變得又難過又沮喪，甚至他自己擁有的好東西也不能讓他感到快樂，這就是朋友的成功對他的影響。

摩西認為死一百次也比受一次嫉妒的刺激要好。而智慧的所羅門這樣評價：「嫉妒使骨頭腐爛。」

有兩個人，一個貪婪，一個善妒。

他們二人都彼此仇恨著對方。

貪婪的人看著善妒的人，大聲說道：「萬能的上帝，你是多麼的不公平啊！為什麼我這麼窮，而我那可惡的鄰居，卻那麼富有？」

善妒的人帶著慣有的憎恨說：「上帝是最公平的，他絕不會理你……」

上帝的天使在一個荒野裡發現了他們，天使來到他們跟前說：「聽著，我今天奉上帝的命令來到這裡，你們可以說出自己的願望……我同意：你們當中不管是誰，只要說出自己的願望，就一定會馬上實現。但有一點需要說明的是，後說的人則會得到兩倍於前人的東西。你們不能破壞這個規矩。」天使說完這些話就消失了。

兩人聽完這些話後，都非常高興。但隨之又皺起眉頭。

那個貪婪的人說：「你先許願。」

「我祈求什麼你都會得到雙倍恩賜，我有這麼笨嗎？」善妒的那個人回答。

那個貪婪的人被他的話激怒了，他狂怒地撲到善妒的人身上，狠狠地打他。

於是兩個人扭打在一起，最後那個善妒的人說話了：「上帝啊，求求你，請挖去我的一個眼珠吧，這樣我的敵人就會瞎掉兩隻眼睛。讓我的一隻手殘廢，這樣我的敵人就會失去兩隻手。」

話傳到上帝那裡，就在善妒者話還未說完的時候，突然一陣可怕的黑暗降臨了——他們失明了。

貪婪者得到的都是雙倍的，他兩個眼睛都瞎了，兩隻手在袖子裡無力地垂著，他已經沒有任何力氣了。

兩個人呆呆地坐在那兒，感到非常無助。他們的渴望和憎恨都沒有了，因為那個貪婪的人再也不渴望得到大量的財寶，他只求進入墳墓。那個善妒的人再也不怨恨別人。他失去了一切之後嫉妒也離開了……他被毀滅了。

在朋友獲得成功的時候，我們應該為他高興！千萬別被嫉妒和憎恨所控制，否則害人害己。

18 學會正確的交談

一個年輕人去拜訪愛因斯坦，他說他想發明一種萬能溶解劑，無論什麼東西都能溶解，他並喋喋不休地高談起來。愛因斯坦很耐心地聽他把話說完，輕輕地說了一句：「你想用什麼容器來盛放這些液體呢？」年輕人頓時臉紅了起來。

這位年輕人的目標不可謂不遠大，要發明「全無敵」的萬能溶解劑。可惜這種溶解劑如同動機一樣，是不可能被製造出來的。愛因斯坦的那句「你想用什麼容器來盛放這些液體呢？」真是打蛇打到七寸上。愛因斯坦令人佩服之處，還不在於他能以簡短的一句話推翻年輕人的理論，而在於他能耐心聽人把話說完。

中途打斷別人的話，是一種很不禮貌的行為，即便對方所持觀點是錯誤的。況且，不是每個人都有愛因斯坦那樣的才學與眼光，都能一句話就把對方的觀點推翻。若你的同事跟你說一個方案，他才說到一半，你就打斷了他的話，他會認為你很不尊重他，小瞧了他的實力，乃至從此對你也看不順眼。

交談是人際交往中最重要的部分，身在職場中，交談之道更應該多加修煉。以下，給你幾點忠告：

當你對對方所說的話感到好奇時，不要迫不及待地想解決心中的疑問而打斷對方的談話。

當你對對方所說的話有同感時，不要迫不及待地想表達你的「共鳴」而把對方話打斷。

交談時不能只顧自己講，應該也給別人說話的機會。

如果有必要打斷對方的話，也應尋找適當機會，並且說：「對不起，可能要打斷一下您的談話」以取得對方的同意。

若非十分必要，交談之中不要藉故退場。

若真有必要退場，應禮貌地作出解釋並表示歉意。

兩人以上與你交談時，必須做到兼顧平衡，不要冷落了其中一位。

欲加入別人的談話要先打招呼。別人在談話時未徵得同意不宜自己湊上來。

旁人想要參與你們的談話，你應點頭微笑表示歡迎。

對對方提出的問題應做到有問必答，笑而不答或置之不理是不禮貌的。

交談時應表現出注意傾聽的樣子，不要顯示精神渙散的樣子，交談中左顧右盼，打哈欠，看手錶，抖動雙腿等行為都是不尊重別人的行為。

交談中少打手勢，音量適中，與對方交談的距離要適中，不要拉拉扯扯，拍拍打打。

對於沒有聽懂的話，應該要求對方重複一遍。

對方不願意回答的問題不要追問，對方反感的話題，應避免說起。一旦說了，應該馬上致歉，然後立即轉移話題。

交談時應該實事求是，不應該有過多的客套用語。

19 耐心傾聽別人說話

猶太人認為，成功的交際並沒有你想像的那麼困難，只要你能專心注意對方就行了。但有些人不明白這個道理，他們總是認為自己很了不起，一談起話來，他們老是以自我為中心，所想到的只有自己。這樣的人在經商的道路上不可能成功。

其實每個人都喜歡談論自己，談論自己感興趣的話題，成功交際的經驗再簡單不過了，傾聽對方說話，這樣無形中滿足了對方的成就感。人的一生非常短暫，不要總是在別人面前炫耀自己的成就，傾聽別人說話，表面上你失去很多，實際上你獲得了親情、友情、金錢，甚至更多。

猶太人麥哈尼是一位石油業者特殊器材的經銷商。一天，一位客戶給了他一份訂單，要求訂做一件特殊器材，生產設計圖紙已經呈報上去，獲得批准，並且開始製造了。

沒多久，發生了一件不幸的事情。那位客戶和朋友討論了這件工具，朋友們都說他犯了一個嚴重的錯誤，他上當受騙了。朋友的討論讓他很生氣，他撥一通給麥哈尼的電話，告訴麥哈尼他不要那批器材了。

麥哈尼聽後非常氣憤，那批器材已經投入生產，如果突然毀約，會給自己造成很大的損失。麥哈尼仔細檢查了一遍，確認自己並沒有失誤的地方，決定去會見那位客戶。

一走進他的辦公室，那位客戶馬上站了起來，快步走向麥哈尼。他顯得很激動，語速非常快，一面說一面揮舞著拳頭，他開始指責麥哈尼，最後他說：「你說該怎麼辦吧？」

麥哈尼心平氣和地告訴他，願意接受他的意見，並且說道：「你是花錢買東西的人，當然你該買能用的東西。可是總得有人負責才行。如果你認為自己沒錯，請給我們繪一張設計圖，雖然舊的方案已經花了兩千多元，但這筆損失我們願意承擔。為了讓你滿意，我們寧可承擔兩千元的損失。但我要對你說的是，如果我們照你的想法做，你必須擔負起一定的責任，我相信原計劃沒有錯，如果我們按原計劃做，出了問題由我們負責。」

客戶終於平靜下來了，最後說：「就按照原計劃進行吧，但願你是對的。」

那批器材生產出來了，並沒有出什麼錯，那位客戶對此十分滿意，他又向麥哈尼訂了兩批貨。

一個商人肯多聽客戶的意見，肯定會利大於弊。一個人學會尊重他人的意見，情況就會大大改觀，不僅能贏得他人的友誼，而且還將獲得廣泛的支持。所以我們在經商中多聽聽別人的意見，對我們的成功會有很多助益。

如果你已經明白這個道理，就會深深感受到聽別人講話實在是一門藝術，現實生活中有很多人在這方面卻做得不夠好，這就需要著手改善。

怎樣改善聆聽的能力？以下是幾點建議：

1. 全心全意聆聽。

一位外交官的太太細述她丈夫初入外交界，帶她出去應酬時，她在那些場合多麼受罪。她說：「滿屋子都是口才奇佳、曾在世界各地住過的人，而我只能拚命找話題，不想只聽別人說話。」

一天黃昏，她終於向一位不大講話但深受歡迎的資深外交家吐露自己的問題。資深外交家告訴她說：「每個人說話都要有人聽。相信我，善於聆聽的人在宴會中同樣受歡迎，而且難能可貴，就好像撒哈拉沙漠中的甘泉一樣。」

2. 協助對方說下去。

試用一些很短的評語或問題來表示你有用心聆聽，即使你只是簡短地說：「真的？」或「告訴我多一點。」

假如你和一個老朋友吃午飯，他說因為夫妻吵架，他整個星期都睡不好。要是你像大多數人一樣，怕聽別人私事，你可能說：「婚姻生活總是有苦有樂，無論你吃魚還是牛肉？」你這樣說，是間接叫他最好別向人發牢騷。假如你不想澆他一頭冷水，那不妨說：「難怪你睡不好，夫妻吵鬧一定令你很難受。」他有抒發心中抑鬱的機會，心情會好得多。我們當中很少人能夠自我開解，總需要把自己的煩惱，告訴善於聆聽的朋友。

3. 要學會聽出言外之意。

一位生意興隆的房地產仲介認為，他成功的原因在於不但能仔細聆聽顧客講的話，而且能聽出言外之意。他講出一幢房屋的價格時，顧客說：「哪怕瓊樓玉宇也沒有什麼了不起。」可是說的聲音有點猶豫，笑容也有點勉強，那名仲介便知道顧客心目中想買的房子和他所能買得起的顯然有差距。

「在你決定之前，不妨多看幾幢房子。」結果皆大歡喜。那名顧客買到了他買得起的房子，生意成交。

不論任何時候，都要耐心聆聽對方的說話，並且樂於回答對方的問題，鼓勵對方敞開心胸、說出真心話。

20 勇於承認錯誤

聰明且襟懷坦蕩的人，遇到有錯之時，自當「聞過則改，有錯必糾」。因為有錯誤並不可怕，可怕的是不願意承認自己有錯。就像一個人得了病，要先承認病情，看清病根，才能對症下藥。如果不承認自己有病，拒絕接受醫生的治療，最後很可能病入膏肓。猶太民間就有一個愚蠢的人死不認錯的笑話。

從前，有一位愚蠢的人，為了顯示自己的與眾不同，他總是抱持一些與常人不同的觀點。

有一次，幾個人坐在一棵大樹下討論日出的問題。

「太陽是在東邊升起來的。」甲說。

「太陽是在西邊落下去的。」乙說。

「太陽是在早晨升起來的。」丙說。

這個愚蠢的人聽了，說：「不對，太陽從西邊升起來的，並且升起的時間是在夜裡。

眾人都笑他，並約定晚上看看太陽會不會出來，結果到了晚上，太陽並沒有出來。於是，眾人在一起等到第二天早晨，這時太陽才在東邊出來。事實已經證明這個愚蠢的人是錯的，可是，他仍不認錯，說：「太陽平時是夜裡在西邊升起來的，這次只是巧合罷了。」

遺憾的是，現實中很多人就像故事的愚人一樣，總是想盡一切辦法掩蓋自己的缺點、錯誤，甚至把一切錯誤推給別人，把功勞歸於自己。他們自己不敢照鏡子，也不讓別人照自己。

任何錯誤都可以找到藉口，但無論哪一種藉口都不能將錯誤抹掉。如果我們只想著如何掩蓋錯誤，那麼錯誤就會越犯越多。在我們的身邊，這樣的例子多得數不勝數。敢於承認錯誤，需要的不僅是真誠和坦蕩，更需要一定的勇氣。

21 勇於承擔責任

猶太人認為，自己的責任一定要自己承擔，沒有理由推卸。放棄自己的責任和義務是可恥和罪惡的。

《塔木德》說：「原以為一定會有人帶蠟燭進房間的，可是走進去才發覺，整個房間都是黑漆漆的，竟然沒有一個人拿著蠟燭。其實只要每個人都拿一根小蠟燭進去，就會把整個房間照得像白天一樣。」

不管是把事情歸咎於環境，還是推給別人，自己的責任依然存在，不會因此而消失，所以猶太人從不會推卸責任。

人既然生存在這個世界上，就不能完全抹掉自己，當然也就不能把自己的責任消除，只要存在一天，人們就有一天的責任，即使可以把一半責任推給環境，但自己仍須負擔另一半責任。

萬能的上帝對他的使者蓋傅瑞兒說：「在那些惡人的前額上用血做標記，這樣破壞天使就會去消滅他們；在那些正直的人前額上用墨水做標記，破壞天使就不會傷害他們。」

這時正義站了出來，說道：

「宇宙之王，第一種人和第二種人有什麼不同？」

「第一種人是徹底的壞人，而第二種人是徹底的好人。」上帝答道。

「宇宙之王，」正義爭辯道，「正直的人完全有能力進行反抗，可是他們沒有這麼做。」

「你知道，即使他們反抗過了，那些壞人也不會聽他們的話。」上帝回答說。

「宇宙之王，」正義說，「你知道那些壞人不會改變，可是正直的人知道這一點嗎？」

由於正直的人沒有反抗，上帝收回了自己的命令，沒有把他們和邪惡的人分開。

這是上帝對於一個放棄自己責任的人所做的處置。

在現實生活中，猶太人都勇於承擔自己的責任，絕不會隨意推拖，自己的責任一定要自己負。為了負起自己的責任，他們甚至可以傾家蕩產，可以犧牲生命。所以他們對別人講究誠信，在商場注重契約。

美國芝加哥一間公司向一個猶太人訂了三萬套刀叉餐具，雙方商定九月一日為交貨日期。這個商人必須在八月一日從本港運出貨物，才能在九月一日如期交貨。

但是，由於出現了意外，商人沒能將這3萬套刀叉餐具在八月一日趕制出來。這位猶太商人陷入了困境，但他沒有找任何藉口來逃避，因為不能如期交貨，就等於是違背契約，不符合猶太商法，並且也是逃避責任的做法。結果，這位猶太商人花鉅資租用飛機送貨，三萬套刀叉在規定的時間內交貨了，這位猶太人卻損失了一萬元。

不逃避責任正是猶太人非凡成就的基石。

22 朋友間要講究禮儀

在交友這個問題上，許多年輕人都有個迷思：好朋友之間不需要講究禮儀。他們認為，好朋友之間親如兄弟，關係密切，如果講究禮儀就顯得太陌生了。其實，他們沒有意識到，朋友關係的存續容不得半點強求、干涉和控制，它必須建立在相互尊重的基礎上。

彼此之間，情趣相投、脾氣對味則合，則交，反之則絕、則離。再熟悉的朋友，也不能太過隨便，不講禮儀，這樣，默契與平衡將被打破，友好關係將不復存在。和諧深切的友誼，需要充沛的感情為紐帶，這種感情是真誠自然的流露，而不是矯揉造作的。當然，我們說好朋友之間講究禮儀，並不是說在一切情況下都要僵守不必要的繁瑣客套，而是強調好友之間相互尊重，不能跨越對方的禁區。

每個人都希望自己擁有一個獨立的空間，朋友之間過於隨便，就會侵犯這個禁區，從而引發彼此間的矛盾。比如說，不管對方是不是有時間或者願不願意，隨意支配或占用對方已經安排的寶貴時間，一坐下來就沒有要走的意思，全然沒有意識到對方的難處與不便；一意追問對方深藏心底的不願啟齒的祕密，一味探聽對方祕而不宣的私事；忘記了「人親財不親」的古訓，忽視朋友是感情一體而不是經濟一體的事實，用物不分彼此，花錢不記你我。凡此等等，都是不尊重朋友，侵犯及干涉他人的壞現象，偶爾一兩次尚可理解，可以忍受。但如果長期如此的話，必定會發生摩擦，導致朋友的疏遠或厭惡，友誼的淡化和惡化。因此，好朋友之間也應講究禮儀，恪守交友之道。

猶太人認為，朋友之間也要有禮數，適當的禮節會讓友誼更牢固。猶太人非常注意這一點，他們歸納了八項朋友之間必須遵守的禮節：

1. 朋友之間的東西一定要分清楚。

朋友之間的東西絕對要分清楚，不然到最後東西壞了，想要讓對方賠，卻又開不了這個口，自認倒楣，但卻在心中自然形成一種排斥感。

2. 不要老想著每次出去都會有朋友請客。

偶爾一、二次或許受得了，時間一久，換成誰都受不了。所以朋友聚會之前，最好大家先商定好這次聚會的費用如何計算，各付各的，或是大家均攤，這樣不僅大家玩得盡興，也可以增進朋友間的感情。

3. 不要隨便進出朋友的廚房、房間。

越是要好的朋友，越是要彼此尊重，因為畢竟不是自己的家。你有什麼理由隨便出入朋友的地盤呢？那種行為只會讓人覺得你不尊重對方。如果有的話，應該盡量避免，不要以為這是小事，要知道，對方可能早在心裡把你罵開了。

4. 朋友之間應該注意禮節。

越是要好的朋友，禮節越是不能少，今天到朋友家去拜訪，絕對不可以空著手去。一定要帶點「禮物」，哪怕是一袋水果，所謂禮輕情意重。

5. 給朋友留一些空間。

給彼此一點空間，讓彼此去看看周圍的人和事，這樣一來，彼此的視野會更開闊。

6. 不要一遇到困難就去找朋友幫忙。

或許他可以幫你一段時間，但時間一長，朋友的心裡就會感到不自在，為什麼要交這個朋友呢，這不是給他自己找麻煩嗎。厭惡之情就會從心而生。所以，越是好的朋友你更要學會去體諒他的心情及難處。自己的困難盡量自己去解決，千萬不要總是麻煩別人，人家說久病無孝子。其實也可以改成「久煩無知己」。

7. 不要以為你跟你的朋友，每天都可以聊很長時間，不見面就覺得很難受。

真正的朋友是會在你特別的節日或生日都會打通電話問候你的人。不會因為沒有經常聯繫而把你忘記。真正的朋友是不會因為時間及距離而有所改變的。

8. 不要以為在你缺錢的時候，你的朋友會自動幫助你。

親兄弟都要明算帳。何況是朋友之間，在錢財方面一定要算清楚。欠朋友的錢應該儘快歸還，不要總是無限期往後拖延，要想想看對方借給你錢是因為他相信你，難道你要破壞自己的信用嗎？在現實中，其實講到錢就會傷感情，這是不可否認的。所以，越是好的朋友，錢財越不要弄得不清不楚。

猶太人認為，朋友間的友誼可以維持一輩子，也可以因為一點小事磨擦而成了仇人。從小地方做起，越是認為不起眼的小細節，越是會影響朋友之間的友情。不要因為這些小細節，而讓你損失了一個好朋友。朋友在你的人生中是一筆財富，需要好好把握。

23 不要瞧不起窮人

在一些猶太人居住區裡，每一個鎮上或村子裡，都會有一些乞丐。這些乞丐並不會受到人們的歧視，因為在猶太社會裡，乞丐是獲得神的允許的，他們應該得到人們的施捨。

猶太人對於貧窮的人，不歧視，不會瞧不起他們。

在猶太民族中，有不少學識淵博的窮人，他們當中還有很多人通曉《塔木德》，經常出入猶太教堂，以同仁的身分參加《塔木德》和《猶太教則》的討論。猶太民族中流傳著這樣兩句話：「有很多窮人是非常有學問的，因此不要看不起窮人。」「窮人的襯衫裡面埋藏著智慧的珍珠，不要輕視窮人。」

尊學、重學是猶太人的傳統，他們對於貧窮人的智慧，也同樣表示尊重。

猶太人有一個這樣的民間故事，教導人們不要看不起窮人。

在安息日前夜，一個虔誠的富人開始為安息日的食物做準備。

這時，他突然想起有一件急事需要馬上去處理，於是匆忙離開家。辦完事之後，他又急著趕回家，在路上，一個窮人向他乞討買安息日所需食物的錢。

這位虔誠的人生氣地斥責窮人：「你怎麼能一直等到最後一刻才買你的安息日食物呢？沒有人會像你這樣的。你肯定是個騙子，我才不會上你的當！」

他回到家後，告訴妻子遇到窮人的事。

「我想這件事你做錯了，」他的妻子說，「在你的一生中，你從未體驗到貧窮的滋味，也就不知道什麼是貧窮。我在窮苦人家長大。我經常回憶過去，有一次安息日快來了，而我的父親這時仍需四處奔波，為家人尋找食物，哪怕是一點點的麵包。你對那個窮人犯了罪啊！」

這人聽完妻子的話，趕緊走到街上尋找那個乞丐，乞丐仍然在尋找安息日食物。於是，這個人給了窮人安息日所需的麵包、魚、肉，並請求窮人寬恕自己。

在猶太社會裡，雖然富人和窮人有著很大的差距。但是，一直以來，窮人是受猶太人尊重的，猶太人認為富人並不一定快樂，窮人也並不一定是必然絕望。

不嫌貧愛富，並且把尊重窮人，對窮人進行施捨作為自己的義務，這是猶太人團結友愛的處世智慧之一。

24 建立良好的人際關係

猶太人認為：「一個成功之人八十五%是依靠良好的人際關係及圓滑的應對進退所累積的，只有十五%是依靠專業技術。」

成功的商人非常重視人際關係。在猶太商界，人們常說：「我們從事的是『關係業務』。」而人際關係的投資是長期的、持續不斷的聯繫和培養而形成的，如果你不去儲存，只知道用的話，那麼總有一天會把它消耗完的，因此，為了使自己的商業道路更平坦，任何一個商人都要花力氣在關係上進行投資。

猶太人為了擴大自己的人際關係，經常需要參加一些社交活動。一個商人他必須要消息靈通，這樣一旦機會降臨的時候，就可以將發生的事情告訴人們，並問問他們是否認識什麼人，可以把你介紹給他們。建立良好的人際關係網，確實是很重要的。

當事情順利的時候，人們容易變得懶惰和傲慢，丟掉已有的人際關係網。這樣做是非常不明智的。猶太人向來都堅持不懈致力於建立社交關係的維護。特別是當自己的事業朝著有利的方向不斷發展，更應該如此。當自己境況不佳，需要幫助時才和別人接觸，就顯得被動了。

有位成功的猶太商人曾說：「構架人際關係網路是成功的基礎，往往有關係之後，一切都會將沒問題。」這話說得很實在，不管是生存在哪個社會，被什麼樣的文化氛圍包圍，無論是重法依理的西方文化，還是講究社會脈絡的東方文化，人際關係對於一個人來說是非常重要的。一般來說，人際關係是有以下幾個特性：

1. 人際關係需要一點點的積累。

人們往往需要長久的關係，而長久的關係是累進的、由淺而深、由短暫到長久的。關係是建立在雙方利益基礎之上的。在人際交往中，每一個人在為別人做完一件事後，都會用心衡量自己付出的到底值不值、得到的夠不夠？以此決定自己是不是繼續維持這段關係。關係的建立往往以信任為前提。信任能夠征服人心，它可以使關係迅速地向成熟方向轉化。關係的建立還需要平衡對稱。身分、職務的相互平等可以縮短交際的過程，拉近彼此的關係，使關係穩定長久。

2. 關係需要用心經營。

關係是非常易碎的，人際關係是水到渠成的，常常隨著個人資源的積累，某些關鍵的人物的突破，關係就得到順利的進展。人際關係也有用完的一天。如果不知道去儲存人際之間的情誼，而只知道使用，那麼總有一天，會被拒之門外。

3. 人際關係是可以創造的。

要想成就一番事業，就需要不斷創造人際資源，可以使不認識變成認識，無關係變成有關係。關係是需要先付出才有獲得的。你只有先付出一定的代價，才能夠從別人那裡得到一些東西。這是商場的定律。關係的建立需要控制成本支出。在建立新的關係時，任何商人都不要有過高的期望或給予過多的成本支出，要做到適度，合情合理。

4.人際關係和人力資本的投資。

猶太人認為，除了與生俱來的血緣關係外，人際關係的建立、維持都需要投入心力。人際關係的投入除了滿足娛樂、情感交流外，還可以維持和加深這種人際關係，以便在將來的交往中獲益。

在市場經濟條件下，隨著知識經濟的到來，構建人際關係會有更濃厚的投資色彩，目的性會更強。因為在市場經濟下，各市場參與者都希望自己能夠獲得最大的利益。因而與各利益主體建立良好的人際關係，就可以使交易更順利進行，減少交易風險，降低交易成本。並減少人力資本所帶來的支出。

人際關係的建構直接關係到個人的人力資本。文化背景、道德觀念、思維習慣決定了一個人的行為。所謂「物以類聚」，說明人際關係網中的各個成員有某些共同的特性，他們所形成的非正式組織中有一些不成文的規定，對每一位成員都起著一定的制約作用。良好的規範能引導其成員不斷進取，獲得成功，不良的習慣會使其成員消極、墮落，也就是人們所說的「近朱者赤，近墨者黑」。

良好的人際關係有利於人的健康，良好的人際關係也較能滿足人的心理需要。

猶太人認為，人們會因為失敗而產生挫折感，會因為競爭的壓力而產生緊張感，也會因為受到別人的誤解而產生委屈感，使得人們的精神在一定的時間內處於壓抑狀態。由於很多人沒有意識到這一點，而且這種狀態大部分具有暫時性和自癒性的特點，因而他們大部分都會去找朋友傾吐自己的不快，從而使自己的心情逐漸恢平復。所以良好的人際關係對一個人的精神健康也有很重要的作用。

第五章

猶太人的教育思維

我們並不是為了滿足他人的期待而活。

——阿爾弗雷德・阿德勒（Alfred Adler）

01 知識就是財富

猶太人認為，知識就是財富，由此便產生了對知識這種財富近似貪婪的欲望。猶太人四處漂泊，沒有家園，散居在世界各地，沒有生存和發展的權利保障。他們所到之處，只能依靠自己頭腦中的知識，用知識去創造財富，從而由財富來為自己爭得一條生路及生存發展的空間。物質財富隨時都可能被偷走，但知識卻會永遠留在自己身邊，有了知識，財富也會隨之而來。這正是猶太人流浪數千年依然生生不息的原因所在。

在猶太人的眼裡，有知識的人是智慧和真理的化身，是上帝派來引導大家過幸福生活的人，他的身分是最尊貴的，他的地位比國王還要尊貴。

他們認為，父親值得尊敬，但拉比比父親更值得尊敬，因為在整個群體中，拉比是最有智慧的人，所有人都應該尊敬這位學識和智慧淵博的人。假如一個猶太人在為自己的女兒選擇夫婿的時候，他不會選擇一個除了金錢什麼都沒有的青年，而會毫不猶豫地選擇一個受過良好教育的青年。

猶太人就是這樣的民族，尊重知識，追求真理。知識是最偉大的，在它的面前，世俗的一切統治者都要讓位。在以色列，這個觀念得到了很好的印證。以色列建國之後，由於猶太科學家愛因斯坦在科學上作出了傑出的貢獻，得到世人的敬重與愛戴。以色列人民向他發出了邀請，請求他來做以色列國家的總統。但是愛因斯坦婉言拒絕了他們的好意，因為他已經決定將自己的一生貢獻給科學，根本無心插足政治。

許多人對此感到不可理解，總統是一個國家的象徵，身分是那樣的尊貴，科學家怎麼可以享受這樣的待遇呢？但是對於猶太人來說是很正常的事，在他們的眼中，誰擁有知識，誰就是最聰明的人，這些人掌握著宇宙的真理，把國家交給他們管理，一定會使這個國家富強，人民生活幸福。從這裡我們可以看出猶太人對知識的崇拜和熱愛。

在猶太人的生活中流傳著許多富有教育意義的故事，其中就有這樣一個故事：

在一艘大船上，有很多大富翁，但船上還有一位猶太拉比。富翁們聚在一起彼此炫耀著財富的多少，拉比聽了之後說：「我認為最富有的人應該是我，你們信不信。」這些富翁聽後，大笑了起來，認為他是在說夢話。

船在航行的過程中，遭到海盜的搶劫，富翁們的財產都被搶走了。經過一段時間的漂泊，大船好不容易抵達一個港口。拉比以他高深的學問贏得了港口人民的歡迎，他開始在學校開班授徒。

不久，這位拉比在路上碰到和他一起坐船而來的富翁們，他們每個人的處境都很悲慘。這時他們看到拉比受人尊敬的樣子，明白當初拉比所說的「財富」，富人感慨地說：「你以前說得對，你是最富有的人，因為你擁有知識。」

猶太人用這個故事來勉勵後人——知識是人類最重要的財產，知識勝過錢財，它會令人受用一生。

猶太人對知識非常重視，他們認為，無知的人不可以做商人。只能從一個角度去觀察問題的人，不但不配做商人，也不能算是一個健全的人。而猶太人做生意，也容易與學識淵博的人達成交易。

一個做鑽石買賣的猶太商人曾這樣問他的合作夥伴：「你能告訴我大西洋底部有多少種魚嗎？」合作夥伴聽了以後感到非常奇怪，因為大西洋底部的魚類和做鑽石生意根本就沒有必然聯繫，他為什麼要問這樣的問題呢？

這就是猶太人的特殊想法：一個鑽石商人需要的是精明的商業頭腦，如果對方連大西洋有哪些魚類都了解得一清二楚，可見他也同樣熟悉鑽石這個行業，和這樣的商人合作肯定能贏。

知識具有很高的價值。猶太人認為：「世界上沒有人是貧窮的，除非他沒有知識。」

一個擁有知識的人也會擁有智慧，有了智慧就能應付各種的情況。擁有智慧的人做起生意來，必將如魚得水，大量的財富也會隨之而來。

02 學校與猶太民族同在

猶太人非常重視教育，因此學校在猶太人生活中占有非常重要的地位。

一九一九年，猶太人與阿拉伯人處於日趨激烈的衝突之中。耶路撒冷的希伯來大學便在隆隆的炮火聲中奠基開工。此後衝突愈演愈烈，但這並不能阻止這所大學在一九二五年建成並投入使用。

猶太人之所以特別重視學校的建設，除了他們具有那種「以知識為財富」的價值取向之外，還因為在他們看來，學校是一口保持猶太民族生命之水的活井。

偉大的拉比約哈南曾說過這樣的話：「學校在，猶太民族就在。」

西元六八年，耶路撒冷陷於羅馬軍隊的包圍之中，城內的猶太人面臨滅絕的危險。在這危急關頭，猶太人內部分成相互對立的兩派：一派是主張透過和平解決的鴿派，另一派是主張以武力相爭的鷹派。

兩派互不相容，形成了針鋒相對、劍拔弩張的形勢。最後，鴿派在這場鬥爭中失敗了，鷹派把約哈南關押在耶路撒冷的監獄中，各方面都受到了嚴格的監控。

這時，約哈南突然想到一個辦法。他躺在床上裝病，很多人得知這個消息後都來探望他。

沒多久，從監獄中傳出約哈南死亡的消息，並且很快傳遍了耶路撒冷的大街小巷。信徒把約哈南的遺體裝進棺材，這樣約哈南以下葬為名，逃出了鷹派的看守，來到羅馬軍隊駐守的陣地之前。

羅馬守兵準備用刀刺棺驗屍，約哈南的信徒紛紛跪地求情說：「如果你們的皇帝死了，你們是不是用刀驗屍呢？我們手無寸鐵，難道還能做出危害羅馬軍隊的事嗎？」最後他們一行人終於闖過羅馬軍隊戒備森嚴的防線，來到了羅馬統帥部。

這時，約哈南從棺材裡走了出來，要求拜見羅馬軍隊的統帥。

得到應允之後，約哈南走進統帥部，見到了司令官韋斯巴羅。他看著這位司令官，沉著冷靜地說道：「我對閣下和皇帝懷有同樣的敬意。」約哈南想的是，韋斯巴羅不久將會成為羅馬帝國皇帝。

韋斯巴羅對這位長者所給的頭銜摸不著頭腦，甚至懷疑約哈南在羞辱他，因為這時他的職位離帝國皇帝的職位差得很遠。

約哈南此時看出了韋斯巴羅的不悅，冷靜地解釋道：「我說的話一定會應驗的。閣下必定會成為下一位羅馬皇帝。」

韋斯巴羅看到約哈南十分認真的樣子，怒氣消了一大半，說道：「你的話我似乎已經明白了。那麼，今天你來拜見我的目的是什麼呢？」

約哈南回答說：「我只有一個願望，給我一個能容納大約十個拉比的學校，並且永遠不要破壞它。」

韋斯巴羅毫不猶豫地點了點頭，並且向他保證如果他能到耶路撒冷，約哈南保存學校的願望就會得以實現。

沒多久，羅馬帝國皇帝遇害，韋斯巴羅作為帝國最有貢獻的將軍成為帝位繼承人的預選者，這時他自稱國家元首。元老們也認可了他的帝位。

韋斯巴羅當了羅馬皇帝以後，也許是為了感謝約哈南拉比對他作出的預言，也許他還沒有認識到一所學校對一個正在淪落的民族所起的精神作用。

當耶路撒冷遭到羅馬軍隊的洗劫時，他發出一道命令：給猶太人留下一所學校。這樣位於沿海平原小鎮亞布內的聖經學院才得以倖存。

學校留下來了，還留下了學校裡的幾十個年老智者，維護了猶太的傳統、猶太的知識。戰爭結束後，由於這所學校的存在，猶太人的生活模式也因此得以繼續保存下來。

約哈南拉比以保留學校這個猶太民族和猶太文化的存續為根本，無疑是一項極富歷史感的遠見卓識。

一方面，在異族統治者眼裡，猶太民族大多不是作為地理政治上的因素考慮，而是文化上的吞併對象。猶太這樣一個小小的民族之所以為反抗世界帝國羅馬而起義，其直接起因首先是異族的文化統治，也就是異族的文化支配和主宰，而不是民族的政治統治。

另一方面，猶太人不同於其他民族，首先是在後天的文化內涵上，而不是在先天的種族特徵。在一個猶太人的名稱下，有黃種人、白人和黑人；至今作為猶太教國家的以色列向一切皈依猶太教的人開放大門，因為接受猶太教就是一個正統的猶太人。

為了達到這項文化目的，猶太人進行了不懈的努力，不僅僅是保留一所學校，而是盡量把整個猶太文化的精髓和猶太生活的傳統保留下來。

03 猶太人的精神領袖——拉比

拉比是猶太教教職的一種。在古代猶太教中，原指精通經典律法的學者，故其原意為「老師」，負責執行教規、律法，並且主持宗教儀式。在猶太社會中，拉比們是享有崇高地位的精神領袖，他們身兼學者、傳道者、教師、諮商者、評判者等角色。

在猶太人心目中，拉比就是聖言的傾聽者，是代表上帝向世人宣傳聖言的使者，是守護猶太教的功臣，是猶太人心靈不死的指引者，是猶太人的精神領袖。

在羅馬人統治猶太人時期，羅馬統治者對猶太人極端地仇視。為了毀滅猶太民族，他們想盡了一切辦法，例如封鎖學校、禁止做禮拜、焚燒書籍、禁止猶太人的各項慶典、禁止培育拉比等等。

羅馬統治者發出公告，如果有人參加拉比的任命儀式，無論是任命的一方還是被任命的一方，都將被判處死刑。舉行這種儀式的城市村莊，也將會被毀滅。

對於各種壓迫手段來說，這是羅馬統治者採取的一項最殘忍的措施。沒有人願意背負毀滅城市、鄉鎮的責任，所以這種手段在一段時間內確實起了恐嚇的作用。

猶太人並沒有就此屈服，因為對猶太人而言，拉比是非常重要的，沒有拉比，就等於社會宣告瓦解。拉比是猶太民族的領導者，代表猶太人社會的一切權威。如果沒有了社會事物的解決人，沒有了精神領袖，猶太民族必會陷入誠惶誠恐的慌亂中。

值得慶幸的是，有位出色的拉比看破了羅馬統治者的險惡用心，於是他率領最賞識的五名弟子，溜出城鎮，來到荒涼的大山。因為這裡比較安全，可以避免被羅馬人捉住；即使被羅馬人捉住，受刑罰的也只是自己，不會牽連到整座城鎮的同胞。

他們在距離城鎮兩公里左右的地方停下來，這位傑出的拉比仍為他的五名弟子舉行拉比任命儀式。

但是，他們的活動還是被羅馬人知道了，於是派軍隊來逮捕他們。老拉比說：「我的使命已經完成了，死而無憾。但你們應該儘快逃離這裡，因為我們需要有人繼續承擔拉比的任務！」

五名弟子非常清楚自己肩上的責任，於是迅速奔走，並安全逃離了逮捕。最後只有年邁的老拉比被羅馬人抓住。惱怒的羅馬人把老拉比處死。老拉比死了，但是五名年輕的拉比開始了新的傳承。老拉比雖死，但是猶太民族的精神支柱卻屹立不搖。

在猶太人心目中，雅基巴拉比是最受人尊敬的拉比。他是一位為正義、為國家捐軀的民族英雄。

雅基巴原來只是一個僕人，替一位萬貫家財的大富翁工作。他愛上了富翁的女兒，後來兩人不顧家庭的阻撓，結為夫妻，富翁一怒之下，與女兒斷絕了父女關係。

雅基巴沒有讀過書，不識一個字。妻子深情地對他說：「我唯一的願望就是希望你能學習文化知識。」在妻子的鼓勵下，雅基巴遠走他鄉踏上求學之路。

經過十二年的潛心苦讀，雅基巴終於成為學者，贏得當時人們的推崇與愛戴，並且承擔了《塔木德》最初的編輯工作。他曾經對醫學及天文學做過一些研究，並通曉數國語言，學問廣博而精深，而且曾以猶太人精神領袖的身分多次陪伴「納西」或「長老」前往羅馬與哈德良皇帝進行交涉。

西元一三二年，為反抗羅馬人的殘暴統治，擺脫他們的奴役，猶太人揭竿而起，舉行起義。雅基巴的很多弟子都參加了起義，但起義很快就被鎮壓了，很多猶太人被殺害。

羅馬統治者為了徹底消除猶太民族的精神，禁止進行猶太教活動，但是雅基巴不顧當局的禁令，繼續講學，並且對他的猶太同胞講了這樣一則寓意深遠的故事：

一天，有一隻狐狸在湖邊走。牠看到小魚在湖裡快速地游著，就很想吃掉牠們。牠問道：「小傻魚，你們為什麼游得這樣快啊？」

魚兒回答：「我們剛從漁夫的漁網脫險。」

「既然這樣，為什麼不像你們的父母一樣上岸來，讓我們像兄弟一樣住在一起？」狡猾的狐狸說。

小魚哈哈大笑，「哦，狐狸這個狡猾的東西！儘管大家都認為你聰明，但你說話像個傻瓜。你給我們的是什麼蠢建議啊？如果我們害怕現在生活的地方，你以為我們就會聽你的話到無法生存的陸地上去嗎？你就等到死吧！」

對猶太人來說，信仰便如同水，如果離開水而上岸，唯有死路一條。不論遭受怎樣不公平的待遇，猶太人都不能離棄民族信仰。這便是雅基巴至死仍奉守不渝的主張。

沒過多久，雅基巴被羅馬人逮捕，並且很快押往羅馬。為了發洩心中的怒氣，羅馬帝國統治者決定對雅基巴處以嚴酷的烤刑，讓他在極度的痛苦中慢慢死去。

由於雅基巴是猶太人的領袖，為了防止出現意外，在行刑當天，羅馬司令官也親臨刑場。當時旭日東昇，正是做晨禱的時刻，這位偉大的拉比在被燒紅的鐵塊炙烤全身之時，仍不忘虔誠而平靜地進行祈禱。

羅馬司令官看到這個情景，非常吃驚，忍不住問道：「你現在正遭受著十分嚴酷的刑罰，難道還不忘祈禱嗎？」

雅基巴平靜地回答：「我敬愛神，所以我不會錯過任何一次與神交流的機會，尤其是現在，當我即將被殺之際，我很高興發現我是如此忠誠敬愛著神，至死仍能與神交流，所以我將無所遺憾。」

說完這幾句話之後，偉大的拉比雅基巴便在朝陽的照耀下慢慢倒下去。

猶太人的傑出智慧就是因為擁有了智慧絕倫的拉比們。猶太精神不滅，拉比們起了不可估量的作用，猶太人的心靈不死，是拉比精神指引的結果。猶太拉比用上帝之言廣泛傳播猶太教，才使得猶太教成為世界性的宗教。

儘管拉比們經歷了猶太社會不同的動盪時期，經歷了不同的歷史事件，但他們的精神卻超越了各自的時代和歷史事件，打造並完成了共同的宗教原則和倫理規範。這對猶太教有著積極、永恆的意義。

無論快樂與苦難，猶太人都緊緊團結在拉比身邊，用屈辱去謀求生存，用真理去戰勝謬誤。因此猶太人在遭受殺戮後仍能重新聚在一起，不斷向命運抗爭。

猶太拉比們以自己的智慧啟迪偉大的猶太民族。在拯救宗教、發展宗教的同時，也形成了猶太民族特有的生存智慧。

04 尊敬教師

早期的猶太社會中，並沒有專職教師這一項職業，教育子女的責任主要是由父親和拉比分別完成的。在家庭，父親不僅是子女的監護人，還承擔著教育子女的重任，他把學識以及為人處世的道理教給自己的子女，因此，父親與教師的概念是相同的。

其實在希伯來語中，「父親」一詞本身就具有「教師」的含義。如今在西方語言中以「Father」來稱呼教師，正是延續了希伯來習俗。在社會上，教師的職責由象徵智慧與權威的拉比來完成。因為在希伯來語中，「拉比」一詞的第一含義就是「教師」。

因此，現實中的拉比是各地猶太學校的負責人與專職教師。他們被稱為智慧的化身，要為學生解答難題，幫助他們確立正確的人生目標。不僅如此，人們遇到不能理解的難題時，往往也會向拉比求助。

西元六世紀，學校逐漸獨立，教師與父親、教師與拉比的兩位一體化也隨之慢慢分離，實際意義的專職教師也隨之而生。

教師的職業是一種神聖的職業，猶太人也認為雙親和教師都像巍峨的高山，非常偉大。

猶太人曾長期流傳著這樣一則故事：

有一個貧困的家庭，父親辛辛苦苦把孩子養大了。一次，出海的時候，父親和教師同時落入水中，情況非常危急，而他一次只能救一個人，這個孩子的選擇是先救出教師，再救出父親。

《塔木德》也記載著這樣的故事：

兩位檢察員受拉比之命來到一個鎮上，要求拜見守衛這個小鎮的人。鎮上的警察局長聞訊後趕忙出來迎接，檢察員卻說：「我們要見的不是你，而是守衛這個小鎮人民的人。」這時，守備局長又跑出來迎接，檢察員依然搖著頭說道：「警察局長與守備局長都不是我們想要見的，我們想要見的是學校的教師。教師才是真正守護市鎮的人。」

可見，在猶太人的眼中，教師是民族利益的守護者，教師的事業關係到整個民族的未來。

長期以來，各地猶太人都形成一種尊師重教育的優良傳統，猶太人在婚姻嫁娶問題上的態度也從側面反映出他們對包括教師在內的學者的敬重。自中世紀以來，在歐洲，尤其是中歐的猶太人形成這樣一種觀念：與有學問的教師或拉比的女兒結合的婚姻是幸福的婚姻。這一點充分說明了教師在猶太人心中的地位與價值。

05 孝敬父母

上帝、父親和母親是人的三個伴。一個人應該孝敬父母，不僅僅因為父母給予了生命，更因為他們教會了我們怎樣做人。每一個真正的人都要尊敬父母。

要孝敬父母，重要的不是你做了什麼，而是你怎麼做。

一個人可能讓他的父親在磨坊裡做工而上天堂，一個人也可能給父親吃肥雞而下地獄。一個人怎麼可能讓父親在磨坊裡做工還能上天堂？

有個人在磨坊裡工作。國王下了一道命令，每一戶出一個男人給自己幹活兒。這個人對他的父親說：「父親，你待在磨坊裡替我工作，我去給國王幹活兒了。因為如果要受辱的話，我不願你承受，寧願自己承受。如果有責罰，希望挨打的不是你而是我。」這樣的人就算是讓父親在磨坊裡工作，他仍可以上天堂。

為什麼給父親吃肥雞的人還要下地獄？

有一個人常常給父親吃肥雞。有一次父親對他說：「孩子，這些雞你是從哪兒弄來的？」

他回答說：「老不死的，問那麼多做什麼，只管吃吧，就像狗吃東西時一樣安靜。」這樣的人就算給父親吃肥雞但不敬重父母，自然是要下地獄。

一個人不能在言辭中不尊敬父親。如果父親上了年紀，早晨想早點吃飯，就像一般的老人那樣，他要兒子去做早餐，兒子說：「這麼早就想吃早飯，你看看，太陽還沒升起來。」或者他自己想著，說：「這個老東西怎麼還不死啊？如果死了，我就可以解脫了。」如果父親不小心違反了《律法書》，孩子不能斥責他說：「父親，你犯法了。」他也不能說：「父親，《律法書》是那樣規定的嗎？」

這兩種說法都是對父親的侮辱，所以不能這樣說。

他應該這麼說：「父親，《律法書》是這樣規定的……」

然後把原文引用出來，讓他的父親自己得出結論——了解到自己錯了。

一次，拉比塔福恩的母親在鄉間走路時，不小心弄壞了鞋帶，為了不讓母親的腳踩到地上，塔福恩把自己的兩隻手伸了出來，放在地上，讓母親踩著走過去。

一天，塔福恩病了，許多長老們都來探望他。他母親對這些長者說：「我的孩子對我盡了最大的孝道，請為他祝福吧！」

「這到底是怎麼回事？」長老們問道。

這位母親就把這件事原原本本地說出來。

「我們要為這樣孝敬母親的拉比做祈禱，願他永遠平安、幸福。」長老們激動地說道。

猶太人認為對父母養育之恩的最好回報是孝敬父母。只要對造物主的敬重還沒有消失，贍養並孝敬雙親的律例將永無止境。

《聖經》上說：「孝敬你的父親和母親。」

《塔木德》這樣告誡人們：「不論你是遵紀守法的臣民，還是十惡不赦的罪犯，都得把孝敬父母看成是自己的天職，哪怕你是落魄天涯，衣食無著落的人。」

06 孩子是未來的希望

人類有三個朋友：小孩、財富、善行。這是猶太社會流傳的一句睿智的格言。這裡所說的人類指的是猶太民族。

猶太人是以「文化」立「族」的，對於他們來說，善行及其背後的價值與信仰，是民族最高意義的存在，沒有這些，就不會有猶太民族。但是，這種精神存在必須與民族的肉體存在同在，才能使它成為每一歷史時期的現實存在而不淪為歷史遺跡。

財富不僅代表著維繫猶太民族肉體存在和精神存在的必要條件，還是猶太民族的肉體存在藉以證明其精神存在之不朽的根本證據。所以，最終說來，猶太民族的這三種存在是在孩子身上實現「三位一體」的。

由此我們不難明白，猶太人為什麼會對孩子帶有神聖感、崇高感的情感。猶太人之所以賦予孩子這樣一輪光環，使孩子幾近於神聖，那是因為他們清醒意識到，自己的未來和一切希望都寄託在孩子身上。

從這樣一種觀念出發，猶太人的家庭成了名副其實的「孩子的王國」。當孩子還沒有出世的時候，就已受到家人的特殊照顧。猶太人有一條規矩，懷孕的婦女會受到特殊的照顧，必須讓她吃得好。在窮苦的家庭，即使大家都餓著肚子，也不能餓著孕婦。孩子出生後，就成了家庭的中心。家人就會找孩子交談，討論問題，有時甚至還與他們一起嬉鬧，這是猶太人採取的一種特殊的教育方式。這種風格的教育風行於猶太人的各個階層，他們在培育孩子思考和論說能力的同時，培育了一顆猶太心靈。這種培育猶太心靈過程中最動人的一幕，就是培養孩子從小擁有一顆善良的心。

在塔木德時代，猶太人家庭在安息日前夕，孩子的母親一定會把蠟燭點上，父親則把手放在孩子們的頭上念誦祝福詞。猶太人家裡都設有捐款的小箱子，在把蠟燭點燃之前，父母會引導孩子往小箱內投硬幣，作為捐獻。到安息日的下午，富人家庭的父母不會把錢直接交給窮人，而是讓孩子把小箱裡的錢拿出來送給窮人。

猶太人認為，這些做法可以培養孩子的慈善之心，讓孩子知道去愛人。

07 擁有知識就擁有一切

猶太人在世界上之所以能夠引領風騷，最主要的是他們具有很高的文化素養。而其根基是尊重知識，渴望學習，重視教育，崇尚求知。

在猶太人看來，學習知識最美妙的事。

在猶太傳統中，孩子們第一次去學校上課，要穿上新衣，由教士或有學問的人帶到教室。在那裡，每位孩子都可以得到一塊乾淨的石板，石板上的希伯來字母和簡單的《聖經》文句都是用蜂蜜寫成的，孩子們一邊誦讀字母，一邊將石板上的蜂蜜舔掉。隨後，拉比們會分給他們一些甜果。學校之所以這樣做，是為了讓他們明白，學習知識有甜頭。從這種正式的風俗儀式上可以窺見猶太人對學習的態度。

學習知識具有崇高的價值。在《塔木德》有這樣一段論述：「學習使人嚴謹，嚴謹使人熱情，熱情使人潔淨，潔淨使人克制，克制使人純潔，純潔使人神聖，神聖使人謙卑，謙卑使人恐懼罪惡，恐懼罪惡使人聖潔，聖潔使人擁有神聖的靈魂，神聖的靈魂使人永生。」

在以色列，有一個富翁的兒子對學習沒有絲毫興趣，他的父親最後對他徹底絕望了，只教他《創世紀》一書。後來，他們居住的城市遭到了敵軍的攻擊。敵人俘虜了這個男孩，把他囚禁在一個遙遠的城市。

國王來到了這個城市，並視察了男孩被囚的監獄。國王要求看一看監獄中的藏書，結果他發現自己有一本書不會讀。

「這好像是一本猶太人的書，」他說，「這本書有沒有人會讀？」

「有一個人會讀，他現在正關在這個監獄裡，我這就帶他來見您。」典獄官說道。

典獄官把男孩找來，說：「現在國王那裡有一本書，如果你不會讀的話，國王就會要你的腦袋。你要是死在這兒的監獄裡，總比被國王砍掉腦袋來得好。」

男孩說道：「我父親只教我讀過一本書。」

典獄官把男孩從監獄裡提出來，將他打扮了一番，然後把他帶到了國王那裡。國王把書拿給他，男孩就開始讀了，從「起初，上帝創造天地」一直讀到「這就是天國的歷史。」

國王聽他讀完之後，說道：「這顯然是上帝，賜福的上帝向我打開他的世界，只是要把這孩子送回他父親身邊。」於是，國王賞給了男孩一些錢，並派人送他回家。

聖人們聽到這個故事後，說：「儘管這孩子的父親只教他讀了唯一的一本書，賜福的上帝就獎賞他了。那麼，想一想，如果一個人費盡心血教他的孩子《聖經》、《聖徒傳記》和《密西拿》，那他該接受多大的獎賞呀！」

為此，猶太人認為一個人在物質上的貧窮並不能算是真正的貧窮，除非他是文盲。擁有知識的人可以擁有一切。對於猶太人，拉比可能會問：「一個人要是沒有知識，那他還能有什麼呢？一個人一旦擁有知識，那他還能缺什麼呢？如果一個人不去學習，並且不擁有知識，那他還能擁有什麼呢？」

08 不要停止學習

在猶太人看來，不論一個人的年齡有多麼大，也不管他有多麼貧窮。只要他是人，就應該學習。因此，猶太人認為學習可以使自己永保青春，還可以經由學習獲得「財富」，取得精神上的富足。

如果一個人來到天國裁判所，並說：「我很窮，整天被饑餓所困，沒有時間學習」；那麼，他就會被問以這樣一個問題：「你比希賴爾還窮嗎？」

希賴爾是一個窮人，他每天辛苦幹活，卻只掙到很少的一點錢。他用收入的一半支付給學院的守衛，而用剩下的一半來維持自己和家人的生計。

一次，他沒有掙到錢，自然也就被學院的守衛擋在門外。知識的吸引力是巨大的，因此在渴望學習的熱情所驅使下，希賴爾爬到了教室的屋頂，把頭緊緊貼在冰冷的屋頂上，屏息傾聽智者施瑪和阿弗塔揚講課。此時，外面正下著鵝毛般的大雪，不一會兒，就將他覆蓋起來，但他聽得非常入迷，終夜沒有挪動一下位置。

第二天清晨，施瑪對阿弗塔揚說：「兄弟，你發現了沒有，天已經亮了，但這間屋子還是有些暗，是不是外面陰天了？」

他們走到屋外抬頭向上看，發現屋頂有一個較大的物體，於是，他們爬上屋頂，發現了希賴爾，他被大雪覆蓋，已經凍得失去了知覺。他們把他背下來，給他洗澡並塗油，然後把他放到了火爐旁邊。

兩位聖人說：「這個人的求知行為多麼令人敬佩啊，願上帝保佑他。」

《塔木德》有這樣一些話：

「對於像孩子那樣學習的人，我們把他比做什麼呢？就像用墨水在新鮮潔淨的紙上書寫。但對於像老人那樣學習的人，我們把他比做什麼呢？就像用墨水在破舊不堪的紙上書寫。」

只要生命沒有停息，猶太人就不會停止學習，因為對猶太人來說，學習跟吃飯、睡覺一樣重要，每天必不可少。猶太人認為到達天國以前，人必須要不斷地學習，不能有任何的鬆懈。猶太人一向秉承著這樣一種觀念：肯學的人比知識豐富的人更偉大。

09 做個學識淵博的人

猶太人一般都有淵博的學識，你和他坐在一起談話的時候，他講得有條有理，且內容豐富、精彩，似乎這個世界上的事情他都知道。有個日本人和猶太人談判之後給他留下了深刻的印象：「那個猶太人真的很厲害，那天他和我進行了三個小時的談判，這期間幾乎都是他在說。我對他的印象非常好，他穿著很整潔，講話極有道理，條理非常清晰，態度又很謙和。我簡直不想開口，只想一直聽他說下去。老實說，他不是在跟我談判，而是在給我上課。」在這樣博學的對手面前，你是不是覺得難以應付呢？

如果有幸成為猶太人的朋友，你和他談話的次數越多，你就會越佩服他淵博的學識了，他談話的內容涉及了各個領域，似乎天下沒有他們不懂的事情。特別是吃飯的時候，他們更是滔滔不絕，讓你大開眼界。

不管在哪個時代，擁有淵博學識的人都會受到人們的尊敬。

有位猶太人某次應邀參加法國的一個會議。在巴黎參會期間，一日晚餐後他外出散步，走到河邊的時候，看見遠處有一位垂釣者，不禁觸景生情，乘著酒興吟誦了一首著名的詩，法國人聽後大為嘆服，認為這位先生學識淵博，對他另眼相看。這次談判很成功，猶太人從中獲得了不少的利益。

由於猶太人自身的水準比較高，他們不喜歡和教育水準低下、見識淺薄的人交往，他們說：「站在玫瑰花叢中的人，身上充滿馨香。」因此和學識淵博的人交往，可以經常討論學習，互相督促求進步。

猶太人非常注重學習，透過學習不斷提升自己，以至在事業上不斷取得成功。

猶太人阿爾伯特剛開始只是一家銀行的信貸業務員，他像現在美國的許多年輕人一樣，工作一段時間之後，認為自己的學識不足，產生了回大學深造的想法。

經過大學學習之後，阿爾伯特各方面的能力都得到很大的提升，在銀行業取得了很大的成績。沒多久，阿爾伯特便晉升為一家銀行在紐約分行的經理，以後又晉升為這家銀行的總行經理。阿爾伯特的成功說明了只有不斷提升自己，才不會被社會淘汰，才能有所作為。

猶太人不僅重視學校的正規教育，又注重自教自學。大家都知道，學校的教育是獲取基礎知識的場所，很多專業知識及實際操作技術要透過實踐或專業學習才能得到。另外，由於每個人的情況和條件各不相同，受到正規教育的情況也不盡相同，因此，猶太人特別強調要具有獨立獲取知識的技能，從而指導自己的工作實踐。

所以，在猶太人眼裡，知識就是財富，知識就是力量，知識是無法被任何人奪走的，所以他們對教育非常重視。猶太人有個說法，人生有三大義務，第一就是教育子女。他們教育子女，目的在於讓他們儘快適應這個競爭激烈的社會，在競爭中求得生存與發展。

猶太民族在宗教和文化氛圍薰陶下，對教育和學習的重視始終如一，形成了一種幾乎全民學習、全民都有文化的局面。儘管早期的猶太民族學習的內容主要是神學研究，涉及的範圍不是很廣，但隨著後來猶太民族受迫害流散於世界各地，他們學習的範圍很快地擴展開來，不斷汲取世界各國的文化。更值得一提的是，他們勤奮好學的傳統一直得以繼承和發揚，這使猶太人在調節其心理，激發求生存、謀發展的創造力和增強民族凝聚力上，具有更大的能量。

敏銳的知性可以抓住瞬間的機會，預見未來的趨勢，洞悉細微處的微妙變化，把握宏觀而抽象無形的東西。學習的目的便是培養這種洞若觀火的洞察力。

學習一定要學到學識淵博，始能融會貫通。

猶太人說：「淺井的水一提就乾，深井的水是提不完的。」金銀財寶是有限的，它總有用完的一天；而知識卻是無限的，它永遠與人同在。

10 學習需要懷疑

懷疑是學習的鑰匙，能開啟智慧的大門。求知的欲望正是不懈學習、探求知識的動力，而懷疑能引導自己不斷獲得新知識。

《塔木德》說：「好的問題常會引出好的答案。」

可見，好的發問和好的答案一樣重要。問題要是問得好的話，答案也常常是深刻的。沒有懷疑的精神，是不會發問的。思考就是由懷疑和答案共同組成的，所以，知道如何懷疑的人就是智者。

人沒有理由對什麼事都確信無疑。懷疑一旦開始，就會出現許多的疑點，循著懷疑的線索去探索追尋，就可以得到正確的答案。

但過分的思考對自己並沒有什麼好處。的確，猶豫是非常危險的，人們必須在最適當的時候果斷抉擇，否則就會與成功失之交臂。只有適時而大膽地行動，才會走向勝利。人不能為了學習而學習，學習是為了豐富自己的知識，使自己各方面的能力不斷得到提高。在這個世界上，絕對不會重複出現相同的事情，因此，當面臨一種新的情況時，誰也不能把以前所學的東西原封不動地運用上去。學習到的東西只能給人以知性的感覺。

而為了錘煉知性，就必須學習，使知性更加敏銳。

敏銳的知性可以抓住瞬間的機會，預見未來的趨勢，洞悉細微處的微妙變化，把握宏觀而抽象無形的東西。學習的目的便是培養這種洞若觀火的洞察力。

學習一定要學到學識淵博，始能融會貫通。

猶太人說：「淺井的水一提就幹，深井的水是提不完的。」

金銀財寶是有限的，它總有用完的一天；而知識卻是無限的，它永遠與人同在。

11 理想與現實相結合

猶太人認為，理想來自於實踐，並且隨著實踐的發展而發展。但是，理想又應該高於現實，它對現實具有指導的作用。只有把兩者有效的結合，才能相得益彰。

有一隻猴子在樹上玩耍，忽然，牠看見幾個漁夫在海邊撒網捕魚，覺得挺好玩的，也想試一試。

後來漁夫們回家吃飯，將網留在岸邊。猴子迫不及待地從樹上跳了下來，飛快地跑到岸邊，拿起漁網，模仿漁夫的動作掄起網往外拋，結果把自己罩在裡面掉進了水中。猴子使勁地掙扎，試圖從裡面出來，但這一切都是徒勞的。牠無助地看著大海，哀歎道：「我從來沒拿過漁網，怎麼可能會用它捕魚呢？我現在落到這個地步，真是活該啊！」

有些事情看起來容易，實際做起來卻沒那麼簡單，漁夫撒網就是如此。看似容易，實則隱藏著豐富的方法、經驗，所以即使是聰明的猴子也不能一看就會。學習新事物，觀察是非常關鍵的，不可缺少，然而更關鍵的是親自體驗，從中吸引經驗和教訓，這樣才能真正掌握。千萬不要不懂裝懂，盲目行動，像猴子那樣，捕魚不成，反而把自己害了。

12 讓自己大膽地想像

在古代的猶太社區裡，每當大家聚在一起討論問題的時候，主持會議的老年拉比總是讓一些年輕人先發言，然後再讓那些有豐富經驗和資歷的人發言，接著大家可以自由發表自己的看法，最後是年老的、富有權威的拉比根據大家的意見，進行公正的評價和總結，並且做出決定。

拉比會鼓勵大家說：「每個人在真理面前都是平等的，你們和我都要聽從真理的召喚。我們相信每個人的發言都是有價值的，你們的發言也不例外。」在拉比的熱情鼓舞下，年輕人不再羞澀，大膽說出了自己的想法，這種想法往往富有創見，讓人意想不到，他們朝氣蓬勃的精神也會讓別人感覺到熱情。

為什麼在討論問題的時候，猶太人要讓年輕人首先發言呢？在《塔木德》中有這樣的討論，一個人對另一個人說：「師從長者猶如什麼呢？猶如吃成熟的葡萄，喝陳年的老酒；師從年輕人猶如什麼？如同吃不成熟的葡萄，從酒甕裡喝新釀的酒。」而另一個人則反駁說：「不論陳酒還是新酒，只要品質好就是好酒。」

猶太人認為，年輕人缺乏處理社會各種事情的經驗，因為他們沒有經過太多的世事。但他們絕少有保守的心態，相反，他們心中有許多美好的願望，渴望將來能夠得以實現。儘管許多願望顯得過於浪漫和不現實，但它體現著一個年輕人面對社會現實的理想化。而老年人經歷了世事的一切，不會再去追求那些難以得到的東西，他們已經變得十分現實。他們沒有奇特的想法，沒有生活的激情，完全是靠自己的經驗來判斷。但是在社會上、在商業中，激情和想像卻是人類永遠的追求，正是這種天真和想像才能讓人類蹣跚地前進，沒有了大膽離奇的想像，這個社會就會停滯不前，不會有任何的進步。

在商業活動中，更不能缺少大膽離奇的想像。著名的狄斯奈樂園是所有兒童的樂園，在那裡有著許許多多可愛的小動物：笨拙傻氣的唐老鴨、機智聰明的米老鼠、活潑可愛的三隻小豬等等。這些小動物都是憑藉著豐富的想像力創造出來的。

富有想像力的迪士尼原本在一家廣告公司工作，幹了沒多久便辭去了工作，自己創辦了一家動畫製作公司，憑著自己的喜好和想像，很快他就拍攝了動畫片《愛麗絲漫遊仙境》。這部片子吸引人的地方是裡面既有一位天使般可愛的真人小姑娘，同時又加入了年輕人大膽、浪漫、虛構的動畫設計。這部片子一上市就在社會上引起了轟動，電影公司的片約像雪片一樣飛來。

接著，迪士尼又創造出了一隻乖乖兔，給它取名為「沃絲娃爾托」，再次受到大家的歡迎。然後他又依據當時乘坐飛機成功飛越大西洋的查理斯·林白的形象，塑造出了聰明淘氣、粗心急躁的大耳鼠「米奇」，當老鼠米奇從飛機上向著蔚藍天空一躍的時候，各大劇場都場場爆滿了。

後來，他不斷發揮自己的想像，創造出了三隻小豬、米老鼠、唐老鴨、白雪公主和七個小矮人等著名的卡通形象。

幾年之後，他建成了狄斯奈樂園，這是一個童話般的世界，它不僅受到了所有孩子的喜愛，而且還吸引了許多成年人，狄斯奈樂園成了到西海岸所有遊人必去的地方。

讓自己大膽地想像，讓世人快樂地消費，已成為迪士尼一生的生活信條。

13 選擇適合自己的學習方法

猶太人認為，學習是需要懷疑、思考、提高知性能力的過程，所以一定要選擇適合自己的方法，才能有所成就。下面這則故事對此進行了闡釋：

有一隻山羊在河邊喝水，喝著喝著，牠發現一個奇怪的現象：魚兒在水中驚慌地游來游去。山羊禁不住問道：「魚兒，你為何這麼驚慌？」

「我們隨時都有可能被魚網網住，所以才會如此恐慌。」魚兒答道。

「那你到岸上來吧，我來保護你。」善良的山羊不假思索地回答。

「你只知道我上岸後能夠避免被漁網網住的命運，但是你不知道我一旦上岸，馬上就會因為不適應陸地環境窒息而死。」魚兒悲涼地說。

故事中的山羊是好意，但是方法並沒有選對，只會加速魚兒的死亡。學問不是簡單的學習，而是以本身所學為基礎，自行再創造出新東西的一種過程。

在學習的過程中，有四種類型的學生：海綿、漏斗、篩檢程式、篩子。

海綿把一切都吸收了；漏斗是左耳進右耳出；篩檢程式是把美酒濾過，而留下渣滓；篩子則是把糠秕留在外面，留下優質麵粉。我們應該像篩子一樣的人，取其精華，棄其糟粕。

每個人的自身條件都不相同，所以在學習的時候，你必須選擇一套適合自己的學習方法。正確的方法不是每個人都能摸索出來的，要不斷自我反省，修正方法。學習方法不僅是成績好壞的關鍵因素，同時也是人類征服未知的工具。

14 說理教育

猶太人認為，形成兒童良好品行的一種最基本也是最重要的教育方法是擺事實、講道理，以理服人。

孩子不可能一開始就能產生正確的思想道德，須全面、經常、系統地灌輸其道德思想。灌輸是說理的形式，說理是教育工作的核心。正如一位猶太人所說：「說服是打開兒童思想迷宮的鑰匙，道理是兒童心靈的陽光。」

兒童的身心發展是一個從量變到質變的過程。兒童，尤其是處在幼兒時期的兒童，思維中沒有理性的成分，認識事物是感性的。另外，兒童看問題只知其一不知其二等；即便是少年，還是閱歷淺，認識事物的能力不是很強，對很多客觀事實不易分清是非、善惡、美醜、榮辱等界線，他們的分辨是很膚淺的，也只知其然，不知其所以然。所以做錯了事也不知道自己錯在哪裡，即使有人提醒還是不能馬上認識錯誤的危害，後來仍可能犯同樣的錯誤。另外，作為家長和老師，往往希望孩子看問題想事情一步到位，然而，這種做法違背了孩子的年齡特徵，起不了什麼好效果。

遇事講道理，是從根本去提高他們的認識能力，增強他們的道德感、理智感，使他們明辨是非、識別善惡、知美醜、體驗榮辱，才能使他們堅持正確的言行，將錯誤徹底改正。因此，猶太人認為兒童品德教育的「基本建設」就是說理。

有的家長對犯錯的孩子不是打就是罵。經常可以聽到有些家長說：「你又犯了錯，再不改就揍你！」但往往沒什麼效果。打、罰很省事，家長的滿肚子怒氣有可能一下子消了，但很多情況，孩子仍然不知道自己錯在哪裡。至於危害及後果，就更不知曉了。這樣，他們下次還會犯同樣的錯誤。況且，打罰時刺激了孩子的大腦，傷害了孩子的自尊心，摧殘了他們的身心，往往造成逆反心理的副作用。

其實，只要是懂事的孩子，對於自己犯的錯誤，必然會產生一種內疚和恐懼感，心理上會有壓力。如果這時候，家長訓斥或懲罰了他們，他們的內疚及恐懼感反而得到釋放。他們往往會這樣想：我犯了錯，你們打也打了，罰也罰了，現在應該互相抵消了。我們常常遇到這樣的事，孩子做錯了事，就會說：「你們打我一頓吧！」這是孩子悔恨自己所犯的錯誤而發自內心的吶喊。如果父母真的把他揍了一頓，那他的內疚和恐懼感就會瞬間消失。但若採取其他更恰當的誘導，讓他從心底深處認識自己所犯的錯誤，從而使其內疚增加，記憶深刻，痛改前非，豈不是效果更好嗎？

猶太人教育家認為：「常常受到父母打罵責罰的孩子，長大之後很少成為最好的人。」因此，如果把打罰教育比作為禾苗的暴風驟雨，那麼，說理感化的教育則是流向孩子心靈的清泉。

猶太人教育家提醒我們，和孩子說理，要講究方法和方式。

1. 說理要與現實結合。

「理」不是指空泛的大道理，說理也不是指說教。對於空泛的大道理及說教，大人都討厭了，孩子更是不愛聽。我們說理要多引用一些實際的例子或引導孩子觀看一些健康的電視節目及書籍，給他們講一些有益的故事，引導孩子用正確道理去評價現實，從而使其得到切身體會的教育。

2.「理」要體現道理的真諦，

抓住孩子心中的盲點。比如孩子的學習成績不好，不能緊盯著孩子的分數去要求，而是要從學習的意義上著手，讓孩子能從根本上去了解為什麼要認真學習。再如，青少年若出現早戀現象，不能總是很直白地說出早戀的危害，要用隱晦、心平氣和的方式及正確的誘導才有助於扭轉思想。

3. 說理要有啟發性、針對性和趣味性。

啟發性：說理時要善於結合兒童的興趣，啟發兒童積極思考。

針對性：說理時要「對症下藥」；說理深度要適應兒童的年齡特徵；針對兒童不同的個性，說理方式也要有所區別；要因材施教，有的放矢地進行說理教育。

趣味性：不要把道理說得生硬、死板、概念化，而要講得生動活潑，聽起來有趣，有吸引力。

家長說理時不僅要把道理說得透徹，還要用親切的話語、生動的語言去打動孩子，讓深刻的道理在孩子的情感上也激起波瀾，達到以情說理，用理動情，情理交融。反之，如果家長在說理的時候，表情嚴肅、語言枯燥而且態度生硬的話，孩子有可能聽不進去這些話，甚至產生逆反心理。

猶太人教育家告訴家長對孩子進行說理時應注意的幾點：

一、說理時一定要適當、適度，就是在一定的時候去說理，說清楚即止，哪怕孩子還沒完全接受，也要馬上停止，不要一說起來就沒完沒了，其實說多了等於沒說；

二、要抓住說理的時機，在孩子與家長感情比較和諧時，情緒平穩時，遇到困難需要幫助時等。

三、以平等的態度去說理，不可以採取教訓的方式，因為說理教育不等於教訓。

在猶太人家庭中，孩子都會受到尊重，不僅僅是因為他們年齡小，需要關心、愛護和培養，還在於他們從出生起，就被看成獨立的個體，有自己獨立的意願和個性。家長和老師決不會把自己的思想強加在他們身上，他們要讓孩子感到自己是自己的主人。

在與孩子說話的時候，猶太人非常講究自己的口氣和方法。孩子與大人講話，大人一定要認真聽，而且有時大人要蹲下來跟孩子對話，使孩子感受到你的尊重，避免讓他有「低一等」的感覺。家長帶孩子外出做客，主人若給孩子拿來食物，猶太人決不會替孩子回答「不吃」、「不要」之類的話，也不會在孩子表示想吃的時候對孩子斥責。他們認為，孩子都有自己的想法，想要什麼或是想看什麼，本身並沒有錯，因為孩子有這個需要，任何人都沒有理由來指責。猶太人不贊成父母在別人面前教育孩子，更不允許當著別人的面斥責孩子「沒出息」、「不爭氣」、「沒用」。因為這些話就像一把利劍，會深深刺傷孩子那顆脆弱的心，猶太人認為父母這樣做是一種犯罪。

偉大的猶太人教育家說過：「父母越不宣揚自己的過錯，子女就越看重自己的名譽，因而會更小心維護別人對自己的好評；如果父母當眾宣布他們的過失，他們會感到無地自容，認為自己的名譽受到打擊，維護自己的名譽的心思也就越淡薄。」

四、做家長的要想辦法不斷提升自己，學會運用正確立場、方法、觀點去分析和解決問題，這樣才能從根本上提升孩子的理解力和知識。

另外猶太人對孩子的生理、心理特徵都非常注重。他們認為孩子的成長過程和發展過程是緩慢的，要求過高和依照成人的思維及認識水準去要求孩子，往往達不到預期的效果。比如半歲以後的孩子開始怕生，也是一種年齡特徵，只要經過一段時間的訓練，是可以克服這個問題的。父母在教育孩子的過程，只要有耐心，沉得住氣，不隨意責備孩子，那麼孩子的心理障礙都能經由教育、訓練得以克服。因此，他們絕對不會做揠苗助長的事。

15 培養孩子堅強的品性

《聖經》說：「從沒有人發現智慧存在於什麼地方，或曾經進入過智慧的寶庫，而且那些作過嘗試的人也都消失了。你想要得到智慧，只有用你的身軀去接受你命運的考驗。」

人在這一生當中，難免會遇到挫折，遭受苦難，挫折和苦難可能使人消沉，也可能使人的意志更堅強，繼續向命運挑戰。苦難是人生的良師，它能教孩子學會用積極的態度、感激的心情去對待一切問題，養成堅強的意志，敢於面對挫折，解決困難。

一個人的道德意志與他的品格完全是一致的：道德意志越強大，其品格的形成越牢固。意志是一個與克服困難相結合的概念。一個人在實現自己的目標的過程中，總會碰到許多難以預料的挫折，克服困難的過程就是意志伸展的過程，在不斷克服困難的過程中，強大的意志就慢慢培養起來了。

如果一個人擁有了堅強的意志力，那麼他就有克服困難的勇氣。因此，堅強的意志力是一個人成功的關鍵因素。為此，父母應當有意識地培養孩子堅強的意志力，讓孩子多吃一些苦。

今天的孩子生活在一個富有的年代，優越的生活條件已經使他們不知道什麼是貧窮與艱難。很多父母的通病就是過分溺愛自己的孩子，把他們當做「活菩薩」供在家裡。過分溺愛孩子的後果是讓孩子變得懶惰、脆弱、嬌氣、依賴心強、不思進取等等。這是一個非常嚴峻的問題，值得每個家庭注意。

因此，不可過分溺愛孩子，從小培養孩子堅強的品性，讓他們學會正確面對挫折。要讓孩子知道「失敗是成功之母」，以此激發孩子奮進向上，取得成功。

一些人認為，要想孩子有所作為，並不一定非要孩子都去吃苦，都去經歷艱難困苦。苦難能增強孩子的意志力，父母應該理性去對待孩子，給孩子一個適合發展的環境，讓孩子有足夠的意志力，去面對未來複雜而競爭激烈的社會。

心理學家曾表明，一個人的智商與一個人的成就不一定能成正比，成就高的人不一定智商過人，智商高的人並不一定成就高。但意志力的強弱差異卻與人的成就有著明顯的關係。

在現今社會，很多家長為了鍛煉孩子，每逢冬天，幼兒都要光著身子在冰雪中滾爬跌打一定時間。寒風凜冽，孩子凍得渾身發抖，但父母們硬起心腸，決不會提前抱起自己的孩子。他們明白，只有讓孩子經受了這樣的考驗，才能使他們更堅強。

在以色列有一所「鯨魚學校」，這所學校就是讓孩子們乘上帆船在一年之內橫渡兩次大西洋，遊遍三個島，必須經受風浪的考驗，忍受饑餓的威脅。這所學校的孩子必須學會駕船、捕魚、做飯，還要完成考察、讀書、討論等課程。同時，為了熟悉當地的風土人情，他們還要與當地人打交道。孩子們經過這樣一番磨練，大都能鍛煉成為一個智勇雙全的人。

愛孩子是父母的天性，但在愛的過程中一定要清楚：什麼才是真正的愛，怎樣才能愛得有價值、有意義。人的一生不可能是風平浪靜、一帆風順的，給孩子苦難的教育與適當的磨難，教導孩子正確對待失敗、挫折，從失敗和挫折中總結經驗，吸取教訓，培養孩子良好的心態和百折不撓的堅強意志，會使孩子終生受益。讓孩子明白失敗並不可怕，可怕的是跌倒了爬不起來。

16 認真傾聽孩子說話

在家庭教育中，我們經常看到孩子興沖沖地跑到父母跟前，準備說一些事情，但父母只顧忙著自己的事，根本無心聽孩子說話，或者孩子向父母訴說一件委屈的事，卻遭到父母的責備。

如果這樣長久下去，孩子與父母之間的溝通就會發生問題。

怎樣來克服這個問題呢？作為父母首先要做的是：當孩子跟父母說話時，父母要盡量將手中的活兒停下來，聽孩子說話，這樣孩子就會覺得父母對他所說的話很在意，感覺自己受到尊重和鼓勵，也就更願意向父母吐露自己的心聲了。

作為一個稱職的父母在聽孩子的談話時，不但要聽進去，而且還要能從孩子的談話中發現他的優點和缺點，好的給予表揚，不好的加以指正。當然，在這個過程中要用平等與欣賞的態度與孩子討論。

如果孩子在與父母的交談中，主動把自己受到的批評、犯的錯誤告訴父母，父母應該先表揚孩子的勇敢精神和真誠態度，肯定他這種面對現實的行為；接下來可以和孩子一起進一步分析他面臨的問題，包括原因、應對方法，甚至可以進一步討論，如果缺點和錯誤不加以改正的話會造成什麼樣的後果，讓孩子加深對問題的認識，增強改正缺點的決心。在交談中如果孩子指出父母的缺點，父母也應該虛心接受，並表示感謝，或者向孩子解釋自己為什麼有這種缺點，甚至可以真誠請孩子也指正自己的缺點。

與孩子的交談中，很多父母都認為孩子還小，說出的話不會有太大的意義，這種認識是錯誤的，孩子有他的經歷，自然也會有他自己的思想。

雖然孩子，可是他們也有得到尊重與愛的需求，而且這樣的需求更為強烈。因為孩子弱小，很多事情靠自己的力量無法解決，因此顯得特別無助，這也就更需要父母的關心和愛護。

如果身為父母不顧孩子的心理需求，只顧自己的需要，把自己的意志強加在孩子身上，強迫孩子按照自己的想法去做，這樣只會讓孩子更孤獨。如果父母仔細傾聽孩子的訴說，並且耐心回答孩子的問題，不但可以加深親子關係，還可以加強孩子的信賴感和安全感。

17 善於與孩子溝通

一個人只有首先尊重他的孩子，才能讓他的孩子尊重並執行他的命令。

猶太石油大王洛克斐勒在《塔木德》中說：

溺愛孩子的人對孩子無微不至。不經管教的馬難以駕馭，未經約束的孩子十分任性。縱容孩子，他會讓你震驚；和他一起玩耍，他會讓你悲傷。不要和他一起玩笑，以免和他一起痛，最後讓你把牙磨碎。不要在他年輕的時候就給他自由，或者是忽略他的錯誤。管教你的孩子，耐心對待，他就不會做不光彩的事情讓你難堪……

父母是孩子的第一任老師，他們在教育孩子的過程中需要付出很大的心力。然而，值得欣慰的是，他們作出的犧牲終會得到回報，從孩子身上可以感受到成長和發展的奇蹟、溫暖和愛的感覺。可是，也有很多父母享受不到這些回報，孩子的不良行為讓他們感到很頭痛，這將是人生的一大遺憾。

成功的父母是不會讓孩子的不良行為妨礙他們對這些回報的享受，他們無怨無悔地愛著自己的孩子。特別是在孩子表現突出的情況下，父母們很容易對孩子表現出喜愛之情，幾乎所有父母在孩子表現良好的時候欣賞他們，但所有的父母很難在孩子行為不良之時仍能欣賞他們，這時往往處理不當又會製造父母和孩子之間的緊張關係。

父母究竟應該怎樣和自己的孩子相處呢？這是一門值得認真學習的藝術。

一位猶太父親說：「我每天都要花一個小時的時間陪孩子做功課，這樣，孩子就會及時向我問他不懂的問題，同時也可以增進父子的感情，還能培養孩子專注的能力。」

很多父母總認為玩具是孩子最喜歡的東西，其實，孩子真正喜歡的是父母每天的陪伴。

猶太教育學家認為，孩子需要父母的關心、接納和傾聽，最重要的是希望與父母進行感情上的交流。因此，父母應多抽出一些時間和孩子相處，與孩子溝通。

可以在吃完飯後，約孩子一起出去散步，利用這段時間與孩子進行交流或回答孩子一些問題是再好不過的。這段時間可以說是教育孩子的黃金時間，因為這時孩子的接受能力特別強。

與孩子在一起時，你可以採用以下的方法：

- 善於鼓勵孩子。人總是希望被別人肯定的，這是身為人最基本的心理要求，為人父母不要吝嗇你的讚美之辭，縱然孩子只做了一件小事，即使是一件很小的事情，只要是孩子做的，都應該給予鼓勵。這樣可以培養孩子的自信心，讓孩子得到力量。
- 傾聽很重要。父母整天忙於應付自己的工作，孩子上托兒所或是由他人看管，開一整天下來，孩子一定也有很多新鮮事想告訴父母。父母應該抽出一些時間，聽孩子講講一天的經歷。即使孩子沒有主動跟父母聊，父母也應該主動找孩子談，這也是培養孩子語言及人際往來能力的好機會。

- 態度要冷靜。很多父母經過一天的緊張工作，身體勞累，心情自然不是很好，這種情緒波動每個人都有。當孩子做的一些事情不順自己的意時，就會對孩子大發脾氣，這是不對的，這樣做對孩子的打擊很大。不要因一些小事就責備孩子，否則，孩子可能從此不再和父母交流。
- 表達你的同理心。孩子如果傾訴了一些挫折、失意的事，在父母聽來可能是一些很小的事情，如他的東西被別人搶了，或在課堂上老師無故批評了他等等，父母都應表示出相應的理解、同情，使孩子不愉快的心情得到宣洩和撫慰，以後孩子就更願意和父母偷通，心裡有什麼想法都會跟父母說。

18 懲罰要注意方法

孩子的感情表達非常脆弱，容易被激怒，內心有一種無法遏制的衝動，因此有時會出現蠻橫任性、不講道理、打架罵人、對長輩無禮、破壞公物的舉動。孩子發怒時是不管天高地厚的，內心被任性所控制。

這時對他進行嚴格的教育是很有必要的。不過，父母盡量不要以打罵、嚇唬和體罰的方式教訓孩子。懲罰孩子可以用以下幾種辦法：

- 剝奪遊戲的機會。如果孩子把玩具隨便亂扔，經過勸說後依然不聽，父母就應該把玩具收起來，暫時剝奪他玩玩具的機會。又如在遊戲時同伴遭到他的欺負，父母可以禁止他與同伴遊戲，直到他覺得寂寞並且請求父母允許他和小朋友一起玩。如果孩子說髒話，屢教不改，父母可以藉由不讓他看電視，不和他遊戲，不講故事給他聽，不買已經答應要買給他的玩具和圖書，假日不帶他出去玩等作為對他的懲罰。
- 態度語言暗示。當孩子犯錯時，他會從父母的語氣、音調、表情、態度中覺察出對他的行為不滿、傷心和失望。一個懂事的孩子會為了再次贏得父母的關愛，而改正自己的錯誤。
- 輕打孩子的屁股。如果孩子實在不聽話，在萬般無奈之下，父母可以輕打孩子的屁股，作為對他的懲罰。但一定要注意，不要用棍子狠打孩子或用手打孩子的臉，這會使孩子感到屈辱而對父母懷恨在心。

打罵孩子並不能達到教育的目的。因此，當孩子犯錯時，父母在教育的過程中應注意的是：

- 不要光聽孩子的口頭認錯，而要他以行動去改正錯誤。

- 不要太快饒恕孩子。只要有一、兩次快速饒恕他，他的膽子就會變大，接著又會去做錯事。因為他腦子裡有一種意識，只要他向父母求饒，就會很快得到寬恕。
- 經由懲罰達到教育的目的。父母必須認識到，懲罰是一種否定性的後果，如果使用得當的話，懲罰能減少或消除孩子的不良行為。正確使用懲罰並不容易，需要父母從一而終。首先父母要知道懲罰會讓人情緒不快，同時也會消耗人的精力。

懲罰能發揮作用，大部分父母相信懲罰孩子某種不良行為舉止，是切實可行的，但有時卻不是這樣的。

每個家庭都會碰到一件事，那就是幾乎每個孩子上學之前都需要整理床鋪。如果他沒有整理床鋪的話，父母會提前三十分鐘把孩子叫醒。當然，也有個別的父母見孩子不整理床鋪，就會親自幫他整理，當然，這樣的事情不是很多，因為大部分父母已經認識到這些都是孩子自己的事情，必須由孩子親自去完成。

不少父母認為，讓孩子早起是對孩子不整理自己的床鋪一種很好的懲罰。就這個問題，孩子卻有不同的看法，有的孩子說：「這種懲罰非常有效果，確實不錯，因為記得整理自己的床鋪，這樣就避免了父母對自己的其他懲罰。」

有的孩子對父母這種懲罰則是這樣認為的：「我不逃避早起，因為早起不是懲罰，也許我喜歡早點起來，但我還是不想去整理我的床鋪。」

這種懲罰對有的孩子有用，對有的孩子則無效。針對這種情況，父母懲罰孩子的方式就必須改變。

在有的家庭中，父母對孩子的懲罰可以說是無計可施，他們不知道什麼是最有效的懲罰方式。專家認為，少用懲罰是達到懲罰目的的關鍵，這是懲罰的要訣，也可以說是懲罰的金科玉律。

減少孩子不良行為才是懲罰的目的，如果這種不良行為沒有改變，那麼懲罰就沒有發揮作用。許多父母聚焦於懲罰，而不是減少孩子的不良行為。

大約百分之十的父母打孩子的屁股，而且認為這樣做沒有錯。大約百分之二十的父母從不打孩子的屁股。大約百分之七十的父母打孩子的屁股時，心裡會感到不安，他們並不願意這樣做。很多的父母承認說：「我知道打他們的屁股是不對的，但我總是生氣，然後又生自己的氣。除此之外，我再也沒有別的辦法了。」

教育家認為，任何一種懲罰，如果使用過於頻繁，是不會有好效果的，孩子的不良行為並不會得到改善。當孩子對打屁股習以為常，他們對父母的吼叫也會充耳不聞時，父母還能怎麼做呢？

父母應該要首先認識到，對於孩子重要的不是懲罰，而是經由懲罰可以改變孩子的不良行為。其實，懲罰不是最好的方式，雖然可以發洩父母的怒氣，但對改正孩子的不良行為沒有長期的效果。

19 幫孩子擺脫恐懼

勇敢就是對可怕事物無所畏懼的行為。

那麼，可怕的事情是什麼呢？

可怕的事物可能包括恥辱、貧窮、孤獨、疾病和死亡。因此，勇敢就是面對這些困難時無所畏懼。

軟弱是勇敢的反面，它實際上是恐懼的外在表現。孩子膽小，對什麼事物都感到害怕，其原因是他有許多的恐懼，而造成孩子軟弱的原因主要是來自於家庭，因此父母在生活中的一言一行是十分重要的。

造成孩子軟弱的原因主要表現在幾個方面：

1. 孩子犯錯誤時，切忌說恐嚇的話。

孩子犯錯，很多父母都會說一些恐嚇的話，認為這樣會使孩子變得老實一些。雖然孩子可能會因為害怕而不敢犯錯，但恐嚇的話所帶來的不良後果，將會影響孩子的一生。

2. 孩子犯錯或失敗了不要一味地袒護。

孩子犯錯多次勸告過，如果依然不改，就不能對孩子的錯誤置之不理，要讓孩子清楚認識到自己犯了錯，要求他逐步改正。

3. 失敗的經驗也是令孩子軟弱、不自信的一個原因。

孩子在失敗面前，難免會感到難過或不安，這時父母要想辦法撫慰孩子，讓他明白失敗是每個人的經驗，一方面要幫助孩子找尋失敗的原因，另一方面則要多鼓勵孩子，讓孩子冷靜面對困難與挫折。

4. 孩子遇到比他強的人之時，覺得自己不如別人，因此而喪失信心。

如果一個孩子失去了信心，那麼他在別人面前會變得膽怯，不敢表現自己，總覺得自己不如人，這樣就形成了自卑。父母要對孩子多加鼓勵，肯定孩子，並且讓孩子充分發揮自己的長處，做出別人不能做到的事情。

5. 孩子膽小時，不要刺激他，更不要罵他。

鼓勵孩子向別人學習，但切忌不可貶低自己的孩子，父母在氣憤之中做出的惡意批評，會使孩子變得消極。在孩子犯錯或表現不佳之時，不要在公共場合斥責孩子，這樣會讓孩子在眾人面前抬不起頭，會摧毀孩子的信心與行動力。

對膽怯的孩子，可以表示同情和諒解，再加上適當的引導就夠了，不要再讓孩子去做他沒有把握的事，也不要讓孩子去做他心有餘悸的事，萬一失敗了又會使他產生新的挫折、恐懼、沮喪。

孩子有恐懼，父母要對孩子加以引導，讓他說出心裡的恐懼，父母要體諒孩子，接受孩子的感受，向他表示支持。只有這樣，孩子才覺得有依靠，有膽量。父母還要讓孩子與外界多接觸，多帶孩子到公共場所，開闊孩子的視野，也可以幫助孩子消除對陌生環境及人的恐懼。

20 為孩子樹立一個好榜樣

孩子向父母學習不外乎是兩種方式：透過遵循父母的教導而學習，或者是透過觀察父母的行為而進行模仿。

在家庭中，父母的行為比他們的諄諄教導更為強大有力。比如父母讓孩子不要抽菸，但父母自己卻每天要抽上幾根，那麼孩子就會認為抽菸是可以接受的行為。如果父母都喝酒，孩子自然而然也接受了喝酒這一個事實。

父母想要孩子養成正確的生活習慣，最有效的方法是自己做出好榜樣，而不需要對孩子不停進行口頭教導。

這一個經驗同樣適用於父母對待生活的態度。

如果父母整天在家不停抱怨自己的工作，卻從來不去改善工作環境，這樣只能讓孩子得到這樣一個生活態度：就是抱怨一切。

如果父母在生活中所做的事情和所說的話都是積極的，那麼孩子就會獲得一些積極的態度及行動。如果父母只滿足於毫無新意的行為方式，對人生、職業規劃，或遊戲都抱著無所謂的態度，那麼孩子肯定也會學習他的這一種人生態度。

父母所要注意的是：孩子就是父母的翻版，不久也會仿效他們對工作、對休閒時光的態度。

猶太《律法書》中說：

有一個人在經常有妓女光顧的市場上為兒子開了一家香料店。

一段時間之後，他的父親來了，正好碰到兒子和妓女鬼混在一起，他氣得直哆嗦，禁不住喊道：「我要殺了你！」

有個朋友來了，對父親說：「一切都是你的錯，是你使你的兒子走到這一步。你不做其它的生意而是教他賣香料，你不在別的地方開店，偏偏在紅燈區開店。你希望他怎麼樣？」

21 猶太家庭的黃金生活教育法則

猶太人認為僅僅提供孩子好的生活環境和學習條件是不夠的，還必須時時關心孩子的健康和發展狀況，藉由良好的教育方式使孩子健康成長。

猶太人提醒家長在孩子的成長過程中不應該有以下的做法：

1.不可以輕視孩子的早餐。

據統計，吃高蛋白早餐的孩子，在課堂上專心的時間維持較長，而吃素食早餐或者不吃早餐的孩子，思維活動明顯不如前者。長期不吃或吃不好的早餐的孩子，對大腦的能量供應有極為嚴重的影響，從而導致孩子的思維遲鈍和智力下降。

2.不應該造成偏食。

在兒童的成長過程中，一定要注意他們的飲食，如果選食不當，會對大腦造成危害。如有些孩子特別喜歡吃煎餅、油條等含較多添加劑的食品，這樣會造成記憶力下降，嚴重者導致癡呆；經常吃油溫在二百度以上的煎炸食品，以及過量攝入味精，也會影響智力發育；習慣吃過鹹的食物會引起高血壓、動脈硬化等疾病，還會損傷動脈血管，影響腦組織血液供應，使腦細胞長期處於缺血缺氧狀態而使智力下降。

3. 不能造成營養不良。

營養不良會影響孩子的智力發展。青少年智力活動多，大腦經常處於緊張的工作狀態，必須有足夠的營養食物來供應。某些營養素的缺乏而出現營養不足，進而影響智力的發展，因此均衡營養的攝取食物是非常重要的。

4. 不可以讓孩子傻吃傻喝。

有些孩子非常喜歡吃，小嘴一天到晚都吃不停。殊不知，貪食也會對大腦產生一定的傷害。俗語說：「孩子傻吃會吃傻。」因為進食越多，胃腸需要的血液供應量就越多，大腦血液供應量就相對減少；在代謝過程中，過量的高脂肪會消耗大量能量與大腦「爭飯吃」；大量碳水化合物進入人體會誘導胰島素增高，使血糖急劇下降，會使智力不斷下降。

5. 不可以輕視與孩子的溝通。

孩子也有心理障礙，這一點不容忽視。大部分孩子的心理障礙表現為對學習不可遏制的反感或是焦慮情緒。這種情緒的產生，通常是外在重壓力的結果。長期下去，孩子智力的發展就會受到影響。因此，為了讓孩子有一個健康的心理，家長一定要重視與孩子的溝通。

6. 不要讓孩子的頭髮過長。

人的頭髮所需的營養全部來自腦部，而人體供給腦部的營養是有限的。因此，如果頭髮過長，就會消耗很多營養，這樣腦部便會出現營養危機，大腦的正常活動將會受到影響，自然會波及智力的發展。

7. 不可以讓孩子被動吸菸。

兒童的大腦和肝臟還沒有足夠的解毒能力，因此對香菸的煙霧特別敏感。香菸中的尼古丁如果在兒童的體內長期留存的話，會使他們感到噁心，甚至造成兒童厭食。這就是香菸的煙霧會使兒童厭食的原因。所以，家人要避免在孩子面前抽菸。

8. 不能讓孩子長期便秘。

大便停留在腸道內的時間過長，會產生有毒物質，當這些有毒物質超過肝臟解毒的承受能力時，多餘部分將通過血液循環擴散，進入大腦毒害中樞神經，干擾大腦皮質層的正常活動，導致記憶力下降和反應遲鈍。

9. 必須要注重孩子的腦部運動。

人體各個器官的總指揮是大腦，它能調節全身臟器的功能。腦子越不用就越容易老化，腦子開始工作的時間越早，延續的時間越長，腦細胞老化的速度越慢。因此，要引導孩子多動腦、善動腦、勤用腦，這樣他們的腦子才會越來越靈活，智力才會最大限度地得到發展，人才會越來越聰明。

10. 不可在孩子面前說別人的壞話。

猶太人認為孩子健康成長，離不開學校教育，更離不開家庭教育。

現在家庭教育中一個非常現實的問題就是，學校教師與家長之間存在著一種微妙的對立關係。這裡有一個教育原則，就是，家長在任何時候都不應該當著孩子的面說學校教師的壞話。這和爸爸不應該向孩子說媽媽的壞話，媽媽不應當向孩子說爸爸的壞話道理一樣。猶太人認為成人在教育的不一致、不統一，會造成孩子評判事物標準的混亂，進而造成像說謊騙人、對別人敵意、不友善之類的壞毛病。

如果家長確實發現教師有些地方做得不夠好，應該怎樣做呢？猶太人的做法是這樣的：

首先，應該把孩子叫到跟前，問清楚事情的情況，必要時可以問問別的孩子或家長，看看是不是自己的孩子說法有誤，或者孩子是不是在說謊。

其次，如果認定教師的做法確實不妥當，也應該從善意的、諒解的角度看問題。因為人不可能是絕對完美的，都會有缺點，教師也不例外。應該相信，在大部分事情上，大多數的教師是好的，做得對的，缺點和過失只是個別案例。這樣想，首先自己就會變得心平氣和，比較不會當著孩子的面說老師壞話。

第三，對教師的不妥和過失，可以和孩子進行一番議論，凡事都有是非，明辨是非，是人道德成熟的重要標誌。如果從小就抓住時機培養孩子辨別是非的能力，那麼對他們的成長會有極大的好處。比如，可以先問問孩子：「你對這件事怎麼看，怎麼想的？」如果孩子能獨立、自主進行判斷，並且判斷得很準，應該鼓勵和表揚孩子，但同時，應該教育孩子，用寬容、諒解的態度對待別人、包括老師的過失，例如可以這樣說：「每個人都會犯錯誤，爸爸、媽媽也不例外，對待別人的錯誤和過失，應該給予寬容，而不是咄咄逼人。」這樣，既有利於孩子獨立性的培養和道德判斷能力的增強，又有利於培養他們寬容、諒解、與人為善的良好特質。

與人為善，是猶太人做人的一條重要原則。唯有待人隨和、善於理解他人、誠摯而富有善心，才能和別人友好相處，才能擁有良好的人際關係。

22 培養孩子的獨立性

猶太男孩捷克與小約翰同住一幢樓，同上一所幼稚園。他們的媽媽也都很疼愛他們，但是兩人的觀點不同，做法不同，教育結果也就很不一樣。孩子上中班時，幼稚園老師要求孩子學習整理床鋪。兩個孩子清晨起床按照老師教的方法，親自動手將被子疊好了。

面對孩子自己動手疊的並不整齊的被子，兩位母親的表現卻大不相同。

捷克的母親欣喜地讚賞著孩子：「你真能幹，已經學會自己疊被子了。讓媽媽看看。嗯，不錯，不過要是再稍微整理一下就更好了。」媽媽邊說，邊教孩子怎樣把被子疊得更整齊。捷克受到鼓勵，不僅被子疊得越來越整齊，而且獨立做事的興趣和信心都越來越強。

而小約翰的母親則氣沖沖地向孩子喊著：「你看看你，把被子疊成什麼樣子。我說你不會疊，你偏要逞強。到一邊去，我重新幫你疊好被子。」就這樣，孩子費了好大勁疊好的被子被媽媽毫不留情地打開，重新疊了起來。站在一旁的小約翰對此非常傷心，從此他再也不願意嘗試自己做事情了。

猶太人認為要想讓孩子成為一個有所作為的人，一定要從小培養孩子的獨立性，提高他們獨立自主的意識與能力。在這一點上，捷克的媽媽做得不錯。

猶太人告訴我們從小培養孩子的獨立自主能力，應做到以下幾個方面：

- 尊重並且培養孩子的獨立自主意識。一歲的孩子就有獨立自主意識的萌芽了，他們什麼都喜歡親自動手做，自己搬小凳子走路，自己拿小勺吃飯。等到稍大一些的時候，他們不僅要獨立洗手洗臉、穿衣服、脫衣服，而且還要自己修理或製作一些玩具，甚至還想自己上街買東西，自己洗碗。對於孩子正在增長的獨立意識，家長千萬不能潑冷水「你還小，不用做這些事」而是一定要予以重視，並支持、鼓勵他們。

- 為幼兒獨立自主性的發展提供條件和機會。為了培養孩子的獨立自主性，必須解放孩子的手腳，讓他們去嘗試做一些他們能夠做得到的事情。有些家長總怕孩子做不好，他們總是以擔憂的目光注視和提醒孩子，或者乾脆替孩子掃除障礙，鋪平道路。這種態度和做法，使孩子的手腳受到了束縛，獨立自主性的發展反而受到阻礙。
- 教導孩子獨立自主做事的知識和技能。孩子不僅要有獨立自主的意識，而且還要有相應的知識和技能，即不僅願意自己做事，而且還要會自己做事。例如，怎樣洗手洗臉、穿衣服、脫衣服，怎樣掃地、擦桌子，怎樣摘菜、洗菜，使孩子在日常生活中自然而然地學會做這些事。而且獨立自主性還表現在孩子學習、交往等各個方面。家長要教孩子自己完成遊戲和學習任務，自己和同伴交往，當孩子和夥伴發生矛盾時，教他們用各種有效的方式去自行解決。
- 讓孩子自己決策。自己決策是獨立性和自主性發展一個非常重要的關鍵，我們要從小培養孩子自己決策的能力。對於孩子的事，我們不應該有太多干涉，而是應該由孩子自己去思考，自己去決斷。孩子的事，家長不要作決定，要讓孩子自己去動腦筋，想辦法，作出決策。家長可以幫助孩子分析，引導孩子判斷，但不可以介入干涉，代替孩子決定。

23 培養孩子具有仁愛之心

一個人能否成為受人歡迎的人，很大程度上取決於他是否具有仁愛之心，是否懂得關心別人。

在很多國家，父母從小就讓孩子撫養小動物，以培養他的同理心和責任感。許多家長都喜歡帶孩子去動物領養機構，讓孩子領養無家可歸的動物。

孩子在一到三歲之間，已經能分辨出自己和他人，同時也能分辨出自己的痛苦與他人的痛苦。

孩子到了三歲左右時，就會對他人的痛苦表示出本能的同理心，如流露出同情、關心之情，甚至用充滿感情的肢體接觸，撫摸、輕拍的方式給予以示安慰。然而，這個年齡的孩子仍然不具備語言的安慰和更高級關心行為。

孩子五到七歲之時，他們已經具有對他人同情認知的回饋能力。也就是說，他們能夠根據別人的痛苦情況，決定安慰的時間和關心的形式：是陪別人哭，還是語言安慰，或者說是去叫大人來處理等等，此時他們已經超越了他人哭而我哭，或者說是他人哭我立即跑過去表示「安慰」的階段。

孩子到十歲左右時，對那些弱勢或是劣勢的人和事，大多能夠以理智的態度來對待，表現出適當同情心和關心。

這個階段的孩子對於同情心已經有了很大的突破。他們關心與同情的對象不僅僅是孩子，也包括自己的家人和親戚朋友。這個時期的孩子的同情心不再侷限於家庭或是認識的人身上，孩子已經可以將仁愛之心擴散到任何一個弱勢或劣勢的陌生人和事件上了。

從上面這些對孩子的年齡來分析，在孩子很小的時候就培養孩子的仁愛之心是非常重要的。此時一方面是孩子已經具備了形成同理心的心理基礎，再加上孩子的模仿能力強，如果是父母通過言傳身教，就能使孩子的仁愛之心不斷增強。

孩子具有天生的仁愛之心，父母不要輕易扼殺孩子發展中的仁愛之心，而是應該保護、培養孩子的仁愛之心。父母要鼓勵孩子多關心他人，多做好事。當孩子做好事，父母要對其進行鼓勵、表揚，因為父母的信任感、外界的回饋會促進孩子有進一步的行動，孩子與父母的互動也會形成良性的循環。

關注孩子成長的父母一定要注意，並且警惕孩子冷漠心態的滋生。作為父母要多帶孩子到生活中感受他人的苦難，真正理解愛的涵義，讓孩子多參加各種社會公益活動。

讓孩子感受到愛心與奉獻帶來的喜悅和滿足，強化孩子的熱心行為。當孩子有善心行為的時候，父母更要及時給予表揚、獎勵、鼓勵。孩子在你的鼓勵下，會變得更有愛心。

24 造成孩子自卑的原因

猶太教育家塞柯拉維認為：孩子沒有自信的原因就是自卑，自卑是自信的最大的敵人，自信的反面就是自卑。

自卑就是一個人自信心不足的表現，過分的自信就是自負，這同樣是沒有什麼好處的。自卑與自負相隔很近，一個很自負的人受到一定的打擊經常會轉向自卑。父母在培養孩子的自信過程中，遇到最大的難題就是孩子自卑。有自卑感的孩子主要表現在以下幾個方面：

- 敵視別人，瞧不起任何人。
- 不合群，缺乏榮譽感。
- 性格脆弱，內向，對外界的刺激比較敏感。
- 憂鬱、悲觀、孤僻。
- 多愁善感，常常自慚形穢。
- 遇事總是退縮，擔心出醜。
- 對別人傷害的痛苦體驗比較深刻。

造成孩子自卑與怯懦的原因有以下幾個方面：

1.社會與家庭方面導致孩子自卑。

很多孩子因為家境貧寒而產生自卑感。教育家認為孩子心理發展的大敵是貧窮。如果富裕家庭的孩子生活條件優越，貧窮家庭的孩子則不得不節衣縮食、遇事小心謹慎，那麼和同齡家境富有的孩子相比，家境貧窮的孩子可能更顯自信心不足，更容易膽怯。另一個原因是家庭破裂，父母對孩子關心不足，對孩子態度粗暴，常常使孩子覺得自己十分藐小，不值得一提。如果父母對孩子的活動過多限制，或是事事都替孩子包辦，也會造成孩子消極與退縮的性格。還有一個原因是孩子的生活環境過於沉悶與單調或是封閉，孩子與外面的人接觸的機會很少，甚至沒有，也會造成孩子沉默、消極、不自信的性格。

2.身體與生理方面導致孩子自卑。

經常生病的孩子往往比健康的孩子更容易產生自卑、怯懦的心理。在身高、相貌、體能方面的差別也會導致孩子產生自卑心理。特別是一些女孩子，對自己的容貌非常注意，她們在這方面比男孩更脆弱。

3.孩子不恰當的比較與對自己不正確的認識也會產生自卑。

這種自卑是主觀原因造成的，一般在年齡較大的孩子身上會產生，其中最顯著的是在中學生身上。他們習慣拿自己的短處去與別人相比較，當然是越比越覺得自己不如人，乾脆自暴自棄起來。再者，他們很在意別人對自己的看法，如果得不到別人的肯定，就會否定自己。過分注意他人對自己的看法和不合理的比較都會加速自卑的形成。

4. 才智與能力也會讓孩子自卑。

很多孩子會因為自己不夠聰明，學習成績不如別人家好，或是在某些方面不如別人強而產生自卑感。在學校裡，特別是有些孩子經過一段時間的努力以後，學習成績依然沒有什麼進步，就會對自己的能力產生懷疑，導致對自己缺乏信心。在學校中得不到老師的寵愛，或是受到同學的冷落等等都會導致孩子產生自卑感。

5. 自我的消極暗示也會影響與抑制自己的自信心。

孩子在交往中，如果面臨一種新的局面，都會對自己的能力進行一番衡量。如果不能對自己有一個正確的認識，腦子裡就會產生一種想法：「我不行。」這樣消極的暗示就會降低自信心，在社交活動上會放不開手腳，自我設限了能力的發揮。越是這樣，就越難與人相處，容易導致社交失敗。

6. 對自己的要求過於嚴格或了解不足也會自卑。

有一些孩子總喜歡反省自己的不足，於是力求自我完善，迫切希望改正自己的缺點。這樣就會忽略自己的優點而只看到自己的不足之處，這樣下去只能形成消極的自我評價，自己就會越來越害怕與人交往。

7. 不能正確對待挫折也會導致自卑。

當人受到挫折或打擊以後，表現是各不相同的，有的人會奮起反擊，重新選擇他的事業、工作或學習；有的人會因此喪失鬥志，從此一蹶不振。這種情況最容易發生在性格內向，心理承受能力低的孩子身上。這種孩子即使受到很小的挫折與打擊，心裡也會難以承受，從而變得自卑。

父母所要做到的是找到孩子自卑的根源，然後視具體情況對孩子調整教育的方針，並且引導孩子正確的觀念，培養自信心。

25 自信的力量

猶太教育學家切尼曾經做過這樣一個實驗：將一個優秀的班級當作問題班來對待，而將一個成績較差的班級當作優秀班來對待。一段時間之後，兩個班級測驗的成績相差無幾。原因在於優秀班的學生受到了懷疑，自信心受挫，結果影響了學習成績。而成績差班的學生受到老師鼓勵，積極性大增。

從這個事例就可以得出，自信心能夠充分地調動人的潛質，持久的自信心能夠將人的各種能力保持在最佳狀態。如果父母鼓勵孩子始終以這種積極的心態去面對學習與生活，那麼孩子將會有不可限量的成就。很多偉人身上就有著這種超凡的自信心，是這種自信心支持著他們積極應對各種挑戰，不向任何困難和失敗低頭，永往直前，直至獲得成功。

自信心是人生成功的第一要素，成功與自卑自負無緣，它只青睞自信者。

無論是在智力上，還是在體能上，或者說是在處事方面，自信心對孩子一生的發展都有著基石般的作用。自信心能夠成就孩子一生的事業，在某種程度上，它比智力、知識更為重要。

作為孩子的父母，在孩子的成長過程中，要擔任多種角色，其中的一項就是要善於發現孩子身上的閃光點，努力將孩子身上的潛能開發出來，讓孩子身上有著「我可以做到」的毅力，以此增強孩子的自信心。

在很多家庭中，父母大到孩子升學、找工作甚至是結婚生子，小到孩子的冷暖饑飽、人身安全等方面，都要大加干涉，在這些父母看來，孩子畢竟是孩子，永遠也離不開他們的呵護，如果這樣長期下去，孩子的自信心會慢慢消失，性格也會變得怯懦。

對孩子過多的保護，看起來是為了保護孩子，實際上卻會使孩子的生存能力逐漸喪失。

自信心對人的一生的發展有支柱性的作用，沒有了它，人的體力、能力甚至於智力便失去了賴以存在的基礎。因為缺乏自信心的人沒有發展各項技能的積極性，當然也就不會獲得任何成就。

自信其實很簡單，就是相信自己。一個人無論做什麼事，如果沒有自信心的話，必然一事無成。反之，一個人若對自己充滿信心，那麼無論他做什麼，都會堅持到底，直到成功為止。

26 培養孩子閱讀的習慣

今天的孩子都是由電視陪伴一同成長的，電視不僅給孩子帶來了豐富的知識，而且還給他們帶來了快樂。他們日常生活中所不能接觸的事情，能在電視中看到，學到。他們通過電視可以了解世界各地的風土人情、令人神往的太空世界、奇妙的動物世界等。

電視給孩子們帶來種種好處的同時，也存在著一些缺點，主要有以下幾種：

一、如果孩子長時間坐在家裡看電視，他的遊戲活動相對減少，這妨礙了孩子從其他活動獲得更有益的經驗。

二、孩子看電視時，一般都是保持沉默，加之電視圖像變換很快，孩子根本沒有時間去思考，這對於幼兒來說會妨礙他們的思維能力。

三、長時間盯著電視會影響孩子的視力。

四、長時間看電視的孩子，會對電視產生一種依賴感，一不看電視就覺得無所事事，電視主宰了他的全部生活。

五、電視看的時間太長，會影響孩子的睡眠，有的甚至還會做噩夢。

六、許多孩子在看電視的時候有吃零食的習慣，這樣不知不覺吃得太多，影響了消化，同時也會導致肥胖。

針對這個問題，以色列心理學教授考巴・撒伯曾指出，父母應該限制兒童觀看電視的時間，在孩子看電視時，一開始就要與孩子達成協議，規定每天收看電視的內容、時間、節目。孩子看電視時，父母應該坐下來和他一起觀看，同時還要給他講解；當電視內出現不適合孩子看的節目時，應該趕緊把電視關掉，並向孩子解釋為什麼要這樣做。

在家庭教育中，最理想的辦法是把孩子從電視引導至閱讀，可以在家中為孩子準備一些報紙、童書，逐步轉移孩子的注意力。

我們知道孩子知識的真正獲得是從閱讀開始的，讓孩子養成閱讀的習慣，對於孩子今後的發展有很大的幫助。

為你的孩子訂一份屬於他的報紙或刊物，那將是一件非常有益的事情。

孩子有了一份屬於他的報刊，讓他們從小就開始收藏保管自己的報紙，這樣孩子就會有一種成就感，讓孩子在家裡養成閱讀的習慣，是孩子接受知識的最好良方。

27 讓孩子做家事

在所有猶太人的家庭中，父母都非常重視孩子的教育，教育孩子從小熱愛勞動，讓他們養成熱愛勞動的時質。

在每一個猶太人家庭，每一個成員都有一定的家務勞動必須完成。家務勞動對整個家庭的工作是十分有益的。比如整理個人的床、打掃房間、倒垃圾、除草這些勞動都是適合孩子的勞動，因為這些事都是孩子有能力自己完成，並且有責任去完成。

一位來自以色列的家庭主婦在談到孩子的教育時，說：

「我的孩子雖然只有四歲，但卻是我最好的幫手，當看到我在打掃房間時，孩子就會跑過來幫我的忙，帶她去超市，她手中也會有一個購物籃去貨架上取貨，東挑西撿，很像有那麼一回事。為什麼我的孩子這麼小就有勞動的能力，因為我從不擔心或否定她的能力，我一直鼓勵她做家事。」

猶太人父母是這樣為孩子分派家事的：

一、每週一次，把孩子要做的家事列出來。父母貼出要做的家事內容，將某個特定的任務指定給孩子負責。父母一定要把握好勞動量，不要讓孩子認為做家事是一種負擔，因為孩子的能力畢竟有限。

二、有兩個以上的孩子，最好是讓孩子輪流做家事，這樣做的目的是讓每個孩子都參與各種家事，讓他們對這些工作都能產生興趣。

三、給孩子確定勞動任務的期限與次數。如果希望孩子在早餐之前把床鋪整理好，最好是直接告訴孩子，如果垃圾需要星期二和星期五倒掉，就把這個任務寫在單子上。

四、孩子做完家事之後，父母要檢查孩子完成的情況。孩子可能對自己做的事情沒有多大興趣，但卻要讓他們有一種完成任務的成就感。

在家事勞動之中，父母應該使孩子知道他們做的工作比孩子所做的要更多。這樣，孩子經過比較之後，就能發現誰做的家事更多，誰最辛苦。

對孩子除了吩咐他們做事之外，也不要忘了對孩子進行稱讚。稱讚是一種心存感激的方式，這種心存感激的方式會激發孩子的熱情，使他們能自覺為父母做更多的事情。

猶太教育學家總結，缺乏勞動的孩子長大後會有以下幾種不良的行為：

一、動手能力弱，眼高手低。

二、依賴性強，缺少自主性。

三、不懂得勞動成果的不易，不理解父母的辛苦。

四、沒有同理心。

讓孩子在家做一些家事，可以幫助孩子學會對自己的行為負責。勞動能使孩子的緊張情緒得到緩解，同時也能增強孩子的自尊感與自信心。更重要的是，勞動可以讓孩子理解父母的辛苦，更感激父母為維護家庭的和諧所付出的努力。

孩子在五六歲時，就開始對勞動發生興趣，有些孩子天生就喜歡做家務。他們可能把勞動當成一種「遊戲」，在勞動中獲得滿足感。作為父母應該即時鼓勵孩子的這種行為，讓孩子覺得做家事是可以獲得成就感的源泉，實現孩子對家庭成員的愛和責任心。

第六章

猶太人的生活思維

修養的本質如同人的性格，最終還是歸結到道德情操這個問題上。

——拉爾夫·沃爾多·愛默生（Ralph Waldo Emerson）

01 幽默是良藥

猶太人認為，幽默是傑出者才擁有的特權，因此猶太人非常重視幽默感。在猶太人看來，「笑」能在痛苦時給他們慰藉，能在快樂時使他們更加充滿活力。在猶太人眼中，笑是不花錢的最佳良藥之一。但是，猶太人認為笑的作用絕不僅止於此，笑在人類所有與生俱來的能力中，是戰勝困境最有力的武器之一。

猶太人認為幽默就是要使人笑起來。歡樂和笑聲是猶太人調劑生活的良方，他們對生活總能保持一種樂觀的態度。對猶太人來說，歧視、迫害、追殺都不能阻止他們的歡笑。

他們用幽默感來面對殘酷的人生，他們用幽默來表達對自己和對敵人的譏諷，有這樣一個故事：

希特勒是猶太民族的仇敵，他殺害了六百萬猶太人。但是，這樣一個殺人魔頭，居然也非常害怕別人刺殺他。

有一天，一位占星師應邀來到他的府邸，他想讓這位猶太占星師算一算他什麼時候會被暗殺。

「你會在猶太人慶典的那一天被暗殺。」占星師十分肯定地答道。

希特勒聽後，心裡非常害怕，趕忙召來自己的護衛隊長，下令以後凡是有猶太人慶典的時候，就要特別警惕。

「沒有用的，因為你被暗殺的日子，就是猶太人民慶典的日子。」這位猶太占星師冷冷地說。這個屠殺猶太人的惡魔被這位占星師的正氣給鎮住了。

即使猶太人在遭到敵人的重大打擊後，也要對敵人幽默一下。在猶太人眼中，只有強者才能擁有幽默，因此他們對幽默非常重視，因為幽默是我們所具備的力量中最強大的一種。

很多猶太民間故事和傳說都有包含深深的悲劇幽默色彩，就像許多猶太民歌一樣，總有一種揮之不去的憂傷迴盪在旋律中。但這種憂傷卻沒有墮落為絕望或是自憐自哀，他們總是在淨化之中保持著尊嚴和對生活的尖銳批評，幽默是一種能幫助他們緩解痛苦的最有效的調節和娛樂身心的好辦法。

在堅定的信念中，痛苦也變得高貴，即使是在失敗中他們也因為擁有正義而獲得道義上的勝利。猶太人性格中的「幽默」，是與他們的樂觀精神以及向逆境挑戰的勇氣聯繫在一起的。猶太人認為，幽默是一劑良藥，它能使人心情放鬆，有益身心健康。

每逢尷尬的場面，猶太人就會借助幽默、笑話來解圍。儘管並不是所有的幽默都能夠取得成效——有些幽默甚至會造成相反的作用，但是猶太人並不計較效果，他們認為一個人的心態是最重要的。因此，猶太人說：「只要幽默就能使人放鬆心情，而唯有賢者才能在任何情況下，永遠保持著放鬆的心情。」

幽默會讓人時刻保持冷靜。被瑣事沖昏頭的人，沒有幽默感，也不會笑，可見幽默的作用是非常大的。

猶太人一向重視幽默和笑，常有人說他們是「書本的民族」，其實，不如稱猶太民族為「笑的民族」更恰當一些。長久以來，猶太人遭遇無數次的迫害仍能堅強生存下來，就是因為他們對笑的功用有了一個全面的了解，並能充分運用它。所以，不論他們受到怎樣的迫害，猶太人都會借用笑來排解自己心中的煩悶和痛苦。他們很了解笑的意義——快樂的時候固然要笑，但是痛苦的時候更離不開笑。

笑有反抗性，一個人在精力集中的時候是很難笑出來的。笑話和幽默都是磨練創造力的最佳工具，所以猶太人會在孩子還很小的時候，就把笑所具有的力量講給孩子們聽，希望通過這種方法提升孩子們突破傳統、不屈不撓的精神。

猶太人如果不能擁有《聖經》，就不算是猶太人；同樣地，沒有了「笑」，猶太人也就不能再被稱為是猶太人了。

02 不在餐桌上談工作

猶太人的工作非常繁忙緊張，簡直就和打仗一樣充滿了戰鬥的氣息——他們決不輕易放過任何一分鐘。但猶太人有個習慣，就是絕對不會在餐桌上談不愉快的事情，因為不愉快的事情會破壞用餐時愉快的氣氛，而不能使他們享受佳餚的美味。

猶太人大部分都是博學的，從俚語到娛樂、藝術、名勝、生命等等，天下許多有趣的事，幾乎都在他們的談論範圍。但是，他們絕不會談論有關政治、戰爭以及宗教迫害的話題，因為這些話題往往會引起爭論，破壞歡樂融洽的用餐氣氛。還有，猥褻的話題也是避而不談的。猶太人在吃飯時會把一切煩惱都拋置腦後，使心情盡可能放鬆下來，以便在吃飯的過程中充分享受到人生的樂趣。

猶太人是喜歡美食的，他們認為人活著就是為了吃飯，要好好地享受吃飯的樂趣。他們還說，美味的飯菜是上帝賜給自己的禮物，一定要好好享受，絕對不能隨隨便便地對待。他們把吃飯當做是一種高級的享受。

為了「吃」好，猶太人必須拚命地去賺錢。猶太商法也可以歸結為四個字：「為吃賺錢」。沒有錢怎麼能夠吃好，怎麼能夠享受人生的樂趣呢？

猶太商法可謂經典。而猶太人的吃，讓人懷疑這一經典是吃出來的。

工作是為了什麼？工作就是為了吃！

所以，猶太人不在餐桌上談工作。

猶太人在生活中非常注重享受生活，講究用餐氣氛，使得他們的身體非常健康，讓他們在繁忙的工作中能夠保持旺盛的精力，不至於讓緊張的工作壓力把自己壓倒。

洛克斐勒在工作時可以忘掉一切，但他在吃飯的時候絕不談工作，於是人們說：「只有在吃飯和睡覺的時候，洛克斐勒才不談工作。」洛克斐勒在吃飯的時候，只是盡情享受美食給他帶來的快樂，這種良好的習慣，讓他在九十歲高齡仍能精力充沛地工作。洛克斐勒是當時世界上最富有的人，也是所有商業大亨中最為高壽的一位。

猶太民族是一個很懂得享受的民族，在日常的生活中，他們注重吃喝的享受，吃得好，身體才會好。猶太人最大的本錢就是健康。在歷史上，猶太人到處漂泊，處處受到迫害，但是猶太人並未因此而從地球上消失，這不能不歸功於他們養身有術——重視健康。猶太人也非常注重休息，因為健康同樣離不開好好休息。

03 學會享受

生活是豐富多彩的，除了工作、學習、賺錢、求名利之外，還有許多美好的東西值得我們去享受，比如：溫馨的家庭，美味的飯菜，綠樹紅花，飛濺的瀑布，雪山與草原，浩瀚的大海，遙遠的星系，久遠的化石……

這些對任何人來說都是非常美好的，但最能理解和享受它們的卻只有猶太人。因為在他們看來，沒有空閒、不會合理安排時間的人，是不會賺錢的人。猶太人認為，要賺錢，首先得有賺錢的時間，而且在賺錢中要合理安排時間，否則就會把時間白白浪費掉。人的一生是非常短暫的，許多人卻沒有認識到這一點，整天無所作為，日子無端地浪費，這些人都是不會合理安排時間，註定成不了大器。

有的人之所以是「大忙人」，是因為他一直在辛苦工作，為賺錢而忙碌。按照猶太生意經，該忙的時候就要忙，否則不會有效率。但是「忙」與「閒」是相對的，學會忙裡偷閒，生活才會變得有滋有味。

猶太人視時間如金錢，他們在做生意時會客觀而若無其事地談論自己和別人的壽命：

「先生，我看你好像有七十五歲了，估計你還能夠活五到十年！」

對於其他任何民族來說，如果初次見面就談這種「不吉利」的話，一定會引起對方的反感，猶太人卻很坦然，他們認為人不可能永遠活在這個世上，總有死的那一天。因此，對死不必過於畏懼，要坦然面對。知道自己還能活多久，就意味著知道自己還能賺多少錢。猶太人活到老賺到老，他們對死抱有一種冷靜的態度，一旦知道還能活幾年，就會抓緊這幾年享受和賺錢。

有一位猶太巨富已經七十五歲了，但他依然不願買房子，而是租房子住。人們對此感到不可理解：「你是一個非常富有的人，買一棟房子是輕而易舉的事，為什麼還要租房子呢？」老人坦然地說：「買了房子又有什麼用呢？反正我也只能活幾年了，何必將房子留給別人呢？」

由於猶太人自小就接受獨立自主的教育，所以猶太老人不會指望孩子為他養老送終，只有自己賺到了錢，才能夠使自己的生活得到保障。正是因為猶太人抱有這種思想，才使得他們抓緊時間拚命賺錢。同時，他們又是世界上最懂得享受的人。

有了錢，你才能夠做想做的事，才可以享受閒暇。閒暇有兩種，一種是愜意的，一種是折磨人的。大家還記得漁民和富翁曬太陽的經典故事吧？不過很多人誤解了它的意思，認為富翁辛苦了一生，到頭來所能享受的，不也就是躺下來曬曬太陽嗎？而這一切，漁民卻能夠天天享受到。

錯了，富翁與漁民在曬太陽的時候，心情的差別是很大的。富翁享受的是閒暇，而漁民卻不能享受這種閒暇之情，他得擔心如果捕不到魚會不會餓肚子。如果有了老婆孩子，那情況就更糟，他必須為家人的生活而擔憂，你想他的心情會有富翁的好嗎？

無事可做的時光對有錢人來說，那是一種詩意，而對四處找工作做卻沒有結果的人來說，那是一種可怕的折磨。

所以，我們每個人都在努力工作，為的就是能夠賺到很多的錢，讓我們的閒暇時間變得愜意。如果有足夠多的薪水，那麼就可以在四十歲退休，然後，要去高山遠足，還是周遊世界，都由自己決定了。

巴特勒說：「除了人類之外，所有的動物都知道一生中最重要的事在於享受生命。」其實人生就是這樣，錢永遠也掙不完，只要夠用就行了，掙錢不就是為了享受生活嗎？如果只知道掙錢，而不知道享受生活的話，那生活不就太沒意義了嗎？

猶太人認為，名和利都是人類的至愛，因為這些表面的東西，可以滿足個人欲望和實現個人價值，不承認這一點是不行的。看見那些擁有萬貫資財的巨富，在不屑一顧的同時，難道我們心裡一點羨慕之情也沒有嗎？

猶太人的可貴之處就在於他們能以正確的態度看待金錢，以坦誠的態度愛慕金錢，不辭勞苦公開追求金錢，就是為了自己能享受生活。

在生活中，猶太人對假日非常重視。在以色列，猶太人有很多假日，世界各地的猶太人也常常把度假作為自己生活的重要部分。

在假日裡，猶太人不思考有關工作的問題，不談論有關工作的事，也不從事有關工作的計算，不閱讀有關工作的書，把自己完全融入到假期之中。

在假日裡，人們可以拜訪朋友，彼此交談，談人生觀、生活以及藝術等等，父母與孩子之間的相處，父母可以陪伴孩子，詢問他們在學校中學到什麼，或者約好友或帶全家到各地遊覽，既飽眼福又飽口福。

在猶太人心中，工作對人生是有益的，但是如果一個人不知道休息，只知道工作的話，他們會失去了人性。因此在假日裡，他們能夠真正做到把工作拋到腦後，全身心好好地休息。猶太人知道「何時應該休息」，所以他們擁有一個豐碩的人生。

04 選擇合適的配偶

猶太人認為，不結婚的人生活中沒有幸福，沒有快樂，沒有好事。因此，猶太拉比們強調這樣一種觀點：「缺乏女性的男人是不完美的，他不能算做完全意義上的人。」

猶太人認為結婚意味著成家，而妻子意味著家，他們甚至把妻子說成是男人的家。拉比約西從不稱自己的妻子為妻子，而是稱她為「我的家」。

不論是猶太教，還是拉比，都不贊成人們選擇獨身，他們認為獨身的人是不完整的。主張人必須要結婚，這是人性的要求，也是社會的要求。猶太人反對不結婚，把獨身的人看成是不完整的，表明了猶太人對於人性理解的睿智，也是他們對待婚姻家庭的高超智慧之處。對待愛情，猶太民族是十分理智的。

在選擇配偶的時候，猶太人非常重視優生學。對於配偶的選擇，猶太的聖典中有許多的規定，其中有這樣的忠告：

「男侏儒不能和女侏儒結婚，免得生出更小的侏儒。太高的男人不能和太高的女人結婚，以免他們的孩子又高又瘦。」

猶太人拉比還有另一個建議是：「選擇妻子時向下邁一步。」

如果在選擇配偶的時候，只看重對方的美貌，那麼夫妻之間婚後可能會出現不忠的事情。猶太人認為在擇偶時，要看重對方的家庭背景，但不要太看重外貌。因為猶太人把知識當做財富，所以他們認為對方的家庭是學者家庭為最佳。

怎麼去選擇理想的家庭呢？猶太人有這樣的看法：

第一，為了能和學者的女兒結婚，一個人可以賣掉自己所有的家產。

第二，如果不能娶到學者的女兒，就娶一個大人物的女兒為妻。

第三，如果娶不到大人物的女兒，就娶一個猶太領袖的女兒為妻。

第四，如果娶不到猶太領袖的女兒，就娶一個慈善家的女兒為妻。

最後，如果娶不到慈善家的女兒，那麼就娶一名教師的女兒為妻。

但是，絕對不能和整天無所事事的人家的女兒結婚。

在選擇配偶的時候，猶太人為什麼把學者的家庭放在首位呢？一位拉比說：「只要能娶學者的女兒為妻，付出任何犧牲都是可以的，理由是如果將來他被流放，或者去世，他完全相信自己的孩子會有學問，會把他的事業繼承下來。」

「他不願和一個出身在愚昧家庭的女兒結婚，因為一旦他被流放或者死去，他的孩子就不能繼承他的事業了。」

這就是猶太人選擇配偶的標準，他們非常相信遺傳學，他們不僅看重人的生物性遺傳，而且注重知識和社會內容方面的遺傳。

擇偶的前提標準為優生，表明了猶太人對待愛情是理智的，體現出了猶太民族傑出的智慧。

戀愛的同時，重視對方的家庭背景——選擇合適的配偶才有優裕的家庭生活，優裕的家庭才會平安幸福；家庭平安幸福，才能使自己的人生得到最大的幸福。

05 愛護自己的妻子

猶太法律賦予丈夫在家庭中絕對的法律和財產權利，先賢特意提醒男人幸福婚姻的基礎不是威嚴，而是愛和仁慈。同時，他們意識到，儘管在法律方面婦女受到限制，她們在婚姻和家庭生活中卻有重大的影響。因此，猶太人認為，愛護自己的妻子是婚姻幸福的基礎。

「如果你的妻子矮小，你要俯首聆聽她的話。」

如果一個男人愛妻子就像愛自己那樣，讚美妻子比讚美自己更多，將兒女引上正當之路，在他們長大後安排他們結婚。那麼這個男人的帳篷「充滿安寧」。

一個人應該時時注意不要冤枉妻子，因為她容易受傷害，喜歡哭；一個人應該時刻尊敬自己的妻子，因為上帝降福給家庭全都為了她。

從前，某人的妻子有一隻手畸形，他一直沒有發現，直到她死了。

拉比說：「這個女人得多麼謙卑啊，她丈夫居然從未發現她殘疾的手。」

拉比希亞對他說：「在這種情況下，她把自己殘疾的手掩藏起來是很正常的，但是這個男人多麼謙卑啊，因為他從來沒有檢查過妻子的肢體。」

猶太人認為，好嘮叨的女人猶如雨天裡不停落下的水珠一樣，沒完沒了。沒有什麼比壞妻子更糟糕了，只有邪惡才能將她制服。

一個安靜的丈夫和一個嘮叨挑剔的妻子一起生活，幸福就像老年人爬上沙丘一樣困難。

好的妻子造就快樂的丈夫，她能使他的生命延長一倍。

妻子的魅力是丈夫的快樂，她用女性的技巧使他的骨頭生長出血肉。

好妻子意味著好生活，她是上帝賜給敬神者的禮物。

堅定的妻子是丈夫的歡樂，他將在安寧中度日。

青春美麗的容顏就像聖壇上的燈光一樣明亮，健美的腿和腳就像銀座上的金柱。

在猶太人看來，偉大的妻子能夠造就男人的成功，因此他們在生活中特別尊重自己的妻子，把妻子看成是自己成功的泉源。

06 尊重女性

猶太民族的歷史是父系社會的歷史，但猶太人卻非常尊重女性。

猶太諺語中說：「神創造了溫柔，因為他不能處處都在。」

猶太社會中，男人必須娶妻，否則便是沒有完全獨立的人。最理想的男人必須同時具備男人的力量和女人的溫柔。

《塔木德》教導人們說：「要愛你的妻子，就像愛你自己一樣，好好保護她，不要讓她哭泣。」

安息日晚上，全家人圍坐在桌旁，丈夫要給妻子唱一首讚美詩：「你披著力量和溫柔，你一張口就會說出有智慧的話。願神祝福你，並且保護你的孩子。」唱完，妻子便點燃蠟燭。

《塔木德》說：「如果有兩個孤兒——一男一女，你應該先救那個女孩，因為男孩可以去做乞丐，但是我們卻不能讓女孩那樣做。」

在猶太社會中，毆打妻子是一件很不光彩的事，會遭到別人的唾罵。這一點完全區別於中世紀的天主教會。天主教會立法規定：「必要時可以毆打妻子。」

在工作中，猶太人對女性員工非常尊重，決不排斥她們。

猶太人凱富爾先生的公司裡大半都是女職員，而且能幹又漂亮的女人仍不斷增加。一些朋友勸他注意這方面的問題，免得太太心裡有意見，凱富爾卻坦然數起女人的優點來：對工作忠心耿耿——她們一般都效忠於自己的老闆，很少有背叛行為；不貪杯——女人很少有人一見酒就喜上眉梢的；不會花錢去玩男人——其好處，一是工作不分心，二是不易誤事。

從這三大優點可以看出，女人即使成不了事，但也絕不會壞事；而男人往往會成事不足，敗事有餘。

在此基礎上，女人是一個天生的交際高手，往往一個媚眼、一句軟語就能把男人認為很難辦到的事情辦好。

但女職員同樣也有缺點，她們和男職員一樣，容易安於現狀，不思進取，並且都有逃避責任的傾向。長此以往，她們身上蘊藏的潛能就不能得到充分的發揮，只能從事一些簡單輕鬆的工作。

成功的猶太商人針對這些情況，大多從以下幾個方面入手，對女職員嚴格約束：

- 促使她們自覺成為專業的人。給她們指出明確的奮鬥目標和具體的要求，使她們明白工作的意義。
- 培養女職員的上進心。最有效的方法是讓她們做有肩負責任的工作，促使她們形成應有的職業意識和事業心。不能突然給她們加上無法承受的壓力，而應先分派一些容易的工作，再慢慢地酌情加重。
- 不遷就女職員的藉口。老闆在給女職員分配較難完成的工作時，她們為了逃避責任，往往會說「這些工作不適合我們女人做。」如果你對她們遷就，她們就會把這些藉口當做護身符。在這種情況下，老闆就得給女職員做一個優秀能幹的榜樣。在你的積極引導下，全公司的女人都會變得幹勁十足。當然，不姑息遷就的關鍵是要以情動人，以理服人，使她們認識到工作是不允許受個人情感左右的。

- 不偏袒女職員。不要以自己個人的眼光來評判她們，特別要注意公平對待。女性心眼比較小，感情比較細膩，一旦發現受到不公平對待，容易產生不滿情緒。老闆過份偏袒自己喜歡的女職員，也會使自己的形象受損，以致遭受人們的非議，給自己帶來不必要的麻煩。

07 嚴守祕密

猶太人非常尊重別人的隱私，為了防止他人對隱私作任何方式的探查，他們把隱私權提升到訴諸法律的高度。

在日常生活中，為表現出對於別人隱私的尊重，猶太人非常注重保守祕密，他們認為能夠保守祕密的人才是真正會生活的人。

猶太人認為，只要你掌握著祕密，你就是祕密的主人；但當你把祕密說出來以後，就會變成它的奴隸。當一件祕密被人們知道時，都會忍不住想把那一份祕密透露出來，並且認為這是理所當然的事。

因為一個人手中握有某種祕密時，他可以藉此把別人的注意力吸引過來——每個人都想知道別人的祕密，同時也希望吸引他人注目的眼光。把祕密說出來時，一定會引起人們的注意，而使人自覺高人一等。

保守祕密是一個人是否值得信賴的試金石，猶太人常常把人的價值用保守祕密到何種程度來予以衡量。

一次，占卜者巴拉姆去詛咒以色列人，但是當他看到他們的營地之後，就為他們祈禱。原來，以色列人的帳篷不是彼此正對著的，巴拉姆看到這些後，認為他們尊重彼此的隱私，所以為他們祈禱。

在猶太民族中，個人的隱私是不容侵犯的，任何人不能沒打招呼就去別人家裡，甚至，當一個人借錢給鄰居的時候，也不能隨便闖入別人家中拿東西作抵押；要靜靜地等候在外面，直到對方自己拿著抵押品出來。

儘管猶太拉比們意識到保守祕密是非常困難的事，但不管是職業意義的，還是私人的，他們都眾口一詞強調對信任的尊重。正如哈西德派拉比阿普塔所指出的，即使在熟知該祕密的人群中私下提起，也是品行低下的一種表現。

不論是朋友還是敵人，都不要講有關他們的故事。即使你已經覺得無話可說，也千萬不要把別人的祕密洩露出來。因為當他知道你把他的祕密洩露了，就不再信任你，而且在心裡會深深地恨著你。

最好的辦法就是，將它永遠埋藏在心裡。這樣的話，你才能贏得朋友的友誼，自己也會變得非常快樂。不然的話，一個懷著祕密的傻瓜就像一個臨產的婦女一樣痛苦。

據說拉比艾米的某個學生提前二十四年洩露了一場祕密講座。拉比艾米對他的行為非常不滿，因為他「洩露了祕密」，於是把他趕走了。

如果一個走出法庭的法官這樣說：「我認為犯人無罪，但我的同事認為有罪。他們的人數占多數，我有什麼辦法呢？」

針對這種人應該說：「不要在人群中搬弄是非！」

08 永遠保持希望

猶太人認為，消極地殺死細菌或毒素，並不是消除疾病的最佳辦法，最好的方法就是設法使自己的身體強健起來。

在猶太人看來，當人擁有充足的睡眠以及豐富的營養時，身體抵抗疾病的能力自然就會增強。

同樣的道理，猶太人認為，在希望和絕望之間，生命的天秤總是搖擺不定，只要增加希望的份量，便能保住生命，也就可以讓天秤的指標傾向有利於自己的方向。所以，在處世智慧中，猶太人堅信維持希望是最明智的選擇，而與絕望搏鬥有可能使自己陷入絕境。

一位猶太拉比告誡人們說：「我們必須勇敢，並且運用自己所具備的優良本質，藉以生存下去，更要發揮這種能力來認識自己。我們的活動常常被恐懼、謹慎、懦弱及膽怯等因素控制著，所以我們最大的敵人是妨礙自己的本能，也就是與生俱來的『欲望』和『個性』。」

《塔木德》中還有一句話：「今天將要發生的事我們都還不知道，何必為明天而煩惱呢？」

猶太人認為，人生有三重門，分別通往過去、現在和將來。這三扇門中的任何一扇都不可關閉，同時還要對每一扇門都存著希望，藉由過去的經驗，來把握現在、創造未來。人生的真正目的就在於此。

在猶太人的眼裡，人的一生不只是由過去和今天兩個因素構成的，還應該包括很多「明天」的成分在內，而明天的那一部分，也就包含著明天一定能好轉的「希望」部分。所以人不僅是能生存在過去和現在之中的動物，同時也是能夠生存在未來之中的動物。

為什麼猶太人對年長的老者非常尊敬？因為他們有一扇「過去」門，那裡面有寶物。年輕的男女為什麼都很美？因為他們「現在」的門中有寶物。為什麼孩子那麼可愛呢？因為他們象徵著「未來」。

猶太人決不甘心落在別人之後，他們性格倔強、好強、不屈不撓，他們認為誰灰心、誰氣餒，誰就是失敗者。

猶太人認為，有陽光普照的日子，也會有陰雨連綿的日子，所以事情既然已經成為過去，誰也沒有辦法。神賜給人未來以補償他的過去，只要不失去希望，人們一定能隨心所欲地創造未來。因此，猶太人在困難面前決不灰心、氣餒，總是能懷抱著希望而頑強生活著。

09 保持一顆淡薄的心

成功是每個人追求的目標，這是不容質疑的，但有一點應該值得我們加倍重視，那就是無法滿足的渴望和難以填滿的野心。

一個人越能自律，越不會受到好壞兩種極端的影響，這樣當他得到哲學家所謂的「虛幻幸福」時，他不會得意忘形，也不會在自己眼中變得格外了不起。

如果遭遇了巨大的憂患，諸如世界上許多被哲學家稱為「虛幻的惡」的苦難時，他既不吃驚，也不害怕，只是忍受。

當人思考事物的真相，了解了一些現實的性質時，頭腦就會擁有智慧，明白一個人不可能永遠擁有世界上好的東西，人死後，形體會慢慢腐朽，直至消失。既然人和其他生物一樣都難免一死，那些好東西對人有什麼用？

所以這是世界上最大的不幸。一想到死亡是沒有辦法擺脫的，毫無疑問，任何不幸都顯得不重要了。所以變得不幸比死亡還算好些，因為死亡是我們無法逃脫的。

人們在離開這個世界的時候，往往連一半的願望都沒有實現。

一個人擁有一萬元，他就會想怎樣把它變成兩萬元；有了兩萬元，又想把它變成四萬元。

強迫時間的人，被時間趕回來；向時間屈服的人會發現時間一直站在他的身邊。

一個人行色匆匆地趕路，拉比看到了，把他叫住：「你在追趕什麼呢？」

「我要追上生活的腳步。」這個人回答。

「你怎麼知道生活就在你前面呢？」拉比繼續說，「你拚命往前跑，一心想趕上生活，可是你知不知道生活在哪裡？為什麼不環顧四周看一看呢？其實生活正在你後面追趕著你，你只要站著不動，它自然會與你會合，可是你卻越跑越快，實際上這是在拚命逃離生活啊！」

當身外的裝飾都消失之時，你只剩下自己——你所成為的那個人。

有一隻獅子，年紀大加上腰上有病，所以感到很痛苦。

野獸們出於不同的目的都來看望這隻病痛中的獅子。有的出於看望病人的愛心，有的為了看到牠的痛苦，有的為了繼承牠的統治權，有的想知道牠死後誰來統治。

牠病得非常厲害，以至於沒有人判斷得出牠是否還活著。公牛過來頂牠，想知道獅子還有沒有力氣；小母牛用蹄子踩牠；公雞用嘴啄牠；狐狸用牙咬牠的耳朵；母羊用尾巴掃著牠的鬍鬚說：「牠怎麼還沒有死呀？」

獅子的靈魂回來了，牠看到了眼前發生的一切，於是大叫起來：「唉！我曾經信任的朋友輕視我，我的力量和光榮都反對我，我從前的僕人現在都對著我作威作福。曾經敬愛我的屬下都成了我的敵人了。」

這個寓言說的是一個強者在生前擁有財富和榮譽，但當他受到貶抑，遭受不幸的時候，那些曾經依靠他的人都會迅速地離他而去。

10 學會分享

猶太人認為，沒有人能夠占據所有的東西。

因此，在猶太人看來，分享是一個很重要的觀念。但是，大多數人不希望別人與自己分享利益，卻總是希望分享別人的利益。對此，猶太拉比常常用以色列的兩個內海——死海和加利利海給猶太人這方面的比喻。

死海在海平面下三百九十二公尺的低處，它的對岸則是約旦的領土，周圍是一片無垠的沙漠。死海中鹽占有很大的比重，當人們掉進去時，身體會浮在上面，而不會淹死。死海中無魚，也沒有其他任何生物。

加利利海是一個充滿生機的淡水湖，裡面的生物很多，因耶穌基督曾在這裡釣過魚而享有盛名。加利利海中盛產一種「聖彼得魚」，雖然這種魚外觀醜陋，但是肉質爽口，已成為這一帶的特產。加利利海海邊餐廳林立，都以出售「聖彼得魚」為主，來此遊玩的遊客都能吃到味道鮮美的「聖彼得魚」。

加利利海的岸邊有很多樹木，樹上枝葉茂密，鳥兒穿梭其中，是一個充滿生機的綠色世界！可是死海不能和它相比。死海沒有任何生物生存在其中，周圍見不到一棵樹，更聽不到鳥兒的歌聲，給人一種死氣沉沉的感覺，從來沒有一隻住在沙漠的動物到岸邊去喝水，正因如此，人們才會稱之為「死海」。

兩者的差別為什麼這麼大呢？

猶太拉比們的解釋是：加利利海不像死海那樣只知收，而不知出。約旦河流入加利利海之後，又流了出來，最後又會流到死海裡。加利利海接受了多少東西，也會給別人多少東西，所以它裡面充滿了生機。而每一滴水，到了死海之後，都會被它占為己有。死海只知道占有所有的東西，而不知道付出，所以生物都不喜歡在它那裡居住，死海變成一片死氣沉沉的景象。

水不流，魚不棲，沒有任何生物飲水，只知道索取而不知道給予，如果這樣，那是非常不正常的現象。因為死海從來不分給別人什麼，所以它才會「死」在那裡。在人的一生中，也常常會遇到像死海這樣只進不出的人。

因此，猶太人認為，人不能學死海，只進不出，而應該像加利利海那樣活躍，經常給予。

聰明人的處世之道應該是有進有出。猶太民族在處世之中就常常注意這一點，既接受人家的給予，同時也知道將自己的東西付出，他們把分享作為人生的信條。這是猶太人成為世界上最優秀民族的原因之一。

11

先為自己，再為別人

一個懂得珍惜自己的人，才懂得如何去珍惜他人，連自己都不愛的人是絕對不可能去愛別人的。

《塔木德》有雲：

「客人和魚一樣，新鮮時是美味，但超過三天便會發出惡臭。」

「道路的右側凍成冰塊，左側是一片火海，如果走向右側就會受凍，如果走左側便會燒成焦炭。唯有道路的中間保持不冷不熱，這是一條恰當的前進道路。」

在長期的漂泊流浪生涯中，猶太人備受欺凌。他們身處異鄉，無依無靠，只有靠自己。因此，他們養成了靠自己來拯救自己的信念。在他們看來，人活在世上，首先就要學會為自己著想，為自己謀求利益——只有自己的財富變得足夠多時，才會有能力去幫助別人。一個人要想活得有價值，就必須不斷奮鬥與拼搏，這樣，人生才會變得更加充實。那些一天到晚心憂天下，而自己卻窮得丁當響的人，固然值得尊敬，但他們對社會並沒有做出有價值的事。猶太人認為，懂得珍惜和完善自己的人，才有能力去幫助、去解救別人。

翻閱那些成功猶太人士的奮鬥史，我們就能知道：他們都是將命運掌握在自己手中，從自我做起，不斷超越自己，最終成為生活的強者。在猶太人的眼裡，那些名震天下，擁有巨額財富的商人們，更是從無到有，白手起家，不斷積累，不斷壯大自身實力，而最終功成名就的代表。

盧賓是美國連鎖店先驅，他最初也是一個身無分文的窮光蛋。在他十六歲時，西部掀起了淘金浪潮，他隨著淘金的人們去了加利福尼亞。但淘金並沒有為他掙來多少錢。後來他做一些小商小販的買賣，手裡才開始有了錢，並且越賺越多，在此基礎上，他將自己的生意擴大到城市，直到發明連鎖經營的方式。他的生意越做越大，像滾雪球一樣，經過多年的發展，終於成了一個有名的大富翁。

羅斯柴爾德是一個出生於德國法蘭克福一條髒亂猶太街的窮小子。他開始時販賣古錢幣，這一干就是二十多年，由於他的努力，終於使世人對古錢幣產生了興趣，而他的命運也從此發生了改變，成了一名富翁，並最終涉身金融領域，一發不可收，最後成了威震歐洲乃至全球的金融舵手。另外，牛仔褲的創始人利維・施特勞斯、服裝大王羅森沃德、股票神人孔菲德、美國電報大王薩爾諾夫等等都是以自己為起點，白手起家，從一無所有，最終成為富翁大亨的猶太人。

12 「摩西十戒」

西元前一千二百五十年，以色列人在摩西的帶領下出埃及，在穿越西奈沙漠的艱難行進中，衣衫襤褸的猶太人面臨饑餓、乾渴、疾病、勞累以及強敵追襲攔阻的威脅，很多人懷念起在埃及的生活，雖然他們在那裡遭受奴役，但卻能夠保證自己的生存。他們在埃及多年，受到那裡信仰的影響，以致在征途中摩西隱居修道時，不少人乘機進行偶像崇拜。

為此，摩西採取了必要的措施，他在西奈沙漠中停止行進，假託耶和華之名，對離經叛道的人發動了一場「清教運動」，以統一精神信仰。他聲稱在西奈山上，耶和華將十條戒律傳給了他，作為耶和華與猶太人訂立的約法。這十條戒律就是著名的「摩西十戒」，被刻在石板上，即：

一、除了耶和華之外，不可信仰別的神。

二、不可為自己製作和崇拜任何偶像。

三、不可妄稱耶和華的尊名。

四、當守安息日為聖日。前六天做工，第七天歇息，任何工作都不能做。

五、孝敬父母者，福壽長久。

六、不可偷盜。

七、不可殺人。

八、不可姦淫。

九、不可作偽證陷害人。

十、不可貪婪他人的一切。

摩西讓猶太人十二個部落在西奈山下設立祭壇，殺牛宰羊，將牲畜的血一半灑在壇上，一半倒在盆中，進行立約儀式。由此摩西初步創立了猶太教，這是人類最早的神教。「摩西十戒」不僅成為猶太教的基本教義，也是人類最早的法律之一，並對後來的基督教和伊斯蘭教影響很深。

另外，在流浪行進的過程中，摩西還採納了岳父葉忒羅的建議，把猶太人分別組成千、百、五十、十人各級規模不等的社會行政單位，選擇有能力的人出任千夫長成為各級行政首腦，協助摩西管理，結束了希伯來各部落混亂無秩序的狀態。

摩西為了爭取猶太民族的獨立、自由，付出了很大的努力，成為千百年來猶太民族所尊敬、仰慕的第一人。

13 貧窮可以激發勇氣

在猶太社會中，貧窮是不會受到別人的歧視。猶太人認為，一個人在年輕時應該窮一點比較好，因為貧窮能夠激發人不斷前進，以致取得最後成功。一個人只要有青春的活力，那麼，世界上再也沒有比貧窮這種衝動更大的力量了。年輕時候的貧窮會給我們帶來努力和希望，我們應該感謝它。

可是到中年以後，一個人仍然一貧如洗，那就太悲慘了。年輕的時候辛勤耕耘，中年時便會收穫果實。中年以後仍然貧窮，說明努力的程度和耕耘的方法存在著問題。但猶太人決不會把貧窮當作一種罪惡和羞恥，只是覺得貧窮很不方便。

從人類幸福的這個角度來講，貧窮是最大的敵人，而要在貧窮中保持精神的獨立，可以說是一件很難做到的事。

《聖經》曾說：

「智慧勝過勇力，然而貧窮人的智慧，被人藐視，他的話也無人聽從。」

從《聖經》至今，這種觀念都沒有改變。

然而我們必須看到，這個社會是不斷變化發展的，今天的富人，明天就可能不是富人了，今天的窮人，明天未必是窮人。

從前，有一個富人，到年老的時候還沒有孩子。

「雖然這一生我賺了很多錢，但這又有什麼用呢？我現在沒有一個孩子。」他悲哀地說。人們建議他拿出一些錢來捐給慈善機構。但他回答道：「不，我的錢只給喪失了一切信仰並對人生完全絕望的人。」

有一天，他在路上看到一個乞丐，這個乞丐躺在一堆垃圾旁。

「這個人肯定已經對生活喪失希望了。」富人自言自語道。他拿出一百的金幣，給了這個乞丐，並向他解釋自己這麼做的原因。

等富人解釋完之後，乞丐將錢還給了他，並大聲叫道：「只有死人才對這個世界一無所求呢！至於我，我信仰上帝，祂能把我提升到新境界來幫助我。」

富人對此非常失望，於是他決定到一個墓地找死人，把錢埋到死人旁邊。

時光飛逝，一眨眼的工夫，幾年過去了，富人失去了他所有的財產。出於急切的渴望，他跑到墓地，挖出了他以前埋進去的錢。員警以為他是來盜墓的，就逮捕了他，並把他帶到市長那裡。

市長見到富人之後，問道：「你認識我嗎？」

「我怎麼會認識像您這樣重要的人物呢？」富人答道。

「我就是幾年前的那個乞丐，那個你曾經認為對世界絕望的人。你看，上帝記得我，我的命運改變了。」市長說。

14 飲酒要適度

在猶太人眼裡，酒既是好東西，又是壞東西，對於喝酒，他們的看法是：「早晨的酒是石頭，中午的酒是紅銅，晚上的酒是白銀，三天喝一次的酒則是黃金。」

對待酒的態度，猶太人是明智的，他們一面介紹飲酒的樂趣，一面告誡人們飲酒要適量，切不可過量。

猶太民族和酒有著密不可分的關係，猶太人的小孩從小就清楚葡萄酒的味道，在安息日，酒能夠給他們帶來歡樂，是不能缺少的。此外《聖經》也反覆說明酒的功用。相對於其他民族來說，猶太民族很少有人會喝得酩酊大醉。

猶太民族是一個會享受的民族，他們把酒當做生活一樣慢慢地品嘗。

因此，很多猶太人能在適度飲酒之後，傾聽優美的音樂，或是翻開書本閱讀，來緩解緊張的生活所帶來的壓力。

猶太人並不主張禁欲，但卻十分強調對欲望的節制。從飲酒這一點上，完全可以看出猶太人性格中崇尚節制的一面。

在《聖經》中有一個關於酒的故事：

當諾亞在園子裡種葡萄的時候，撒旦出現在他面前。

「你種的是什麼呀？」撒旦問。

諾亞答道：「我種的是葡萄。」

撒旦又問：「葡萄是什麼樣子的？」

諾亞回答說：「葡萄的果實是甜的，可以用它來釀酒，使心情愉快起來。」

「讓我們在葡萄園裡找個伴吧？」撒旦提議。

「很好。」諾亞說。

於是，撒旦以極快的速度牽來了一隻羔羊，在葡萄樹下把牠殺了。

然後他又牽來了一頭獅子、一頭豬和一隻猴子，分別將牠們殺死，讓牠們的血滴下來，滲進葡萄園的土壤裡。

在這則故事中，猶太人透過撒旦在人面前的做法，暗示喝酒之前人就像羔羊一樣安靜簡單；當他喝了適量的酒，他就感覺自己擁有獅子一樣強大的力量，認為世界上再也沒有人比他更強大了；當他喝得再多的時候，他就像一頭豬，在地上不斷翻滾；當他徹底喝醉，他就變成猴子，到處亂竄，散發著難聞的氣息，一點也意識不到自己在幹什麼。

但是，猶太人不會因此就一味反對喝酒。在《塔木德》有這樣的教誨：「如果飲用適量的酒，還是很有益的，可以使身體保持健康，治療多種疾病。但是很多人對這一點不是很清楚，他們喝酒沒有限度，只想喝醉，殊不知酒喝多了傷身。小孩子要遠離酒，因為酒會損害他們的肉體和靈魂。對於年齡大的人，酒是有好處的。老年人最需要它。」

猶太人對待酒的態度是適度飲酒，堅持平衡適度。

15 多吃有益健康的食物

在各種對人體有益的食物中，魚、蛋、棗、蜂蜜是猶太人最推崇的。

猶太人認為，魚是非常有益於健康的——常吃魚的人不會消化不良，而且小魚對人的生殖力有一定的幫助，同時還能使身體強壯。

但是，猶太人又認為鹹魚並不好。因此，猶太人有這樣的說法：「每月的初七、十七或二十七，醃製的小魚有時會致人於死。」

又有人說是在每月的二十三。

但是，猶太人認為這只是適用於沒有燒熟的魚，如果燒熟了，則不會有問題。

在所有的蛋類中，猶太人認為雞蛋是最有營養的食物。

有意思的是，猶太人還對同體積的食物相比較，得出的結論是：「雞蛋的營養比任何與它同樣大小的食物其營養都高。一個烤得很熟的雞蛋營養比四份乳酪強，也比六倍體積的麵粉高。」

對於煮雞蛋，有這樣的說法：「從營養上說，煮雞蛋比任何與之同樣大小的食物都要好。」但是，猶太人又認為雞蛋吃得太多，也會對身體有害。

在水果中，棗是最讓猶太人滿意的。

猶太人認為：「棗為身體增加熱量，令人感到愜意，理順大便，增強體質，並且不傷心臟。早晨和晚上食用對身體有益；中午吃好處最多，這時棗能助消化、驅憂鬱、治療痔瘡；下午食用對身體不但沒有好處，反而有害。」

「蜂蜜及一切甜食有助於傷口的癒合。」

從現代科學來看，魚、蛋、棗和蜂蜜確實是很有營養，而且含有對人體有益的多種元素。猶太人確實是獨具慧眼，能從許多食物中挑選出這些有益的食物。

大多數猶太人以素食為主。所以，猶太人特別推崇吃蔬菜，他們對蔬菜有益健康的論述頗為詳細。

關於蔬菜獨特的好處，猶太人的書上說：「甜菜湯對眼睛和心臟有好處，對腸道好處更多。」

猶太人對於蔬菜有獨到的見解：

「每三十天吃一次小扁豆而形成習慣的人不會得哮喘病，但卻不能天天吃，因為它對嘴巴的氣味不好。」

「馬蠶豆對牙齒不好，卻有益於腸道。」

「捲心菜有營養，甜菜能治病。」

「大蒜的作用有五種：可以充饑；殺死腸內的寄生蟲；使臉龐發亮；使身體保持溫暖；增強抵抗力。有人說大蒜還能驅除嫉妒、促進愛情。」

「小蘿蔔是生命的萬靈藥。」

「不得食用洋蔥，因為它含有刺激性液體。」

在猶太人眼裡，生吃蔬菜對身體是有害的。

猶太教不允許先哲的門徒居住在吃不到蔬菜的城市，因為蔬菜有益身體健康。然而，拉比卻對教徒們有另一種訓示：「粗麵包、新釀的酒，還有蔬菜這3件東西能夠增加糞便，降低體能，並且能夠奪走人們眼睛光澤的五萬分之一！」其中的蔬菜是指「生的蔬菜」。猶太人認為：「所有的生蔬菜都會使膚色蒼白。」

猶太人有自己的一套妙法來消除食用某些蔬菜所帶來的有害後果，例如：要消除萵苣的危害就吃蘿蔔；要消除蘿蔔的危害就吃韭蔥；要消除韭蔥的危害就喝熱水；喝熱水能夠消除一切蔬菜的危害。

猶太人對於蔬菜的推崇和很少大量吃肉的做法，也是符合現代飲食科學的。作為一個古老的民族，猶太人能夠很早就認識到吃肉和吃蔬菜的利弊，無疑是一種超前的認識，一種傑出的發現。

16 飲食要有節制

猶太人認為，健康體格的先決條件是飲食的節制有度。

猶太人飲食有「度」的基本原則是：「吃三分之一，喝三分之一，留下三分之一的空腹。」平時，猶太人無論出於貧窮，還是出於節儉，通常都是吃最簡樸的飯。《塔木德》提到「窮人」工作完回到家之後吃的晚飯是「麵包加鹽」；然而，即使是非常富有的人，也是「早餐麵包加鹽，再加上一罐水」。這就是猶太人的飲食之道，他們認為這樣做能驅除百病。

對於飲食，猶太人有很多好的見解，例如：「四十歲之前吃飯有益，四十歲之後飲酒有益。」

猶太人認為，合理的進食時間是感覺到需要進食的時候，「渴時飲，餓時食」。猶太人是每日兩餐，安息日則會多加一餐。

早餐是勞動者在工作時間吃，而晚餐是一天的工作結束之後回家吃。

在進食時間上，一種觀點認為：老百姓在第四個小時，工作的人在第五個小時，聖哲的門徒在第六個小時。

《塔木德》中是這樣規定的：

鬥劍士在第一個小時用早餐，強盜在第二個小時，有錢人在第三個小時，工作的人在第四個小時，老百姓在第五個小時。

拉比阿基巴忠告他的兒子：「早起床，先吃飯。諺語說得好，『早飯吃得早，比誰都能跑』。」

猶太人認為，人吃飯的時候不應該講話，猶太人還認為吃飯的時候應該坐著，因為在他們看來，站著吃喝不利於身體健康。

在旅行的時候，猶太人往往會減少飯量。旅行的人吃的飯不應超過正常的飯量，這樣做就可以避免腸胃不適。

猶太人能讓自己的身體健康、事業成功的一個重要原因，就是節制飲食和講究飲食之法。

17 愛惜大自然

為了使人們生活在清潔的環境，《塔木德》規定：「禁止生活在一個沒有一座綠色花園的城市裡。」

猶太人認為，人應該在清潔的環境中居住，並且禁止任何人去做任何會對城鎮的衛生產生危害的事。

為了保持耶路撒冷的清潔、美麗，猶太人制定了很多特殊的規定：

不得養雞——因為雞會到處亂竄，汙染環境。

城裡不得堆糞堆——因為會有害蟲在糞堆裡繁殖。

不得建磚窯——因為滾滾的濃菸會汙染空氣。

不得耕種花園或果園——因為肥料和腐爛的花、水果會散發出難聞的氣味。

死人不能在城裡過夜——人死了以後肉體易變質腐爛而引起汙染。

猶太人可以說是世界上最有力的環境保護者，由於他們的不斷努力，才使得他們能夠生活在一個潔淨的環境裡。把人的生活環境作為生活文明的重要內容，這是猶太民族較其他民族先進的意識，也是他們保持身體健康的傑出智慧。

在猶太人的生活智慧中，還有一條就是愛惜大自然要像愛惜生命一樣。

在猶太人眼裡，愛惜大自然，就是敬重上帝。

猶太人的這一個觀念是出自《聖經》的記載和教誨。《聖經》提到，上帝把第一個人造出來之後，帶著他來到伊甸園，看遍了所有的樹木。上帝對人說：

「看啊，這裡的一切都是我的傑作，它們是那麼的迷人，難道不值得讚美嗎？要知道，我所創造的這一切都是為了你。想想這一點，不要使我的世界腐爛，也不要破壞它；因為如果你破壞它，就沒有人能替你把它修補好。」

猶太人認為，這個世界只是上帝的選擇和被選擇中的人創造的。

猶太民族最偉大之處就體現在愛惜大自然，保護人類的家園。

18 講究衛生的生活觀念

猶太人特別注重保持潔淨，講究衛生，甚至把這方面提升到宗教信仰的高度。

拉比給學生講完課後，他們又一起走了一段路。

「老師，你要去哪兒？」學生們問他。

「去履行一項重大的宗教責任。」

「哪項宗教責任？」

「去洗澡。」

「洗澡？這也算是宗教責任嗎？」學生問。

拉比回答說：「如果有人被派去擦洗國王的雕像，他不僅獲得了報酬，而且還有機會結識貴族。難道照著上帝的形象被創造出來的我不更應該保養我的身體嗎？」

在這一則猶太人認為保持身體的清潔被是一種宗教責任，因為猶太人認為人體是上帝的作品，而作為上帝作品的身體必須受到敬奉。

猶太人認為上帝和父母給了自己一個身體，出於對創造者的尊敬，每個人都應該堅持每天都洗臉、洗手和洗腳。

羅馬人囚禁了拉比雅基巴，賣粗麵粉的拉比約書亞每天都去照料他，並給他帶些水去。一天，獄卒遇見約書亞時，對他說道：「你帶進來的水太多了。你是不是想用水在監獄裡打個洞讓囚犯逃跑？」

於是獄卒把水倒掉了一半，然後把剩餘的交給了他。當拉比約書亞見到拉比雅基巴時，雅基巴說：「你不知道我老了嗎？我的生活已經離不開你所帶的東西了。」

於是，約書亞便將剛才發生的事情告訴了雅基巴。

「給我水，我洗洗手。」雅基巴說。

「那就不夠喝了！」約書亞高聲說。

「既然法律規定不洗手的人都該死，那我又有什麼辦法呢？我最好還是因自己的緣故而渴死，也不要違背了我同事們的觀點。」雅基巴回答說。

果然，在把手洗乾淨之前，他沒有喝一滴水。

毫無疑問，猶太人愛惜大自然，而且講究衛生的生活觀念，有助於人們保持和獲得健康的身體。愛惜大自然及講究衛生是科學生活、健康生存最起碼的生活要求。

19 美妙的休息日——安息日

猶太人對吃非常注重，如果吃得好，身體自然健康。在二千多年的流離失所生活，猶太人雖然受盡艱辛，但卻沒有因此從這個世界上消失，這不能不歸功於他們注重健康、養身有術。還有，猶太人也非常注重和飲食同樣對健康有功效的休息時間，為此猶太人有特定的休息日——安息日。

安息日不做任何與工作有關的事，甚至連做飯燒菜都在禁止之列，是純粹的休息日。所以猶太人在點好火的爐子上放上星期五之前做好的飯菜，以免挨餓。

這一天不允許點火，這對喜歡抽菸的猶太人來說，安息日實在是一個痛苦的日子，但異教徒例外，他們可以抽菸。

安息日走親訪友，不可乘坐任何交通工具，一定要步行；但為外國人駕車的人則允許開車。

這一天是真正神聖的日子，也是真正放假的日子。注重傳統的猶太家庭每一週都有一個這樣快樂的日子。當這一天來臨的時候，所有的猶太人臉上散發出聖潔的光輝，彷彿受到上帝的恩惠。

安息日到來之前，家中的桌椅早已被婦女們擦得乾乾淨淨，器具更是光彩奪目，並且會在準備食物上花費很多時間。由於主婦們的精心準備，使得星期五的晚餐是一週之中最為豐盛的晚餐。

為了迎接安息日，猶太人必須使自己的身體保持清潔，所以猶太人都要洗澡，穿上乾淨的衣服，然後全家人到禮拜堂做禮拜。做完禮拜回到家後，在桌上放上一瓶美酒，點上蠟燭，這時，男主人便從《聖經》上挑出一些讚美詞，讚美妻子的能幹、漂亮，接著全家一起祈禱，希望第二天開始的一週是美好的一週。

晚餐之後，全家人高唱讚美安息日的歌來結束這一天。安息日是真正的假日，每當這個時候，猶太人不談工作，他們會去拜訪朋友，或是待在家裡享受生活，談的話題也只是人生觀、生活、藝術。安息日對於猶太人來說就是一個美妙的休息日！

20 猶太人的健康準則

猶太人的健康準則分得非常詳細：

第一，注意清潔。

清潔是保養好身體最重要的因素，它是虔誠最重要的組成部分。

飯前飯後一定要先洗手，用沒有洗過的手去拿麵包吃就如同嫖妓一樣，是一種犯罪。如果不把洗手一事放在心上，這個人將從世界上被剷除。因為用沒洗過的手去拿麵包吃就如同吃不潔淨的麵包。

早上起床之後沒有洗過的手，不能接觸身體任何部位，這種沒有洗過的手會使耳朵聾，眼睛瞎，還能使自己患嚴重的病。所以手在沒有洗之前，不能觸及身體的任何部位。

人不應該把喝過水的杯子遞給別人，這樣不衛生，也會對生命有危害。

第二，適度飲食。

猶太人認為，胃的承受能力有限，吃得太多，就會加重胃的負擔，這樣對身體是不利的。因此，飲食一定要適度。

第三，多出汗有好處。

生病出汗、洗澡出汗和勞動出汗，這三種出汗對健康都是有益的。如果用熱水洗澡後不跟著用冷水洗，這就好像是燒得通紅的鐵沒有投入涼水中冷卻一樣。

第四，適量運動。

不要站得太久，這樣對心臟不好；不要坐得太久，這樣會生痔瘡；路不要走得太多，這對眼睛不利。最好的辦法是：三分之一的時間站著，三分之一的時間坐著，三分之一的時間行走。

第五，經常鍛煉身體。

要想永遠保持健康，遠離疾病的困擾，就必須經常鍛煉身體。

鍛煉身體是一件好事。因為運動會激發自然的熱能，並在體內形成超常的力量，否則，它們就會被排出體外。當身體休息時，超常的力量保持下來，自然的熱能被壓抑下來。

另外，猶太人還認為許多壞習慣造成的傷害可以透過鍛煉身體來消除，很多人都有這些壞習慣。據醫生說，身體的運動要比任何運動的好處多。

但鍛煉身體要根據自身的情況來定，如果一項運動很費力氣，多做這項運動就會影響呼吸。劇烈的運動會使人疲乏，並不是每個人都需要疲乏，都能經受疲乏。因此，為了保持健康，鍛煉時間不能夠太長。

第六，保持心理健康。

不要讓自己過度悲痛，更不要自尋煩惱。

心情愉快會讓人保持青春活力，歡樂會使人延年益壽。

心情愉快、欲念正常的人吃什麼都是香的。

緊張渴求容易使人衰老，嫉妒和憤怒會使人縮短壽命。

美妙的聲音、景色和氣味是三樣可以使人恢復良好精神狀態的東西。

第七，保持青春活力。

情緒也會在身體把一個人的變化記錄下來。一個身強體壯的人，神采飛揚、嗓音愉快而有力。當他突然受到壞情緒的侵襲時，臉色就會失去原來的神采，情緒低落，聲音嘶啞而虛弱，以致渾身乏力，有時會因虛弱而顫抖，他的脈搏也變得細微無力。

你可以在同一個人身上看到截然相反的情況：一個神情沮喪，身體衰弱，聲音低沉的人，一旦碰到令他興奮的事情，你就會看到他臉上立刻有了光彩，身體馬上好起來了，嗓音也洪亮了。他動作敏捷，脈搏有力。他體表溫暖，臉頰與眼睛會表露出他的歡欣。

健康、樂觀是不分國界的，猶太人的健康觀念是世界通行的，他們不但懂得怎樣賺錢，而且還懂得享受生活，保養身體。

21 對愛情要忠誠

猶太人對婚姻講究忠誠，不允許做出不忠的事。如果哪一方不忠，一定會遭到報應。

從前，有一個好動的姑娘，長得非常迷人。一天，她獨自到外遊玩，結果迷失了方向。她又渴又累，這時她看到前面有一口井，於是趕緊來到井邊，順著提水的繩子下到井裡喝水，可是喝過水之後就沒有辦法上來了。天漸漸暗了下來，姑娘越想越害怕，忍不住哭了起來。

這時剛好有一個小夥子從這裡路過，他聽到哭聲之後，拚盡全力將姑娘從井裡救了出來。

小夥子見姑娘長得漂亮，姑娘見小夥子人品好，又有救命之恩，兩人彼此都有了愛慕之意。

但小夥子必須繼續趕路，不能延誤，分手時他們互發誓言：為了這份愛，姑娘一定等，永遠不會變心；為了這份愛，小夥子一定回來娶她。

就在他們互發誓言的時候，有一隻鼴鼠跑來喝水，他們就以水井和鼴鼠為證，才依依不捨地分了手。

時間飛逝，一眨眼的工夫就過去好幾年。姑娘依然守著那份誓言，在那裡癡癡地等著小夥子，但是小夥子仍無半點消息。姑娘不會想到，那個小夥子已經在異鄉與別的姑娘結婚生子了，他早已把當年的誓言忘得一乾二淨。

有一天，這位負心男人的兒子到屋外去玩，玩累了，就躺到草地上休息。突然來了一隻鼴鼠，張開嘴狠咬了他兒子的脖子，結果兒子不治身亡。夫妻為死去的兒子傷心了好一陣子。

沒過多久，他們的另一個兒子出世了，兒子慢慢地長大，在父母的細心照料下，孩子生活得很快樂。但孩子長大總得自己獨立玩耍。有一天，他到一個井邊去玩，忽然發現井裡有一些影子在晃動，受到好奇心的驅使，他探頭往裡看，結果看得太入迷，一不小心掉到井裡淹死了。

這位負心的男人經歷兩次喪子之痛後，猛然想起了當年的誓言。

「奪走自己兒子生命的不正是這兩個見證的東西嗎？」他用一種傷感地語調說道。

於是，這個人把事情的經過告訴了妻子，妻子便與他離了婚。

負心漢回到原來的地方，找到了那個姑娘，她仍然是單身一人，他們結了婚，一直白頭到老。

猶太人認為：對愛情忠貞不渝才會幸福，背叛愛情等於背叛自己，一定會遭報應的。

22 為愛奉獻出一切住

猶太人認為：為了真正的愛情，雙方可以將自己的一切奉獻出來。

從前，有一個國家的公主生病了，御醫們束手無策。國王貼出了一張佈告，誰能夠將公主的病治好，他就將公主嫁給誰，而且將來還能繼承他的王位。

公主是一個聰明漂亮的女孩子，但病魔的侵襲已讓她變得憔悴不堪。

國王的佈告剛剛貼上城牆，就被一個長著一雙千里眼的人在遙遠的地方看見了。這個人有兩個弟弟，經過商量，他們決定一起去救公主。

這個人的二弟有一張比駿馬還快的飛毯，小弟有一顆能醫治百病的蘋果。商定之後，兄弟三人很快坐著飛毯來到了王宮。小弟將蘋果拿了出來，獻給了公主，公主吃了蘋果後，病就好了。頓時，歡呼聲充滿了整個王宮，三兄弟在高興之餘又鬧起了矛盾。

「公主是屬於我的！如果我沒看到佈告，我們就不會來給公主治病。」

「公主應該嫁給我。要是沒有我的飛毯，就不會這麼快治好公主的病。」

「我的蘋果沒了。」有一個聲音最小。

這可真是個難題啊！國王也不知道該如何處理，一屁股跌坐在寶座上，陷入了沉思，三個男人娶一個女人，這在猶太律法裡是絕對不允許的，它要求人人守約，連國王也不例外。

怎樣彌補佈告（契約）上的漏洞呢？

這時，公主走到小弟的面前，深情地看著他，說：「為了救我，你失去了唯一的蘋果。從現在起，我就是你的妻子了。」

「不行，我們不同意！」大哥和二弟同時大叫起來。

這時，國王從寶座上站了起來，高聲宣布說：「我們的聖典《塔木德》說過，人最可貴之處就是奉獻了自己的一切。既然老大仍然擁有千里眼，老二仍然擁有飛毯，那麼就請你們在公主的婚宴過後回家去吧。」

這就是猶太人對待愛情的態度，為了愛情，把什麼都獻出的人才可以託付終身。

國家圖書館出版品預行編目資料

猶太人是這樣思考的：一生受用的6個猶太人大智慧 / 柯友輝編著．——初版——新北市：晶冠出版有限公司，2021.10
面；公分．——（智慧菁典系列；23）
ISBN 978-986-06586-6-8（平裝）

1.猶太民族 2.思維方法

536.87　　110015179

作品名稱：《像猶太人一樣思考》
作者：柯友輝
本書繁體中文版經北京先知先行圖者發行有限公司授權，由晶冠出版有限公司出版繁體中文版本。

智慧菁典 23

猶太人是這樣思考的
一生受用的6個猶太人大智慧

作　　者　柯友輝
行政總編　方柏霖
副總編輯　林美玲
校　　對　謝函芳
封面設計　王心怡
出版發行　晶冠出版有限公司
電　　話　02-7731-5558
傳　　真　02-2245-1479
E-mail　ace.reading@gmail.com
部 落 格　http://acereading.pixnet.net/blog
總 代 理　旭昇圖書有限公司
電　　話　02-2245-1480（代表號）
傳　　真　02-2245-1479
郵政劃撥　12935041 旭昇圖書有限公司
地　　址　新北市中和區中山路二段352號2樓
E-mail　s1686688@ms31.hinet.net
旭昇悅讀網　http://ubooks.tw/
印　　製　福霖印刷有限公司
定　　價　新台幣380元
出版日期　2021年10月 初版一刷
ISBN-13　978-986-06586-6-8